U0594413

# 河北省农村女性
# 教育扶贫对策研究

HEBEI SHENG NONGCUN NÜXING JIAOYU FUPIN DUICE YANJIU

郭丽萍　李娜◎著

东北师范大学出版社
NORTHEAST NORMAL UNIVERSITY PRESS
长春

**图书在版编目（CIP）数据**

河北省农村女性教育扶贫对策研究/郭丽萍，李娜
著. —长春：东北师范大学出版社，2022.1
ISBN 978 - 7 - 5681 - 8453 - 3

Ⅰ. ①河… Ⅱ. ①郭… ②李… Ⅲ. ①农村—女性—
教育—扶贫—研究—河北 Ⅳ. ①G527.22

中国版本图书馆 CIP 数据核字（2022）第 018165 号

□责任编辑：孙明霞 □封面设计：迟兴成
□责任校对：石　斌 □责任印制：许　冰

东北师范大学出版社出版发行
长春净月经济开发区金宝街 118 号（邮政编码：130117）
电话：0431—84568023
网址：http：//www.nenup.com
东北师范大学音像出版社制版
河北亿源印刷有限公司印装
石家庄市栾城区霍家屯裕翔街 165 号未来科技城 3 区 9 号 B
（电话：0311—85978120）
2022 年 1 月第 1 版　2022 年 1 月第 1 次印刷
幅面尺寸：170mm×240mm　印张：13.5　字数：320 千

定价：42.80 元

# 前　言

　　2020 年 12 月 3 日，习近平总书记在中共中央政治局常务委员会上指出，经过 8 年持续奋斗，我们如期完成了新时代脱贫攻坚目标任务，现行标准下农村贫困人口全部脱贫，贫困县全部摘帽，消除了绝对贫困和区域性整体贫困，近 1 亿贫困人口实现脱贫，取得了令全世界刮目相看的重大胜利。当天的会议指出，当前，我国发展不平衡不充分的问题仍然突出，巩固拓展脱贫攻坚成果的任务依然艰巨。现今，我国部分农村妇女劳动技能单一，创业就业能力和抗市场风险能力较弱。她们承担着照顾老人、抚育子女的重担，增收遇到困难。防止农村妇女返贫致贫面临着很大挑战。开展农村妇女教育扶贫，防止农村妇女返贫致贫，满足农村妇女实际发展需要，提高她们的生活质量、自信和受教育水平，增强其幸福感和获得感，为社会整体发展提供支持，这些都有着重要的理论价值和现实意义。

　　本书以河北省农村女性教育扶贫为研究视角，对国外教育扶贫经验、我国教育扶贫发展面临的挑战、我国教育扶贫方案、河北省教育扶贫能力短板与现代化、河北省农村女性教育扶贫典型案例研究等方面进行了分析与讨论。希望本书能够为农村女性教育研究带去帮助。

　　本书由郭丽萍和李娜共同撰写，郭丽萍撰写 17 万字，李娜撰写 15 万字，写作过程中还参阅了相关文献资料，在此，谨向这些作者致以诚挚谢意！由于编者水平有限，书中还有疏漏和不足，其中不妥之处，敬请广大读者批评指正，并衷心希望同行不吝赐教！

　　本书为 2019 年度河北省创新能力提升计划项目"河北省农村女性教育扶贫对策研究"（编号 19456227D）成果之一，得到了部分研究经费资助，特此说明。

笔　者

2021 年 6 月 8 日

# 目　录

# 第一章

## 女性与教育

教育是迈向性别平等的阶梯。女性受教育程度的高低，直接反映女性的地位状况和国家的文明程度。在封建社会，女性被剥夺了接受教育、参与社会的权利，是被排除在教育体系之外的。近代民主思想和女权主义运动的兴起，拉开了争取教育领域中性别平等的序幕，女性开始进入学校，接受系统的科学文化知识教育。时至今日，女性教育逐渐从追求两性教育权利的平等发展到追求更广义的性别公平层面。教育是影响女性发展的重要因素，是女性成为社会主体、实现全面解放的必经之路。

# 第一节　女性教育概要

## 一、女性教育的内涵

教育是传递社会生活经验并培养人的社会活动，通常认为，广义的教育是指影响人们知识、技能、身心健康、思想品德的形成和发展的各种活动；狭义的教育是指学校教育，即教育者根据一定的社会（或阶级）要求，有目的、有计划、有组织地对受教育者的身心施加影响，把他们培养成一定的社会（或阶级）所需要的人的活动。[①]

教育是社会发展的基础，它在一定程度上反映了社会政治、经济等的发展状况。教育既是知识的传授和人才的培养，也是社会统治的一个方面。正如英国教育家伯恩斯坦指出的："一个社会对教育知识怎么进行选择、分类、分配、传递和评价是公众对其所处社会的权力分配和社会控制原则的反思。"在人类漫长的父权制社会及其文化背景下，教育与社会历史、文化、法律、习俗等交互作用，成为建构不平等的性别制度、巩固男尊女卑的传统性别观念的重要手段之一。

女性教育是教育中不可分割的重要组成部分。从广义上讲，它是指对女性实施的各种形式和性质的教育，包括对女性知识、技能和品德的培养等活动，是对女性进行知识传授、技能训练、人格塑造和品德培养的社会化过程；从狭义上讲，女性教育是指对女性实施的学校教育，包括学前教育、中小学教育、高等教育等各个层次和种类的学校教育。[②]

理解女性教育，还应当把握以下几点：第一，对女性而言，教育的目的在于加强其争取性别平等的能力，从而为实现女性全面发展创造条件；对社会而

---

① 卢晓中，主编. 新编教育学 [M]. 北京：北京师范大学出版社，2014.

② 周天枢，傅海莲，吴春. 女性学新论 [M]. 武汉：华中师范大学出版社，2010.

言，通过教育更好地开发女性人才的潜能，从而满足社会经济发展对女性人力资源的需求。第二，有什么样的教育观念，就会有什么样的教育活动。女性教育也不例外。它不是单一的教育活动，而要受一定的思想观念的影响和制约。第三，女性教育不仅要让女性获得与男性同等的受教育权利，即教育机会的平等，更应当在男女不平等的现实前提下，寻求教育过程和教育结果的性别平等。第四，知识即权力，提高女性受教育水平是改变不平等性别权力关系的重要途径。

## 二、女性教育的价值

第一，女性教育是实现女性全面发展的需要。教育是实现个体全面发展的根本途径，教育不但要传授给个体生存技能，还要培养人的精神和人格。对女性而言，教育是其发展的一种能动力量。女性受教育程度直接影响其在政治、经济、文化等领域的参与和发展状况。一般来说，女性受教育程度越高，其综合素质越高，参与竞争的能力就越强，获得的发展空间也就更为广阔。教育可以塑造女性完善的人格，唤醒女性的主体意识，使女性更加注重自我价值的实现。女性教育就是在女性获得与男性同等教育权利的基础上，树立女性的主体性，增强女性的竞争能力。① 教育是女性迈向平等、自由和解放的重要阶梯，教育平等是实现女性全面发展终极目标的重要基础。

第二，女性教育是促进性别平等的需要。女性教育的滞后，不仅制约了人类社会文明的发展，还严重阻碍了性别平等的实现。在现代社会，教育提供了阶层流动的主要途径，接受良好的教育成为改善经济地位、获得社会地位和声望、进入较高社会阶层的一种途径。女性接受教育是实现两性平等和共同发展的重要渠道。占人口半数的女性，只有接受良好的教育，才能赢得竞争的实力和资本，为实现性别平等创造条件、积蓄能量。反之，如果女性受教育程度低，那么将制约女性参与更加广泛的社会活动，直接影响女性的竞争实力和各领域性别平等的实现。因此，实现教育平等是全面推进性别平等的现实手段。

第三，女性教育是提高民族素质的需要。由于特殊的生理条件，女性肩负着生育、繁衍的重任。教育、培养下一代是父母双方的责任，但在现实社会中，由于传统观念的影响，大部分家庭教育仍然由女性承担。在教育子女上，女性肩负着无法替代的职责。提高女性受教育程度不仅有助于提高女性自身的科学文化水平，还关系到家庭乃至全民族素质的提高。成为妻子或母亲的女性，如果缺乏科学文化知识素养，就会直接影响其家庭文化水平以及对子女的教育水平，并最终影响全民族素质的提高。可以说，女性教育是一个关系民族素质、

---

① 周天枢，傅海莲，吴春. 女性学新论［M］. 武汉：华中师范大学出版社，2010.

国家兴衰、社会发展和人类未来的具有战略意义的重大问题。正如苏联教育家克鲁普斯卡娅所说:"如果你在家教育儿子,就是在教育公民;如果你在家培养女儿,那就是在培养整个民族。"印度妇女教育家卡鲁纳卡兰指出,教育一个男人,受教育的只是一个人;教育一个女人,受教育的是几代人。这充分说明母亲在教育子女以及提高民族整体素质中的重要作用。

第四,女性教育是实现经济社会可持续发展的需要。确保女性享有平等受教育的权利,扩大女性受教育的机会,全面提高女性的文化素质,是促进社会经济全面协调、可持续发展的现实要求。可持续发展的核心是人的发展,基础是环境和资源。人类社会的可持续发展与女性教育有着密切的关系。这是因为,女性文化程度越高就越能够尊重自己的意愿,安排自己的生育活动,会更加注重子女的健康成长、良好教育以及未来的事业发展。同时,从生态环境保护来看,女性孕育生命、哺育后代的性别角色使得她们更容易对孕育万物的大自然产生特殊的亲近关系,女性对影响人类生存的环境问题更加敏感,她们更能深切地感受到资源短缺、环境恶化给自身及子孙后代造成的苦果。女性是推动环境、社会可持续发展的一支重要的生力军。因此,提高女性受教育程度,可以更好地协调人与自然的关系,使人与自然在发展进化中形成互惠关系。许多国家的经验表明,在女性受教育程度高的群体或社区中,人们一般有较高的保护环境的意识。因此,应从社会可持续发展的战略高度,提高女性受教育水平,促进人与人、人与社会、人与自然的可持续协调发展。

# 第二节　女性教育历史简述

## 一、西方女性教育历史概述

在西方文化的早期发展中,人们普遍认为女性天生智力发展不如男性,缺乏理性;女人的天职就是为丈夫生儿育女、操持家务、照料家庭,许多早期西方思想家如亚里士多德等都对女性存在偏见。在父权制的观念中,学校教育是男性享有的特权,女性则主要接受相夫教子、家庭待客礼仪以及宗教等方面的教育。社会对女性进行教育的目的就是培养贤妻良母。

近代是西方女性教育发展的重要时期。18世纪初,一些国家开始出现招收女生的寄宿学校,有些是宗教团体建立的教会学校,教授的课程主要是缝纫、语言、音乐、舞蹈和绘画等。工业革命后,西方女性开始从家庭走向社会。以机器大工业为代表的生产力的发展对劳动者素质提出了更高的要求。为适应社会发展的需要,18世纪开始,形式多样的大众化教育逐渐普及,从事工业生产的女性开始接受科学文化知识教育。1826 年，第一所公立女子中学在波士顿问世；1834 年创办的芝加哥中学采取了男女合校的教育模式；1842 年，瑞典通过了男女接受同等的初等教育法令；1850 年，英国创办了著名的北伦敦女子高等学校。随后，更多的女性走进课堂接受启蒙教育，学习科学文化知识。1836 年，佐治亚州女子学院获准成立，并于 1840 年开始授予学位，这可以称为美国的第一所女子高校。① 此后，西方各类女子学校逐渐发展起来。

进入 20 世纪，教育在西方社会中的重要性愈显突出，西方各国基本普及了义务教育。在西方妇女运动高潮中，教育成为争取性别平等的重要领域。到 19 世纪下半叶，美国高等院校的大门开始向女性敞开。至 1900 年，全美 80％的大学、学院及专科学校都录取了女性学生。② 在 20 世纪 60 年代兴起的第二次妇女运动高潮中，女性主义思想家关于女性教育问题的思考极大地促进了西方女性教育的发展。

## 二、中国女性教育历史概述

### （一）古代女性教育发展

中国古代女性教育主要是以维护父权制为核心，社会在男尊女卑的性别不平等的基础上对女性进行"女德"教育。建立在不平等的性别等级观念上的女性教育与男性教育相比有着天壤之别。古代大多数女子都无缘文化教育，女童不能进学堂，科举考试的大门也不向女性开放，女性只能接受封建伦理道德教育。

1. 古代女性教育内容。古代女性教育是以"三从四德"为基本内容，以"女德"教育为主，辅之以技能、经学等教育，以此使女性在思想上和行动上接受社会强加给她们的角色定位和行为准则。中国古代妇女教育最早的形式是"妇学"，在《周礼》中有这样的记载："（九嫔）掌妇学之法以教九御妇德，妇言，妇容，妇工，各帅其属以时御叙于王所。"秦汉以至明清，女教渐成规模和定式。一般而言，宫廷设女官从事后宫妇德教育，民间女子从七岁开始接受家庭训蒙之教，女教书籍以刘向的《列女传》各正史及地方志《列女传》《女诫》及受其影响的历代女教典籍为主。③ 通过制定和推行礼法教化，"男尊女卑""三从四德"的思想成为几千年来女性教育的基本内容。在女性的品德方面，注重勤劳、善良、持家、孝敬等贤德教育，宣扬"女子无才便是德"；在角色分工方面，教育女性"相夫教子"，规定"男主外、女主内"；在行为举止方面，教

---

① 鄂艳. 美国女子高校研究 [D]. 上海：华东师范大学，2006.
② 李娟. 浅谈西方女性教育变迁 [J]. 淮南师范学院学报，2006，8（1）：120.
③ 李丙阳. 从明代妇女教育的视角看节妇列女的产生 [J]. 信阳农业高等专科学校学报，2008，18（2）：14.

育女性要温柔、矜持、卑弱、顺从；在人生价值方面，教育女性"夫贵妻荣""母凭子贵"等；在贞操观念方面，女性从小就被灌输贞节思想，接受"饿死事小，失节事大""守身如玉""从一而终"等教育；在为人处世方面，教育女性遵循"男女授受不亲"，要学会事父母、事舅姑、营家、待客等。① 以上述内容为核心的女教，绵延封建社会几千年，至明代发展到顶峰，并渗透到从贵族到平民的各个女性阶层。在这种教育下，古代女子较少能学到知识和技能，即便掌握一些技能，也多为纺织、缝纫、绘画、书法、刺绣、舞蹈、琴艺、音律等。《礼记·内则》中有这样的规定："女子十年不出，姆教婉娩听从，执麻枲，治丝茧，织纴织，予女事，以供衣服。观于祭祀，纳酒浆、笾豆、菹醢，礼相助奠。"② 可见，古代女子的技能教育主要是烹饪、养蚕、纺织等妇工家事。一些民间的技艺秘方等一般也是传男不传女。出身于官僚、贵族、士大夫家庭的女性除接受"女德"教育外，多诵经读骚、舞文弄墨，其中也不乏知书博学的杰出才女。但在以男权为中心的社会格局中，女性的才艺本质上仍然是为了迎合男性的需求。

2. 古代女性教育形式。我国古代的教育系统中并不包括女性教育，古代女性教育以家庭教育为主要形式，一般由家中长辈，如父母等进行教导，且女性在学习文化知识的同时常常伴随着封建伦常教育。《女诫》《女儿经》《女论语》《内训》《女范捷录》《列女传》等是女性接受启蒙教育的首选书籍，其主要宣扬儒家"三从四德"思想，即"在家从父、出嫁从夫、夫死从子"和"妇德、妇言、妇容、妇功"③。当然，也有少数贵族官宦之家请家庭教师。宫廷教育是古代官方设立的唯一女子教育形式，但是其主要对后宫嫔妃进行一些礼仪教化。

在这种以父权制和男权文化为核心的教育理念下，女性所接受的教育十分有限。这种教育的中心是灌输男尊女卑的封建礼教，其根本目的在于培养能够孝顺父母、侍奉公婆、顺从丈夫、相夫教子的贤妻良母。相对于男性在科举中金榜题名的人生追求而言，女性的价值则更多地体现为对家庭的无私奉献和对男性的无条件依附上。这种教育的直接结果就是迫使女性形成奴性和依附性，使女性成为传宗接代和为家庭服务的工具，女性的才智得不到开发，能力得不到培养。由于没有受教育的权利，女性丧失了自立的基础，只能依赖男人，成为满足父权制需要的良女贤妇或贞节烈女。

**（二）近代女性教育发展**

受西方男女平等思想的影响，近代中国的女性教育在性别平等观念的基础上逐步发展起来。从清末开始，随着女子学堂的纷纷设立，女性获得了接受文

---

① 周天枢，傅海莲，吴春. 女性学新论［M］. 武汉：华中师范大学出版社，2010.
② 朱晓鸿. 试析汉代的妇女教育［J］. 华北水利水电学院学报：社会科学版，2003，19（3）：22-25.
③ 祝平燕，周天枢，宋岩. 女性学导论［M］. 武汉：武汉大学出版社，2007.

化教育的权利。在中国近代史上，最先向女子打开学校大门的是西方传教士。

1. 教会女校。鸦片战争后，西方传教士开始在中国创办女校。近代教会女校的兴起，给少数女性提供了受教育的机会，女性教育得以逐渐发展起来。基督教在中国设立的第一所教会女子学校，是由英国东方女子教育促进会、女传教士爱尔德塞于 1844 年在宁波创办的。之后，教会女子学校不断发展，到 1907 年，仅天主教会在我国江南地区就设立了 697 所女校，在校学生达 15300 人[①]。教会女校的教育内容在发展初期主要是宗教知识、科学常识、英语、体育等，后来逐渐增加了传统儒学"四书""五经"以及家事课等。办学形式不仅有小学，还有大学，如 1905 年创办的华北协和女子大学、1908 年在福建创办的华南女子文理学院和在南京创办的金陵女子大学（1930 年改称金陵女子文理学院）。教会女校为中国女性打开了一扇了解外部世界的窗户，开阔了女性的眼界。正如某学者指出的："在第一代中国知识女性成长的过程中，教会大学扮演了十分重要的母体角色。"教会女校在客观上改变了中国女性的教育状况，开创了近代女子学校教育的先河，在很大程度上推动了近代女子学校教育的发展。

2. 兴女学运动。中日甲午战争后，随着西方民主思想的传入和戊戌变法思潮的兴起，以康有为、梁启超为代表的维新派从富国强民的目的出发，开始关注女子教育问题。他们认为强国必兴女学，这在当时掀起了一股兴办女学的热潮。梁启超在《倡设女学堂启》一文中指出，女子接受教育，可成为"上可相夫，下可教子，近可宜家，远可善种"的贤妻良母，教育妇女可以兴国智民。在《论女学》中，他指出："天下积弱之本，则必自妇人不学始""故妇学实天下存亡强弱之大原也"。正因女学不振，危及国家和民族的兴亡，故梁启超呼吁"兴女学"，以达到"保国，保种，保教的目的"。虽然维新派认为教育女子的目的是相夫教子、强国善种，但在兴女学运动中，他们开启了对中国古代女子教育弊端的批判和反思，探求新的女子教育之路成为近代仁人志士的追求目标。1898 年，近代中国人自办的第一所女子学堂——"经正女学"在上海正式成立，它由经元善等人创办。《女学会书塾开馆章程》中规定："其教育宗旨，以彝伦为本，所以启其智慧，养其德性，健其身体。以造就其将来为贤母为贤妇之始基。"可见，贤妻良母是女子学堂的主要培养目标。当时，影响较大的女学堂还有：1901 年蔡元培等人创办的上海爱国女学，1902 年吴怀疚在上海创办的务本女塾，严修于 1902 年在天津创办的严氏女塾和 1903 年龙绂瑞、俞蕃同在长沙创立的湖南民立第一女学堂等。这些女学堂大都出现在经济、文化比较发达的地区。其中，上海爱国女学在办学宗旨上超越了培养贤妻良母的局限，将增进女子之智德体、富其爱国心作为教育目标。兴女学运动使中国女性开始走

---

① 李心怡. 中国女子教育的近代化历程及其意义 [J]. 科教导刊，2014（2）：6.

进学校的大门，改写了只有男性接受教育的历史。它不仅使一部分女性开始学习文化知识，还使她们接触到新思想和新观念，促进了女性意识的觉醒，也加快了女性教育合法化的进程。

3. 官办女学的正式确立。随着女学在各地的普遍兴起，清政府于1907年颁布了《女子小学堂章程》，女子学校教育从此正式纳入学制系统。这是中国女子教育在学制中占有地位的开始，标志着女性获得了享受学校教育的合法权利，女子教育从此成为中国教育制度中的重要组成部分。根据《女子小学堂章程》，女子可以接受8年小学教育和4年师范教育，男女不同校，以养成"女子之德操与必须之知识技能""讲习保育幼儿方法，期于裨补家计，有益家庭教育"[①]为宗旨。新文化运动的兴起为社会进一步追求男女教育平等提供了动力。随着西方民主观念的广泛传播，一些先进的知识分子热切呼吁改革女学，强烈反对男女隔离的教育，要求男女同校，开启了现代女性教育的序幕。五四运动后，伴随着妇女解放运动的发展，女子教育有了历史性的进步。1920年，在蔡元培等人的积极倡导下，北京大学首开"女禁"，开国立大学招收女生之先河。1922年《学校系统改革案》颁布，确立了男女同校，男女平等在教育制度上得以初步确立。大学"女禁"的解除，在中国教育史上具有重要意义。此后，男女同校的潮流遍及全国各地，男女同校蔚然成风。此外，19世纪末20世纪初，女子留学也开始出现，一些女子自发留学到欧美和日本。出生在宁波的金雅妹（1864—1934）于1881年进入美国纽约医院附属女子医科大学学习，成为中国第一位女留学生。赴美官费女子留学始于1907年。1914年，清华大学开始考选女子赴美留学，所用款项为庚子赔款，选送了10名女留学生。[②] 后来，女性留学人数持续增加，一些中国女性开始真正地走向世界，女性的主体意识不断觉醒，这推动了中国女子教育的发展。

从数千年前以男尊女卑为核心、以"三从四德"为主要内容的"女德"教育，到近代女性教育的萌芽，中国女性教育可谓步履维艰。直到新中国成立前，系统的学校女性教育仍然十分薄弱，学校少、女性入学率低的现象严重。1931年—1945年间，只有780多万女性接受了初等教育，女性文盲率超过90%，全国接受过高等教育的女性仅占女性总数的0.46%。新中国成立后学校女性教育虽有发展，但特定的社会历史条件制约了发展的步伐。改革开放以后，我国真正迎来了女性教育的振兴。

### （三）现代女性教育发展

现代社会，女性教育有了历史性的进步，女性受教育的权利获得了法律保障，教育成为女性争取自我发展的重要手段。但由于传统观念根深蒂固，在教

---

① 谷忠玉. 中国近代女性观的演变与女子学校教育［M］. 合肥：安徽教育出版社，2006.

② 周天枢，傅海莲，吴春. 女性学新论［M］. 武汉：华中师范大学出版社，2010.

育机会和教育资源等诸多方面，女性依然处在弱势地位。因此，需要从深度和广度上进一步促进教育领域性别公正的实现。

# 第三节 目前我国女性教育状况以及存在问题

## 一、目前我国女性接受教育的状况

在发展教育上，我国持续实施教育惠民政策，缩小城乡教育差距，积极推进教育公平，不断改善妇女受教育状况，妇女受教育水平得到大幅提升。具体表现在以下方面：

第一，女性受教育程度和结构不断优化。在各级各类教育中，女性的比例不断提高。例如，在小学教育中，新中国成立初期，我国适龄女童入学率只有15％左右，2006 年已达到 99.3％①。在整个义务教育阶段，男女生入学率大体持平，性别差异基本消除，女性受教育程度和结构不断优化。2008 年，男童和女童净入学率分别为 99.5％、99.58％，女童比男童高 0.08 个百分点。②

第二，女童平等接受学前教育率不断提升。1992 年，国务院制定出台《九十年代中国儿童发展规划纲要》，提出 3—6 岁幼儿入园（班）率达到 35％。从2011 年开始，中国连续实施三期学前教育三年行动计划，解决儿童学前教育问题。为促进女童平等接受学前教育，《中国妇女发展纲要（2011—2020 年）》提出主要目标，要求学前三年毛入园率达到 70％。2018 年，中共中央、国务院印发《关于学前教育深化改革规范发展的若干意见》，要求推进学前教育普及普惠安全优质发展。2017 年，3—6 岁儿童毛入园率为 79.6％，全国接受学前教育的幼儿达 4600 万，其中女童占比 46.7％。③ 截至 2020 年，女童小学净入学率接近 100％，高等教育毛入学率达 54.4％，其中普通本专科女生比例已超过一半，整体进入世界中上水平④。

---

① 莫文秀，编. 中国妇女教育发展报告：改革开放 30 年［M］. 北京：社会科学文献出版社，2008.

② 2008 年全国教育事业发展统计公报［EB/OL］.（2010-02-05）［2021-21-29］. http://www.moe.gov.cn/jyb_xwfb/s6052/201002/t20100205_88488.html.

③ 平等 发展 共享：新中国 70 年妇女事业的发展与进步［EB/OL］.（2019-09-19）［2021-12-29］. http://www.gov.cn/zhengce/2019-09/19/content_5431327.htm.

④ 全国妇联党组. 中国共产党指引百年中国妇女事业阔步前进［EB/OL］.（2021-07-02）［2021-12-29］. baijiahao.baidu.com/s? id=1704099906904019 56&wfr=spider&for=pc.

第三，女性文盲率明显下降。新中国成立之初，妇女文盲率远远高于男性。1949年第一次全国教育工作会议提出，要在全国范围内进行识字教育、扫除文盲；1956年发布《关于扫除文盲的决定》，再次明确扫盲工作目标。20世纪50年代开展的三次扫盲运动，帮助1600万名妇女脱盲。改革开放后，中国持续开展扫盲工作，到1993年累计扫除妇女文盲1.1亿。1995年以来，中国政府颁布实施三个周期的《中国妇女发展纲要》，始终把扫除妇女文盲、提高妇女识字率作为主要目标，把扫除农村妇女文盲作为重点。全国15岁及以上女性人口文盲率由新中国成立前的90%降至2017年的7.3%，实现历史巨变。九年义务教育基本消除了性别差距。在大力扫除妇女文盲的基础上，中国高度重视保障女童接受基础教育的权利和机会。制订出台《中华人民共和国义务教育法》等法律和政策，不断加大义务教育投入，重点向农村地区倾斜，通过设立中小学助学金、制定女童专项扶助政策、实施"春蕾计划""希望工程"等助学项目，大大增加了农村女童受教育的机会。党的十八大以来，大力推进城乡义务教育一体化发展，补齐农村义务教育短板，农村女童接受教育的机会更多。2017年，女童小学净入学率达到99.9%，与男童完全相同；普通小学和普通初中在校生中，女生比例分别达到46.5%和46.4%，比1951年分别提高18.5和20.8个百分点。义务教育阶段基本实现男女平等①。

第四，男女受教育年限的差距进一步缩小。1995年，中国女性平均受教育年限为6.1年，男性平均受教育年限为7.8年，男女差距为1.7年。到2003年，中国女性平均受教育年限达到7.4年，而男性的平均受教育年限为8.4年，男女差距减少到1年。

第五，女性享有更多的继续教育机会。中国不断完善职业教育法律政策，逐步建立健全职业教育体系，妇女接受职业教育的机会不断增加。1996年《中华人民共和国职业教育法》颁布，提出国家采取措施帮助妇女接受职业教育。党的十八大以来，中国更加重视职业教育发展。2019年颁布《国家职业教育改革实施方案》和《高职扩招专项工作实施方案》，扩大高等职业教育招生规模，提升职业教育现代化水平，为妇女接受职业教育提供了新机遇。2017年，中等职业教育在校女生占在校生总数的42.9%。改革开放40多年来，继续教育得到长足发展，成为妇女获得知识、增长技能、提高素质的重要渠道，妇女参加高等学历继续教育的人数和比例逐年上升。2017年，全国成人本专科在校女生占在校生总数的58.8%，比1988年提高27.3个百分点；网络本专科在校女生

---

① 平等 发展 共享：新中国70年妇女事业的发展与进步［EB/OL］.（2019-09-19）［2021-12-29］. http://www.gov.cn/zhengce/2019-09/19/content_5431327.htm.

占在校生总数的 47.3％。[①]

第六，女性高等教育发展迅速。妇女接受高中阶段和高等教育水平实现历史新高[②]。改革开放 40 多年来，我国大力普及高中阶段教育，加大中西部贫困地区扶持力度，实行家庭经济困难学生资助政策，女性接受高中阶段教育的机会显著增多。2017 年，高中阶段教育毛入学率达到 88.3％，高中阶段教育在校女生占在校生总数的 47.7％，其中普通高中在校生中女生比例已达 50.9％。[③] 1998 年，我国颁布《中华人民共和国高等教育法》，推行助学贷款制度，设立助学奖学金，为更多女性接受高等教育创造了条件。2017 年，普通高等学校本专科在校女生占在校生总数的比例已达 52.5％，比 1978 年提高 28.4 个百分点，比 1949 年提高 32.7 个百分点；女研究生占研究生总数的比例已达 48.4％，比 1985 年提高 29.8 个百分点。[④]

### 二、目前我国女性教育存在的问题

由于受历史文化、传统观念、经济发展水平等因素的制约，我国的女性教育仍然面临许多不容忽视的问题，主要有：

第一，女性文盲、半文盲的比例仍然较高。虽然我国已经实现了基本扫除青壮年文盲的目标，文盲人数大为减少，但是由于我国人口基数大，文盲人口的绝对数仍然较大。其中，女性文盲占我国文盲的大多数，将近七成。目前仍有 5500 万名女性文盲，绝大多数分布在农村。值得注意的是，虽然男女文盲比例都在下降，但女性文盲比例高于男性的事实并未改变。在文盲率显著降低的 40 岁组，女性的文盲率是男性的 3.5 倍。[⑤]

第二，女性受教育程度总体仍然偏低。从 2006 年 6 岁及以上女性人口受教育程度的基本构成情况看，小学教育程度的女性人口占 34.49％，初中教育程度的女性人口占 35.92％。相关资料显示，无论哪个层次的教育都是女性占比小于男性，而且教育层次越高，男性所占的比例越大，特别是在硕士研究生、博士研究生等高层次的高等教育中，女性比例低于男性。2006 年，在科研机构和普通高校中攻读硕士学位的女性占 41.25％，攻读博士学位的女性占

①　平等　发展　共享：新中国 70 年妇女事业的发展与进步 [EB/OL]．（2019-09-19）[2021-12-29]．http：//www. gov. cn/zhengce/2019-09/19/content _ 5431327. htm.

②　平等　发展　共享：新中国 70 年妇女事业的发展与进步 [EB/OL]．（2019-09-19）[2021-12-29]．http：//www. gov. cn/zhengce/2019-09/19/content _ 5431327. htm.

③　平等　发展　共享：新中国 70 年妇女事业的发展与进步 [EB/OL]．（2019-09-19）[2021-12-29]．http：//www. gov. cn/zhengce/2019-09/19/content _ 5431327. htm.

④　平等　发展　共享：新中国 70 年妇女事业的发展与进步 [EB/OL]．（2019-09-19）[2021-12-29]．http：//www. gov. cn/zhengce/2019-09/19/content _ 5431327. htm.

⑤　谭琳. 1995—2005：中国性别平等与妇女发展报告 [M]．北京：社会科学文献出版社，2006.

32.81%。而在接受各种岗位培训或技能培训中，女性往往被告知"工作离不开"或被认为是家务的操持者而不自觉地或被迫地放弃了机会，转而选择函授或短期培训。2006年高校非学历教育中，在研究生课程进修班结业的女性占38.93%，进修及培训的女性占44.28%，自考助学班的女性占48.12%。①

第三，女童辍学率偏高。虽然我国接受义务教育的女性整体比例不断提高，但在失去接受基础教育机会的适龄儿童中，女童占大部分。特别是在农村，女童的辍学现象依然存在。2006年，小学女童入学率达到99.29%，超过男童入学率0.02个百分点，在这种情况下，女童辍学率为0.47%，高出全国平均水平。

第四，女性受教育程度存在明显的地区和城乡差距。我国女性教育发展较快，但发展并不平衡，存在明显的城乡分化和地区差异：农村女性教育水平与男性差距较大，东部和中部地区的受教育程度高于西部地区，城市人口的受教育程度高于农村人口。尤其是在偏远山区、西部贫困地区等经济发展水平落后的地区，女性受教育程度与男性相比差距明显。据调查，与男性相比，贫困妇女受教育机会偏少，生产技能偏低，贫困程度更深。在我国脱贫攻坚战取得全面胜利之前，在国家扶贫开发工作重点县，女性劳动力的整体受教育程度低于男性，接受就业培训的比例低于男性。② 经济发展的失衡加剧了教育发展的不平衡，农村女性的教育问题成为国民教育体系中较薄弱的环节。

第五，资源分配不公，教育环境有待完善。有些农村家长重男轻女思想严重，对女童的学习并不重视。在一些农村地区，部分家庭认为女孩儿没有必要接受教育，一些农村女孩儿在走着少年辍学、长大后外出打工、成年后嫁人、生儿育女的人生轨迹。尤其是当家庭条件不足以提供全部孩子的教育费用时，这部分家长常常选择只提供男孩儿的教育费用而让女孩儿弃学。传统的婚姻家庭模式使得有些家庭认为对女儿进行教育投资得不偿失。从这个意义上说，女性教育机会的获得更易受到家庭资源因素的影响。

---

① 莫文秀，编. 中国妇女教育发展报告：改革开放30年［M］. 北京：社会科学文献出版社，2008.

② 中国实施千年发展目标报告（2000—2015年），http://cn.chinagate.cn/reports/2015-07/28/content_36164105.htm.

# 第二章

## 女性与贫困关系阐释

贫困是世界各国在经济社会发展过程中不得不面对的挑战。国内外研究对贫困的界定，从收入/消费的单一维度拓展到福利、权利、社会排斥等多个维度。于是，贫困成为经济、社会、文化落后现象的总称。妇女由于生理、社会等主客观因素，在教育、健康、权利等资源获取上常处于不利地位，因而妇女贫困更具有特殊性。随着人们对贫困认识的不断深入、贫困内涵的扩展以及性别研究的进展，性别因素被纳入贫困研究的视角，贫困研究逐渐与性别问题相联系。[①] 20 世纪 70 年代，美国学者在研究美国贫困问题时发现，贫困率增长最快的家庭是由低收入或贫困妇女和孩子组成的女户主家庭。到 20 世纪 80 年代中期，美国全部人口中几乎有一半是不同年龄的以妇女为户主的家庭。"贫困女性化"一词首次出现就是对这种现象进行概括。1995 年，第四次世界妇女大会在北京召开，会议首次将"妇女与贫困"纳入 12 个重大关切领域。

## 第一节　目前妇女贫困状况探索

综合上述国内外对贫困的研究可以发现，贫困是一个包括收入贫困、能力贫困、权利贫困、文化贫困等综合性概念的体系。由于贫困的历史性、动态发展性，目前国内外学者并未对妇女贫困做出确切的定义。妇女贫困现状的研究主要包括对妇女贫困进行不同角度的界定、研究妇女贫困的类型以及妇女贫困的特征等。

### 一、妇女贫困的含义

社会学家瓦伦丁·M. 莫格哈登认为妇女贫困的定义和对妇女贫困的衡量可以根据家庭收入和消费的传统方法进行，或根据文化水平、平均寿命、中小学招生人数、接受医疗的途径、产妇死亡率、享有土地或就业情况、工资差别、时间运用情况、第一次婚姻的平均年龄、生育率、性别比例等社会因素说明。使用社会因素界定妇女贫困主要是为了指出妇女应该获得的权利或其潜力，或从反面看，指出剥夺她们权利的绝对或相对形式。现有研究对妇女贫困的定义主要包括以下几种观点：

第一，物质视角定义的妇女贫困。从物质匮乏角度定义的妇女贫困，主要是指妇女在收入、资产、社会保障等方面的贫困，物质贫困发生在各类贫困妇女中[②]。国际上，联合国妇女与发展组织对撒哈拉以南非洲、拉丁美洲以及加

① 马元曦，主编. 社会性别与发展译文集 [M]. 北京：生活·读书·新知三联书店，2000.
② 刘欣. 近 40 年来国内妇女贫困研究综述 [J]. 妇女研究论丛，2015 (1)：117.

勒比海地区的女户主家庭进行考察和研究，发现妇女因更难得到土地、信贷、资本和收入高的工作而陷入贫困。李小云等人认为，我国农村劳动力妇女多从事家务和农业生产劳动，非农就业少，且工资低，安全系数不高，并在土地、住宅、家庭耐用消费品、清洁饮用水等物质资产上存在权属、分配、购买决策上的资产贫困[①]。赵群等人认为，城市中失去稳定生计和福利的下岗失业妇女、从事非正规就业的女性群体，女性为户主的单亲家庭以及流动妇女、失地女农民等存在收入社会保障等方面的贫困。[②] 老龄化使老年妇女较老年男性更易陷入贫困，收入更低且更依赖家庭。除此之外，农村老年妇女存在健康贫困的现象，卫生医疗低保障、低标准。另外，某些地区，妇女参与家务劳动的价值不被承认，参与农业劳动的产出又被男性控制，加上外出务工可能性低，她们几乎没有任何经济来源，而婚姻制度、继承传统进一步加剧了妇女的收入贫困。

第二，人文视角定义的妇女贫困。妇女人文贫困在研究中具体表现为妇女在文化、权利、资本以及社会网络支持等方面的贫困。金梅将女性文化贫困定义为，妇女群体或个人在知识水平、科技修养、思想道德素质、价值观念、主体性、心理素质、思维方式、行为趋势上落后于男性群体的综合发展状态[③]。在城市，妇女文化贫困的主要表现是受教育程度低、缺少技能证书等；而在农村，妇女文化贫困的主要表现除知识贫困、受教育程度低外，还包括生活方式陈旧、人生观和价值观迷失、思想意识落后、文化生活单调、参政意识淡薄。在传统的家庭婚姻模式中，婚后女性要居住在男性家中，亲属关系的展开也以男性为中心，女性亲属关系居于次要地位。这使得女性在娘家所形成的社会网络关系因婚姻而越来越脆弱，女性不得不生活在丈夫的社会网络关系中，导致自身的社会网络资源渐渐流失。吴宏洛、范佐来认为农村妇女除生存状态的贫困以外，还存在社会资本和社会支持网络方面的资源贫困。城市妇女社会资本贫困则表现为社会网络规模小、社会资本质量低、可转让或继承的社会资本少等。此外，已婚女性在信息来源、闲暇安排、活动范围、宗教信仰等方面存在精神贫困。尤其是贫困老年女性普遍心理承受能力差、自信心不足、自卑感严重，独居和患病或家庭关系不协调的老年妇女表现得更加明显。听力和视觉障碍也影响她们与外界的交往。

第三，其他视角定义的妇女贫困。除了从主流视角以物质贫困或人文贫困来看待妇女贫困外，对妇女贫困界定的其他视角还包括健康、时间等。郭瑞香认为，在全球化引发的社会变迁和人口大流动环境下，性别不平等加剧了女性在艾滋病蔓延过程中的风险和影响，妇女所处的不利社会文化环境、较低的社

① 李小云，董强，刘晓茜，等. 资产占有的性别不平等与贫困 [J]. 妇女研究论丛. 2006 (6)：28-32.
② 赵群，王云仙. 社会性别与贫困 [M]. 北京：社会科学文献出版社，2011.
③ 金梅. 农村女性文化贫困的社会学分析 [D]. 武汉：华中师范大学，2006.

会地位使其比男性更易遭受艾滋病侵袭。而农村妇女存在疾病多、身体状况不佳、需求得不到充分满足的健康贫困。畅红琴发现，在经济发展所提供的就业机会与社会性别分工所规定的条件下，妇女存在工作时间超时且得不到足够休息与闲暇的"时间贫困"。蒋美华则认为已婚女性在婚姻意识、生育意识、生育行为以及婚姻家庭地位上存在婚姻生活贫困。

第四，综合视角定义的妇女贫困。随着国内外研究对贫困概念从收入/消费的单维贫困拓展到包含人类福祉等多维贫困，妇女贫困的内涵也随之不断深化。贫困不仅是满足基本生活的必要收入的缺乏，更是创造最基本收入的机会、资源和能力的缺乏，是妇女福祉的缺失。贫困既包括收入贫困，也包括资产贫困、健康贫困、文化贫困、时间贫困、婚姻家庭生活贫困、精神贫困等。[①] 国内对妇女贫困的界定通常采用物质贫困及人文贫困相结合的综合视角。叶普万、贾慧咏结合贫困的经典定义与中国的实际情况，认为妇女贫困是由于制度、资源、环境、生理等因素所引起的个人或家庭最基本物质生活不能满足的物质贫困以及由此而滋生的人文贫困[②]。井晶将城市贫困女性定义为当前社会背景下城市女性中由于缺乏必要的资源，在一定程度上被剥夺了正常获得生活资料和参与经济与社会活动的权利，并使其生活持续性地低于社会的常规生活标准[③]。综上所述，由于妇女贫困的特殊性、复杂性和动态发展性，对其界定的维度较一般贫困更为复杂和多元。目前国内外学界对于妇女贫困的定义尚无统一标准，学者大多基于所研究的不同妇女群体采用不同视角进行界定，主要沿袭了贫困界定的主流视角——物质及人文贫困视角。除此之外，这些定义也基于社会性别指出了妇女在健康、权利、闲暇以及社会资本等方面比男性更易陷入贫困的事实。

## 二、妇女贫困的基本类型

"贫困女性化"这一概念最初用于概括美国贫困的女户主家庭，其主要由低收入或贫困的妇女和孩子组成。这一概念也吸引了后来众多研究学者对女户主家庭贫困类型的关注。就国内研究看，研究文献一般针对某一类型的贫困妇女，而就妇女贫困类型进行的专门研究较少。上述对贫困的界定也是一种基于内容和形式的妇女贫困类型进行的划分。除此之外，从研究地域上来看，主要分为城市贫困妇女以及农村贫困妇女；从研究对象上来看，主要包括已婚妇女、老年妇女、受艾滋病病毒感染及影响的妇女、灾害致贫妇女、少数民族妇女、单

---

① 张雪梅，李晶，李小云. 妇女贫困：从农村到城乡，从收入贫困到多维贫困——2000年以来中国"妇女贫困"研究评述与展望 [J]. 妇女研究论丛，2011，9（5）：99-105.
② 叶普万，贾慧咏. 我国农村妇女贫困的现状、原因及解决对策 [J]. 理论学刊，2010（9）：61-64.
③ 井晶. 新疆城市女性贫困的经济学分析 [D]. 乌鲁木齐：新疆大学，2009.

亲母亲、贫困家庭中的儿童。

第一，从研究区域看，妇女贫困主要包括城市妇女贫困以及农村妇女贫困两类。少数民族妇女贫困多集中在边远落后农村地区，因此这里将少数民族妇女贫困纳入农村妇女贫困类。国家统计资料缺少对农村贫困状况的分性别统计，一般而言，农村贫困妇女来自贫困家庭，低收入妇女、老年妇女以及贫困女童等构成农村妇女贫困的主体[①]。我国贫困的地域性以及多元性决定了少数民族贫困妇女成为少数民族地区和国家妇女反贫困的关注群体。马东平等研究了收入、能力、地位、生存健康等多维度视角下的少数民族妇女贫困问题。在城市妇女贫困研究中，金一虹对城市贫困妇女进行了划分，认为女性构成城市新贫困群体中各贫困层的多数，如失去稳定生计和福利的下岗失业女性、女性非正规就业人员、流动妇女、失地女农民、女性为户主的单亲家庭。

第二，从研究群体看，妇女贫困的研究类型主要包括城乡低收入妇女、已婚妇女、老年妇女、贫困女童、单亲母亲等一般贫困类型以及灾害致贫妇女、农村留守妇女、受艾滋病感染或影响妇女、移民妇女等特殊贫困类型[②]。张雪梅等通过梳理文献发现，贫困女性主要有八类：下岗失业人群、工作中的低收入者、流动妇女、失地女农民、女户主单亲家庭、艾滋病病毒感染者、老龄化中的老年人群体、受气候变化等灾害影响的新型贫困。[③] 前四种贫困类型在金一虹对城市贫困妇女的研究中有专门介绍。翁乃群在研究中发现，弱势人群中的妇女和儿童等往往受艾滋病危害最为严重，由于缺乏生存、教育、医疗、信息等各种基本资源，弱势人群更有可能采取导致感染艾滋病病毒的高风险行为。且社会性别不平等导致女性感染者攀升，贫困使妇女面临来自艾滋病的严重威胁，艾滋病的蔓延又加剧了女性贫困，给女性带来多重不利影响[④]。冯媛、刘大庆研究了地震灾害对于妇女贫困的影响，包括丧失资产、影响生计、失去支持和健康、负担加重、生育危险、再婚等问题。刁竹、张航空在调查中发现，在城市和农村的老年人口中，女性贫困比例高于男性。张爽对农村老年妇女贫困的现状进行了研究。此外，伴随社会发展和转型，离婚妇女、农村留守妇女、移民妇女的贫困问题也日益引起学者的关注。实际上，贫困妇女在地域和身份归属上存在较大的交叉重合性，这既体现了妇女贫困研究的特殊性，又增加了划分贫困妇女类型的难度。一方面，目前各类关于妇女贫困的研究存在关注不均的现象。对农村妇女、少数民族妇女以及老年妇女的研究较多，对城市贫困

① 刘欣. 近40年来国内妇女贫困研究综述 [J]. 妇女研究论丛，2015（1）：116-123.

② 向德平，程玲，等. 巾帼脱贫：农村贫困妇女扶持政策评估及建议 [M]. 北京：社会科学文献出版社，2015.

③ 张雪梅，李晶，李小云. 妇女贫困：从农村到城乡，从收入贫困到多维贫困——2000年以来中国"妇女贫困"研究评述与展望 [J]. 妇女研究论丛，2011，9（5）：99-105.

④ 赵群，王云仙. 社会性别与妇女反贫困 [M]. 北京：社会科学文献出版社，2011.

妇女以及灾害影响下的贫困妇女、受艾滋病病毒感染的贫困妇女关注不够，而后者在我国转型阶段理应引起贫困研究的广泛关注。另一方面，由于受到户籍制度及文化传统的影响，农村中名义上的女性户主家庭并不多，但是由于受到劳务经济的影响，留守妇女成为事实上的女户主，而国内对于留守妇女贫困的专门性研究仍属空白。

### 三、妇女贫困的特征解析

在文献梳理过程中我们发现，除个体性别差异外，妇女贫困具有更多特殊性。从贫困主体看，这种特殊性表现在妇女的易受损害性、困难性；从贫困特点看，这种特殊性表现在妇女贫困的演化性和传递性、分散性和多样性、多重交叉的脆弱性和隐蔽性等。[1]

第一，妇女的易受损害性和脱贫困难性。国内学者认为，贫困妇女在社会、经济和文化各个方面均处于从属和弱势地位，在遭遇经济危机、自然灾害等社会不稳定时期更为脆弱，易陷入贫困并在其中辗转反复，难以脱贫[2]。王莉丽认为，与农村贫困群体相比，城市贫困群体面临完全市场化、货币化的生活环境，而城市妇女贫困群体存在经济上的窘迫性、家庭中的从属性、就业中的局限性以及社会保障权益的缺失性，一旦陷入贫困，生活将立即难以为继。就脱贫而言，女性受婚姻、家庭、文化素质的约束，加上市场机制的重利性取向以及发展计划（包括扶贫项目）对妇女问题的忽视，因此与男性相比，妇女摆脱贫困的难度更大。

第二，妇女贫困的演化性和传递性。有学者注意到，妇女在物质上的贫困与人文贫困具有密切关系，一种贫困常常导致其他贫困现象的发生，妇女贫困具有演化性。学者李琴指出，妇女经济上的贫困导致其政治参与变得边缘化，这二者易使其可行能力陷入贫困。王秀花通过对青海部分地区贫困妇女的文化教育扶贫进行研究发现，妇女受文化水平、家庭地位、经济收入、文化教育观念、宗教信仰、生活习俗等方面影响，经济贫困演变成了精神文化的贫困。学者对城市单亲家庭女户主进行的质性调查和分析显示，失业引致的贫困与精神颓废、婚姻解体之间密切相关。妇女贫困的传递性主要表现在代际传递的演绎。妇女文化地位、经济地位的提高与妇女生育率降低、儿童的健康水平以及教育水平提高等密不可分。

第三，妇女贫困的多重交叉脆弱性。一方面，贫困妇女在地域、年龄和身份归属上存在交叉重合。如，贫困地区妇女的贫困问题叠加了地区、妇女和贫

① 顾永红，向德平，胡振光. 可持续生计视角下连片特困地区妇女贫困研究 [J]. 江汉论坛，2014 (6)：136-140.

② 聂常虹，王雷. 我国贫困妇女脱贫问题政策研究 [J]. 中国科学院院刊，2019，34 (1)：51-58.

困的概念；老年妇女在收入、健康、精神等方面均存在贫困现象。因而多重交叉令贫困妇女的处境更加艰难。另一方面，突发性的疾病或自然灾害会在瞬间加剧贫困妇女的脆弱性。冯媛、刘大庆在灾害与妇女贫困的研究中揭示，妇女不但要面对灾难瞬间带来的物质贫困，而且其所扮演的生育角色使其处于因灾难失去儿女的厄运时，仍要面临更大的由再生育带来的身体和心理上的压力以及因生育限制而引致婚姻关系破裂的挑战。①

第四，妇女贫困的隐蔽性。妇女贫困的隐蔽性既表现为主体对贫困的隐瞒，又表现在社会对妇女贫困的盲视。前者主要是受艾滋病病毒感染或影响的妇女以及老年妇女等特殊群体。由于社会对艾滋病患者的谈"艾"色变，该类妇女不得不隐瞒真实情况，这导致其不但得不到及时的治疗和救助、生计难以维持，而且使家属、性伴侣都处于感染艾滋病病毒的危险中。老年妇女由于在家庭和社会中的决策权减弱、地位下降，她们的诉求得不到重视，甚至会遭受隐蔽的财产剥夺和家庭暴力。社会对妇女贫困的盲视，主要受到农村妇女文化贫困和权利贫困的隐蔽性影响。李巧玲认为，农村妇女经济上的窘困如果延伸到文化和权利领域，就会导致各种权益受损，而文化和权利领域的贫困具有隐蔽性，不容易被察觉，这极有可能导致妇女在这些领域的权益得不到社会的关注和重视。

第五，妇女更容易返贫。从宏观来看，我国经过30多年的经济增长和持续奋斗，脱贫攻坚目标任务已经完成，绝对贫困和区域性整体贫困已经消除。虽然现行标准下，农村贫困妇女已经全部脱贫，但她们劳动技能单一，创业就业能力不强，抗市场风险能力较弱，还承担着抚育子女、赡养老人的重担，在外部环境的影响下，一些贫困妇女增收遇到困难，防止农村妇女返贫致贫工作面临着很大挑战。男女平等基本国策在落实层面有差距。受多方面因素影响，法律规定的男女平等问题在一些领域没有真正实现。农村地区男女平等和妇女发展存在诸多问题，妇女在社会分工和资源占有方面仍处于弱势状态，妇女参与决策和管理的水平较低，与妇女占人口总数的比例不相适应；妇女的健康需求有待进一步满足，妇女发展的环境需要进一步优化，特别是妇女平等获得教育资源和机会的权利还存在男女差异；同时，城乡妇女在教育资源配置和机会获得中的不平等尤为突出。这些问题严重制约着妇女发展，也影响着社会整体发展。

① 赵群，王云仙. 社会性别与妇女反贫困［M］. 北京：社会科学文献出版社，2011.

## 第二节　妇女贫困原因探析

对于妇女贫困原因的研究，学者基于不同视角提出了诸多妇女致贫的因素。总体来看，导致妇女贫困的原因主要包括自然环境因素、家庭因素、社会环境因素、客观社会结构因素以及个人主观因素等。

第一，就环境因素来看，导致妇女贫困的原因主要有自然环境、制度环境、社会经济环境等。马东平研究西北农村民族地区的妇女返贫现象，发现主要受资源匮乏的自然环境、外部支持条件差的经济发展环境、人口结构不平衡和平等意识缺失的社会环境所影响[①]。在制度环境中，社会政策运行环境的低支持度、妇女的低可得性、农村经济环境和政策环境约束、社会支持不足所产生的积累效应，使农村妇女对扶贫项目的了解程度和知晓公共救助的比重显著弱于男性[②]。另外，非制度的文化、习俗环境也影响妇女的贫困状态。由于受到传统习俗、性别分工、性别观念和性别关系等因素的影响，妇女的家务劳动被社会忽视，也不能产生劳动所得。在宏观社会环境中，气候变化与自然灾害、国际政治动荡、宗教与种族矛盾、艾滋病等传染性疾病、早孕早育与堕胎等，会进一步恶化女性（尤其是农村妇女）的生存与发展环境。

第二，就社会结构因素来看，个体在劳动力市场性质、社会分配体制、社会保障制度等结构性要素面前的有限选择性是导致其贫困的结构性因素。1995年，第四次世界妇女大会通过的《行动纲领》指出，妇女比男子更贫困的原因是在两性关系中，分享权力时存在男强女弱、男优女劣的差异。此外，传统的、刻板化的性别角色观念也使得妇女在获得权力、教育等资源方面的机会很少。一般而言，妇女在家庭中的责任和分工都比较重，她们在承受过重的负担中管理家庭的生产和消费。

第三，就个人主观因素来看，妇女在生理基础、个人资本以及思想意识方面的局限性是其致贫的主要因素。在女性生理方面，日常劳动分工中，妇女超强度劳作致使健康状况欠佳，甚至引发疾病而陷入经济、健康等方面的贫困。在个人资本方面，由于资源分配的限制和约束，妇女自身人力资本不足成为致贫的主要原因，而人力资本不足又导致其在社会结构调整和经济波动时面临更大的贫困风险。而在思想意识上，蒋美华认为农村已婚女性在主观上缺乏社会

① 马东平. 社会性别视角下的少数民族妇女贫困问题研究［J］. 甘肃理论学刊，2011（5）：79-106.

② 杨善华，柳莉. 日常生活政治化与农村妇女的公共参与：以宁夏 Y 市郊区巴村为例［J］. 中国社会科学，2005（3）：117-125.

性别平等意识，大部分女性仍将自己的角色简单定位于"贤内助"，这进一步限制了女性谋生致富的机会。

蒋永萍将导致中国农村妇女贫困的主要原因归纳为健康状况差、技术水平低、无法获得足够的社会支持、大量的无酬工作、离婚或丧偶导致单独抚养孩子、家庭资源分配不平等、社会性别文化。这其中既有直接原因也有间接原因，还有基础性原因[①]。

此外，导致妇女贫困的因素经常是重合叠加和相互作用的，特别是多重脆弱交叉下的妇女贫困。[②] 段塔丽认为西部地区农村妇女贫困不只是一个区域性经济问题，也不能简单归因于贫困妇女自身，而是人口、资源、环境以及经济与社会等各种复杂问题相互交织、相互作用的结果。妇女贫困原因的现有研究呈现出两个特点。一是，学者就妇女群体的具体致贫原因提出讨论，主要从贫困妇女的个体和环境方面寻找一般性原因，缺少对妇女所处的具体社区环境以及宏观社会对妇女贫困影响的关注。二是，学者对妇女贫困原因的分析以描述性研究居多，解释性研究较少，缺乏对致贫因素作用于妇女主体导致贫困发生的机制和逻辑讨论。同时，目前在以性别与发展理论对妇女贫困的原因进行探讨时，受西方性别研究以及现代化理论影响较多，忽视了自身国情以及民族文化传统，这不利于对妇女贫困的正确认识和制定有效的反贫困路径。

## 第三节　妇女贫困影响因素

研究发现，妇女贫困的影响既包括对妇女自身的微观影响，又包括对家庭和社会发展的宏观影响。前者表现在妇女对贫困的特殊体验、贫困导致的生活困难和个人发展局限等；后者主要表现在妇女贫困对家庭生活以及社会可持续发展的影响等。

### 一、妇女贫困对妇女自身的影响

首先，妇女贫困对妇女自身的影响体现为妇女对贫困的特殊体验。由于男性和女性在既有社会关系结构中所承担的社会角色、劳动分工不同，拥有的资产权力不同，女性对贫困的体验与遭遇和男性有着明显的不同。赵群在贵州纳

①　赵群，王云仙. 社会性别与妇女反贫困 [M]. 北京：社会科学文献出版社，2011.
②　段塔丽. 论西部农村贫困妇女的生存环境及其网络资本 [J]. 陕西师范大学学报（哲学社会科学版），2004（2）.

雍县的参与性贫困评估中发现，农村贫困妇女对"没有足够的粮食、没有打工赚钱的机会、没有肥料"的体验要远远深刻于男性[①]。

其次，妇女贫困导致妇女生活困难及心理压力大。收入贫困将导致女性营养不良、就医困难以致身体和心理健康受损。研究显示，贫困、债务、年龄、医疗花费等因素对心理健康的影响最为显著。在相同条件下，贫困者心理危机的社会危险性是非贫困者的 3 倍多。对老年妇女而言，贫困更易导致其生活质量降低、健康状况受损、家庭和社会地位低下、心理压力大、合法权益受损等。另外，研究证明，女性经济自主权的大小与家庭暴力的概率成正比，可见贫困易招致针对女性的家庭暴力。在我国，女性自杀未遂的发生率是男性的 3 倍多，这一数据表明，社会底层的妇女当生活无望时更容易放弃生命，而贫困无疑是绝望的诱因[②]。

最后，妇女贫困影响其自身发展能力的提高，并造成自身对权利和发展意愿的忽视。贫困进一步影响了妇女受教育的权利、劳动就业的权利、婚姻家庭权利等。贫困使妇女的视野受到限制，进一步导致其思想观念保守、进取意识不强，从而影响自身发展能力。性别歧视又使她们在家庭和社会生活中被置于男权文化的支配下，个人意愿和要求往往被家庭和社会所忽略或拒绝，成为社会底层、无发展机遇的弱势之一。贫困也使妇女成为犯罪行为的直接受害者[③]，也有研究表明贫困会导致女性犯罪的增加。因此妇女贫困不仅制约其自身发展能力的提高和发展，还会诱使其走上违法犯罪道路。

### 二、妇女贫困对家庭和社会发展的影响

对家庭和宏观社会发展而言，妇女贫困会进一步影响家庭的稳定、社会的可持续发展。一方面，妇女承担再生产、家庭事务以及家庭创收的任务[④]。人口发展有赖于妇女发展，妇女承担生育的责任，生育率的变化也制约妇女参与社会发展的各个方面。妇女状况也影响了生育行为以及生育质量。妇女贫困会导致高生育率、低教育水平，从而影响妇女就业，进而陷入一种贫困的代际传递和恶性循环。另一方面，妇女发展是社会发展的重要组成部分，经济发展并不等同于妇女发展[⑤]。可持续发展是当代经济、社会及文化综合发展的集中表

① 赵群. 将社会性别平等的观念纳入农村反贫困政策与实践的主流 [J]. 妇女研究论丛，2005 (S1) 11-16.

② 马长锁，方明昭. 自杀未遂的社会心理因素及临床特点 [J]. 国际精神病学杂志，2000，27 (4)：207-211.

③ 温友祥，司海英. 甘肃贫困人口中的妇女问题研究 [J]. 人口研究，1995 (5)：17-22.

④ 王金玲. 中国妇女发展报告 [M]. 北京：社会科学文献出版社，2014.

⑤ 浙江省妇女问题研究会课题组. 妇女发展与经济发展、社会发展的关系研究 [J]. 中共浙江省委党校学报，2003 (4)：77-82.

现。贫困与可持续发展的许多领域相互制约、互为因果。如果贫困妇女的健康状况不良，其劳动强度和劳动效率就会降低，这会直接影响其子女的发育和健康状况。妇女也是环境恶化的受害者和资源环境管理的活跃参与者。学者对妇女参与农业活动和非农业活动进行的分析表明，农村妇女是贫困地区农业发展的主要力量，农业女性化趋势开始显现。截至 2011 年年底，全国大约有 0.5 亿妇女留守乡村，占中国农村劳动力的 60％以上，是当前农业生产、农村经济活动的主力军。因此，在当前农业女性化、老龄化、空壳化、弱质化趋势不断加剧的情况下，妇女成为农村发展和建设的主体，妇女贫困深刻影响到农村的可持续发展以及乡村振兴。

上述对妇女贫困影响的研究尚存在一定的局限。首先，关于贫困妇女的主观贫困体验的研究比较少。由于妇女在生理上、社会地位上和主观感受等方面与男性有差别，因此妇女对贫困的体验具有特殊性。这种特殊性对更为全面地认识妇女贫困，更有针对性地制定妇女反贫困政策和措施具有重要意义，因而在研究中更应重视贫困妇女的主观贫困体验。其次，关于妇女贫困的宏观影响的研究，过于强调妇女的重要性而忽视了妇女所处的客观环境。妇女贫困与环境因素存在相辅相成、相互制约的关系，客观环境能导致妇女贫困，同时妇女贫困能改变客观环境，所以在研究中应更注重妇女贫困与所在环境的互动。

# 第四节 妇女反贫困探索

妇女反贫困研究是现有研究中被主要关注的问题之一。妇女、政府组织以及非政府组织在反贫困过程中的重要性，现有政策模式对妇女反贫困的影响以及以社会性别意识为视角的政策建议是目前妇女反贫困研究的主要内容。

## 一、妇女在反贫困过程中的意义研究

新发展观使得人们的观念更新，农村妇女不再仅仅被认定为消费者、政策的被动受益者，而是转变为生产者、社会经济政治活动的参与者。世界银行在《印度的性别与贫困：妇女在印度经济中的问题与机会》的研究报告中指出：贫困家庭对妇女的依赖最大。国内对贫困地区妇女社会经济特征的实证研究也证明，妇女参与家庭劳动达到 50％以上、人口再生产中的角色和地位以及对家庭总收入的贡献率达到 50％以上等，决定了妇女在实现经济增长、持续而有效地利用资源、缓解贫困、改进家庭福利、缓和人口增长等发展目标上发挥着重要作用①。杜晓山等在河北省易县小额信贷项目的调查中发现，参加项目成员以已婚和有上学子女的妇女为主。作为妻子和母亲的中年妇女承受着较重的生活压力和心理压力，努力生存是其生活的主要内容。这种动力源于其自身肩负的责任、劳动能力以及追求美好生活的愿望，因而她们也会更主动地抓住机会。②而贫困妇女所具有的自我牺牲、勤劳节俭、责任感等特质往往使其比男子更本能地参与反贫困。因此，缓解贫困应把妇女列为关键目标，反贫困政策也应把妇女作为关键因素。农村贫困妇女通过参与、从事生产项目经营，可使其自身和家庭的生存与发展条件有所改善，因此，社会应增加妇女参与社会活动和发展自己、表现自我的机会，增强贫困妇女的自信心。

### 二、政府对妇女反贫困的意义研究

由于我国反贫困具有政府主导性，学者主要从性别、社会资本、可持续发展、公共政策等方面研究我国的反贫困政策。一方面，学者对政府在妇女减贫过程中的政策措施进行了研究，这些措施可以归结为：提高妇女受教育程度、提供基本有效的卫生保健服务、保护妇女健康、提高妇女劳动效率、消除就业的性别歧视、实行妇女就业计划、提高贫困乡村妇女的就业机会和就业选择、扩大妇女对经济发展的参与度等。一些政策措施也在反贫困手段、扶贫方式、贫困监测、社会救助、妇女参与、关注特殊人群、重视民间组织等方面取得进步。③ 另一方面，部分学者认为国家现有的妇女反贫困政策存在对贫困概念的狭义理解，忽视女性贫困经历及社会性别结构对家庭和社区的影响，缺乏解构性别不平等决策权力关系的策略，存在将妇女群体视为特殊弱势群体的现象，不能较好地发掘妇女的主动性和支持妇女持续发展等。一些简单的补救性措施会进一步强化妇女的边缘化地位，难以充分落实反贫困策略，使行动公平和高效。赵群等具体分析了以往的反贫困政策和措施存在的社会性别敏感性缺乏问题。

### 三、非政府组织参与妇女反贫困研究

与政府组织相比，非政府组织在价值取向、灵活创新等方面具有优势，这使其在消解妇女贫困尤其是人文贫困方面发挥了积极作用。如，推动妇女就业、

① 高玉喜. 中国贫困地区人力资本投资与经济增长 [J]. 管理世界，1996（5）：189-197.

② 杜晓山，孙若梅，徐鲜梅. GB模式与中国FPC：改善农村贫困妇女生存和发展条件的有效途径 [J]. 中国人力资源开发，1995（4）：27-30.

③ 赵群，王云仙. 社会性别与妇女反贫困 [M]. 北京：社会科学文献出版社，2011.

建立性别公平机制、维护贫困妇女人权、促进贫困妇女参与、增进社会和谐等。[①] 除投入资金和物资以外，非政府组织更在倡导新的扶贫理念与方法、影响舆论、传播知识和制度创新等方面对政府扶贫起到了积极的补充作用。同时，非政府组织能够通过网络与政府、企业建立合作关系，组织社会各界提供公益资源[②]。研究发现，非政府组织在妇女小额贷款参与式发展规划、社会性别培训等方面推动了妇女反贫困进程。杜晓山等认为小额信贷能够给农村贫困妇女提供创业资金，增加其就业和发展的机会，助其提高收入，从而帮助部分妇女实现脱贫。此外，小额信贷从某种意义上说，可以提高贫困妇女的综合素质，提高其生产经营活动的技能和管理水平，帮助其正确认识自我发展。小额信贷模式也为世界各国帮助妇女脱贫提供了思路。但非政府组织在推行小额信贷过程中也产生了持续性差、成本高等问题。赵婕等对云南小额信贷扶贫的评估研究发现，小额信贷在实际运作中发生了贷款对象、操作程序、操作模式的调整和变化，减弱了对妇女扶贫的支持力度。不过，非政府组织倡导的参与式发展模式由于强调以人为本和参与性，对于提高妇女性别意识具有积极意义，不仅能在具体项目中有效帮助贫困妇女实现脱贫和提高社会参与度，也进一步影响了国家扶贫模式的转变。自上而下的参与式方法不仅是为了提高扶贫项目的效果，还促进农户参与决策和监督，体现公正、公平和公开的民主机制。金和辉通过建立回归模型分析，证实妇女参与决策有助于农户扩大储蓄并增加生产性投资。与男性相比，妇女不仅对贫困有着更深刻的感受，更关注子女未来和家庭收入的持久稳定增长，而非眼前的消费利益。妇女参与将给脱贫致富注入新的动力和活力。但也有学者对非政府组织倡导的这一方法在妇女反贫困中的作用提出了质疑，认为短暂的参与性方法所构建的民主平台很难消解长期形成的文化系统对个体意识和行为的支配，比如性别角色分工以及等级关系的影响[③]。而如何扩大对国家层面政策的影响、消解国际机构内部和合作伙伴的隐性抵触、推进国内外非政府组织的合作和项目成效的持续性、增加资金和人力资源支持、创造良好的社会外部环境是国内外非政府组织在妇女反贫困过程中面临的共同挑战。

### 四、妇女反贫困的政策建议研究

以拓展的贫困概念及社会性别为视角对妇女反贫困提出政策建议是目前研

①　刘春湘，陈克云. 非营利组织在妇女反贫困中的积极作用 [J]. 湖南师范大学社会科学学报，2008（2）：101-104.

②　刘春湘，刘柱. 少数民族妇女反贫困与非营利组织的作用与优势 [J]. 中央民族大学学报：哲学社会科学版，2009（5）：25-30.

③　云南参与性发展协会. 参与性：拓展与深化 [M]. 北京：中国社会科学出版社，2006.

究的主流。从国家角度来看，赵群等基于拓展的贫困概念以及对贫困与社会性别之间关系的认识，提出将社会性别平等作为反贫困的目标纳入扶贫规划以确保妇女参与；将社会性别平等纳入具体的扶贫措施和社会保障制度，关注多重交叉下易受损害人群的贫困问题及其社会性别差异；在社会变迁、重大社会经济事件及自然灾害的应对措施中关注社会性别平等，完善分性别的贫困状况监测及反贫困效果评估制度；重视民间组织在反贫困中的作用等宏观性政策建议。从社会角度来看，金和辉基于妇女参与决策的重要性认为应建立有效的中介组织，在教育、培训、保健、医疗、就业、金融诸方面为妇女提供多种服务，提高其参与经济活动的能力，扩大其参与经济活动的机会。[①] 王云仙等对国内外非政府组织参与妇女反贫困提出了建议和展望，包括建立规范合法的外部环境，积极学习国际非政府组织在扶贫和发展方面的经验和技术，加强对国内非政府组织的资金支持，开展主流部门与官方援助机构的合作，等等。从贫困妇女主体来看，学者呼吁其提高和强化自我的社会性别意识，提高自身的知识水平和技术能力，增强女性走出多重贫困的主体自觉性等。除将社会性别意识纳入妇女反贫困政策外，马东平认为少数民族妇女的反贫困政策或项目更应注重与具体民族文化的融合，从具体民族文化中挖掘与反贫困目标一致的观念和措施。

总的来看，妇女反贫困研究包括了妇女反贫困过程中妇女主体、政府组织以及非政府组织等主体在这一过程中的影响意义研究。然而同妇女贫困的影响研究一样，现有研究仍将贫困妇女作为政策措施的受众，缺少对现有政策、组织如何介入妇女反贫困的机制和过程的研究以及妇女主体如何利用本土知识参与互动过程的研究，且在政策建议研究中，学者主要从社会性别视角出发，而妇女反贫困是一个复杂的过程，政策视角、组织理论、制度变迁等视角都应成为对妇女反贫困政策建议研究的依据。

从以上对妇女贫困研究的评述看，妇女贫困问题在贫困研究、社会性别研究发展的过程中逐渐凸显并引起研究者的广泛兴趣，学者们在妇女贫困的现状研究、原因研究、测量研究、影响研究和妇女反贫困研究中取得了丰富的研究成果。但是，如同上述列出的一些问题，现有研究仍有待进一步探讨。

首先，现有研究仍将妇女贫困视作妇女问题而非发展问题，在理论及实践过程中未给予应有的重视。"贫困女性化"指出了贫困现象越来越趋于女性化的特点，女性的特殊性及性别文化也使其更易受到贫困的损害并呈现一定的隐蔽性。现有观点仍然坚持发展"涓滴效应"，这会自然而然地施惠于包括妇女在内的所有社会成员。现有理论将妇女贫困置于一般贫困研究或妇女问题领域，缺少对妇女贫困类型、特征、影响等专门性的研究，而这些在妇女贫困研究中值

---

① 金和辉. 贫困地区妇女在农户经济决策中的地位和作用 [J]. 中国农村观察，1995（2）：44-49.

得进一步探讨和深化。

其次，现有研究仍将贫困妇女作为理论观点和政策措施的受众，缺少对妇女主体如何利用本土知识参与反贫困的研究以及现有政策、组织如何介入妇女反贫困的机制过程研究。在强调妇女重要性的同时又忽视了妇女置身其中的客观环境与妇女贫困之间相互制约的关系。因此在研究中应理顺现有扶贫政策作用于妇女主体的路径、机制，注重妇女的贫困体验以及妇女贫困与所在环境的影响，以全面认识妇女贫困问题的特殊性和重要性。

再次，社会性别意识是现有对妇女贫困问题研究的主要视角，但主流决策机构尚未将社会性别意识运用于实践，并未就妇女贫困提出专门性的扶贫策略，在政策设计或执行中普遍以男性为实施对象，妇女反贫困还没有成为扶贫战略的重要组成部分。因此，如何引起主流决策机构的重视、开展性别差异化扶贫实践的尝试以及提出具有可操作性、可行性的方法是未来研究需重视的问题。

最后，与决策层面相比，理论研究一再强调社会性别意识，使其几乎成为研究妇女贫困问题的唯一视角。实际上，政策、组织理论、制度变迁等其他研究视角也同样重要。在妇女研究领域，西方的社会性别与发展、妇女与发展等理论及实践方法传播到中国，但研究者并未结合我国国情形成本土化理论。因此，探讨西方妇女研究理论的本土化以及具体操作方法和技术手段的运用，将社会性别视角介入妇女反贫困的政策研究、组织过程研究以及制度变迁研究，应是未来研究妇女贫困问题的主要方向。

# 第三章

## 我国教育扶贫的发展

# 第一节　教育扶贫内涵阐释

## 一、教育扶贫的内涵

### (一)教育扶贫的含义

当前,"教育扶贫"的解读主要有两种:一是"依靠教育扶贫",二是"扶教育之贫"。钟秉林认为,"教育扶贫"就是深入贫困地区在教育上进行投资,旨在改变贫困地区的教育环境,增强师资力量,投入教育基础设施,对教育经费和学生学习生活费用进行资助服务,从而改善贫困地区整体的教育环境,全方位提高贫困地区儿童的入学率,丰富其知识素养,增加其生活技能,从而用教育来带动经济和文化发展,使其最终摆脱贫困[1]。这种解读属于智力扶贫,也就是"国家物质帮扶+意识"层面的教育扶贫。国家在分配公共资源时重视贫困地区,贫困地区的人们从内心认可教育的作用,接受并改变自己的教育状况。刘军豪认为,"扶教育之贫"是教育扶贫的首要工作,而通过"扶教育之贫"来提高贫困地区的经济水平和人民生活幸福感,是"扶教育之贫"的附加效应。"扶教育之贫"是将教育作为精准扶贫的手段和工具,并希望通过发展教育在贫困地区起到连锁反应,带动贫困地区的人民脱贫致富,共享中国新时代的经济和政治成果[2]。深入研究和对比发现,这两种解读在本质是一致的,那就是通过加大对贫困地区的财政投入发展教育,然后用教育带动经济和社会发展。本文认为,教育扶贫就是要优化配置社会教育资源,鼓励优秀的教师去贫困地区支援教育事业,提高贫困地区的教学质量,提高贫困地区教师的薪资待遇;国家财政支持贫困地区教育基础设施建设,改善教学设备和教学环境;通过教育带动和促进当地经济和社会发展,最终实现脱贫的目标。

### (二)教育扶贫的特征

国家统计局河北调查总队对10个市县教育扶贫的调查结果显示,2017年—2019年,河北教育系统紧紧围绕全省脱贫攻坚大局,精确瞄准教育最薄弱领域和最贫困群体,实施了一系列教育扶贫、教育脱贫政策,教育扶贫工作取得了明显成效,呈现出以下五大特征。

1. 精准资助帮扶对象

以建档立卡农村贫困学生为重点,加大资助力度,完善了从学前教育到高

---

① 王冬雪. 改革开放以来中国社会组织教育扶贫研究 [D]. 长春:吉林大学,2020.

② 刘军豪,许锋华. 教育扶贫:从"扶教育之贫"到"依靠教育扶贫"[J]. 中国人民大学教育学刊. 2016 (02):44-53.

等教育的全覆盖学生资助体系，落实了多层次夯实教育脱贫基础、多途径拓宽教育脱贫通道、多方面拓展教育脱贫空间等一系列包括 20 条政策在内的《河北省教育行动扶贫计划》，资助面完成全覆盖。调查结果显示，被调查的 10 个市县中，2016 年，共筹措中央、省、市、县各级教育资助资金 8.1 亿多元，金融贷款 7.7 亿元，共救助各类贫困学生 72 万多人次。在此基础上，各地对"雨露计划"扶持对象中 1.2 万名建档立卡的贫困生共发放补助资金 3827 万元；通过金融教育扶贫，为 9 万多名贫困高校生提供免息贷款 7.7 亿元，做到精准扶贫，应助尽助，提升了贫困群众的获得感和满意度，充分发挥"发展教育脱贫一批"在脱贫攻坚中的重要作用。

2. 技能教育成效初显

按照"科教兴农、人才强农、新型职业农民固农"的战略要求，河北省着眼教育精准扶贫，突出抓好贫困县贫困户的重点扶持，重点抓好"千村万人就业培训"和"新兴职业农民培训"等一系列职业教育扶贫培训；面向吕梁、太行山区等生态脆弱地区贫困家庭的劳动力，根据不同地域特征和实际需求，采取"分段式""点餐式""走出去，引进来""理论＋实训"等多种形式，开展职业教育精准培训，推荐就业。同时，对符合条件的培训班学员每人给予 1000 元的补助，确保学员接受免费的职业教育，学有所长，积极就业创业，实现"培训一人，就业一个，脱贫一家"。

3. 师资力量不断加强

教育扶贫工作的重点是加大贫困地区的乡村师资建设，大力提升教师素质，充实补充教师队伍。一是加强与师范学院联系，积极引导大学生面向生源地农村学校就业，为贫困县招聘补充特岗教师。二是建立乡村教师生活保障制度，每月给贫困县的义务教育阶段的乡村教师发放 300 元生活补助，定期给乡村教师进行免费体检，建立乡村教师重大疾病救助机制，保障乡村教师和经济困难教师待遇。三是加强城乡教育联盟管理，推进县（市、区）域内义务教育阶段的学校校长、教师相互交流学习，并定期轮岗，鼓励优秀校长、骨干教师去乡村学校支教。四是教育培训向贫困地区倾斜，组织开展教学点教师专项培训和贫困县特岗教师培训活动，送教下乡。

4. 办学条件持续改善

以集中连片特困地区、国家扶贫开发工作重点县为重点，实施"全面改薄"工程。整合教育项目，加强标准化建设，保障国家财政经费投入，全面改进贫困地区薄弱学校的基本办学条件，大力推进义务教育均衡发展。

5. 全社会扶贫蔚然成风

一是实施强弱学校对口帮扶。鼓励省级示范高中对口帮扶贫困县普通高中，从办学理念、优秀教师资源等方面实施结对帮扶。在这个过程中，河北省的非贫困县的 88 所省级示范高中与贫困县的 67 所公办普通高中结成对子，一对一或者多对一进行帮扶。二是群策群力驻村帮扶。帮扶重点以连片特困地区为主战场，实行领导包村、工作队驻村、干部结对帮扶，因地制宜，因村、因户、因人施策，制订扶贫计划，筹集扶贫资金，明确工作重点和具体措施，并落实严格的责任制，做到不脱贫不脱钩，确保扶贫工作落到实处，取得实效。

### （三）教育扶贫的主要方式

**1. 以九年义务教育为基础的普惠性教育**

我国于 1994 年 9 月 1 日开始实施九年义务教育。九年义务教育是应当时的经济和社会发展需要而提出的，是我国的一项基本国策，在全国各地实施开来后，适龄儿童的失学率大幅降低，我国人口的教育综合能力提升。在河北省 11 个地市中，九年义务教育阶段的适龄儿童的入学率达 95%，剩余的个别适龄儿童失学的原因主要是个人身体或者心理存在缺陷。

**2. 以服务生源地为条件的投资性教育**

"以服务生源地为条件的投资性教育主要有生源地贷款和国家针对家庭困难有师范意向的助学项目"[①]。家庭困难的大学生，入学时可以向银行申请助学贷款，大学期间没有利息。"助学项目主要是在高考填报志愿的时候，一般的学生填报的是非定向，有报考师范意向的填报定向录取，到师范大学就读，优质生源可以享受学费减免的国家优惠政策，在大学毕业以后，必须回到报考生源地进行教育服务，并规定一定的服务年限"[②]。

除此之外，河北省还创新性地将由疾病或者是天灾人祸等导致家庭贫困的儿童纳入了救助的范围，并不断提升救助的标准，即从过去的 1366 元，提升至目前的 2689 元，被资助的家庭的数量也由过去的 75 643 个增加到现在的 346 780 个（截至 2021 年底），并且救助的范围还在不断扩大。

**3. 以高校为依托的技术支援性教育**

高校是集人才、聚智慧的地方。贫困的内因主要是贫困地区缺乏人力资本，为此教育系统和学校之间形成了教育支援性联系，一般学校通过开展短期的职业技术培训为贫困地区提供教育和技术支持。以高校为依托的技术支援性教育主要表现为两种形式：一是地方政府联合地方高校，不定期地将公务人员送到当地高校进行培训学习；二是大学生在实习期间，高校将优质实习生源输送到与之有合作关系的贫困县区支教或者锻炼学习。2015 年，河北省许多高校都进行了"手拉手结对助学"活动，截至 2018 年年底，接受资助的学生、干部和社会失业人员数量已经达到 8000 万人。

---

① 赵亮. 我国助学贷款法律关系的宪政之维——从"风险控制"到"权利保障"[D]. 上海：华东师范大学，2012.

② 刘文晓. 高等教育个人选择中的信息问题研究 [D]. 上海：华东师范大学，2016.

4．以社会组织为主体的发展性教育

我国经济发展迅速，社会组织也随之发展壮大。近年来，我国政府引领和带动许多非政府组织深入贫困地区进行扶贫工作。华北电力大学就是一个典型的非政府扶贫组织，其坚持"教育扶贫育领雁人才，结对帮扶促教育提质"的扶贫宗旨，举办新和县中小学书记、校（园）长能力提升培训班，进行对口支援，精准扶贫，深入各个县区开展培训，为贫困人群送去科学知识和劳动技能。河北省还有很多社会组织设立了奖学金，与贫困地区的学校开展校企合作。最常见的是高职院校与企业建立长期合作关系，在学生实习期间或者毕业时直接给企业输送专业人才。

## 二、教育扶贫的理念

理念是行动的先导，是贯串理论的主线。教育扶贫理念是在长期的一线教育扶贫的实践中形成并发展起来的，具有科学性和客观性。教育扶贫理念主要包括教育公平理念、精准有效理念、多元自主可持续发展理念等。

### （一）教育公平理念

教育公平是文明社会永恒的价值追求。教育公平是一个历史范畴，早在两千年前，我国著名的教育家孔子就提出过"有教无类"的思想，西方一些著名哲学家如柏拉图、亚里士多德都提出过教育公平的思想。1949 年新中国成立后，就在《中华人民共和国宪法》中明文规定，中华人民共和国公民有受教育的权利和义务，在后来历次修改中都保留了这一条款。《中华人民共和国义务教育法》第四条规定："凡具有中华人民共和国国籍的适龄儿童、少年，不分性别、民族、种族、家庭财产状况、宗教信仰等，依法享有平等接受义务教育的权利，并履行接受义务教育的义务。"教育公平理念发展到今天被赋予了更多时代性内涵，新时期的教育公平即确保人人都享有平等的受教育的权利和义务；提供相对平等的受教育的机会和条件；教育成功机会和教育效果的相对均等。教育公平现在被广泛地概括为教育起点公平、过程公平、结果公平，它是每一个文明社会永恒的价值追求。

教育公平是教育扶贫始终秉承的理念。新时代的教育扶贫始终秉承教育公平理念，最大限度确保人人都享有平等的受教育的权利和义务；提供相对平等的受教育的机会和条件；教育成功机会和教育效果的相对均等。

第一，教育扶贫保障教育起点公平。由于广大农村地区存在教学基础设施欠缺、教学质量不高的普遍现象，教育扶贫通过将教育资源向贫困地区倾斜，弥补农村教育质量的历史性欠账。遵循差别正义原则，使贫困地区的孩子摆脱从一出生就输在起跑线上的命运，最大限度实现教育起点公平。习近平多次强调："义务教育一定要搞好，让孩子们受到好的教育，不要让孩子们输在起跑线上。"① 2015 年，他在《携手消除贫困 促进共同发展》的主旨演讲里说道："让贫困地区的孩子们接受良好教育……我们正在采取一系列措施，让贫困地区每一个孩子都能接受良好教育，让他们同其他孩子站在同一条起跑线上，向着美好生活奋力奔跑。"②

第二，教育扶贫保障教育过程公平。教育扶贫着眼于通过对学前教育、基础教育、职业教育、高等教育、特殊教育全程跟踪帮扶，不落下任何一个学段的帮扶，保证贫困家庭学生拥有平等接受教育的权利，保证教育的过程公平。习近平强调："率先从建档立卡的家庭经济困难学生实施普通高中免除学杂费，让未升入普通高中的初中毕业生都能接受中等职业教育……建立保障农村和贫困地区学生上重点高校的长效机制，加大对贫困家庭大学生的救助力度。"③

第三，教育扶贫保障教育结果公平。教育扶贫重视对贫困学生的教育产出比，采取一系列政策提高贫困学生就业率以保证教育收益，让每一个贫困学生都能有人生出彩的机会，保障教育结果公平。例如"完善城乡均等的公共就业创业服务体系，构建劳动者终身职业培训体系。促进以高校毕业生为重点的青年就业和农村转移劳动力、结合产业升级开发更多适合高校毕业生的就业岗位。政府购买基层公共管理和社会服务岗位以吸纳更多高校毕业生就业。健全鼓励高校毕业生到基层工作的服务保障机制。"④

### （二）精准有效理念

精准有效是教育扶贫的应有之义。2015 年 11 月《中共中央国务院发布关于打赢脱贫攻坚战的决定》，首次对"精准扶贫"实现路径，即"五个一批"（"教育脱贫一批"为其中之一）做出明文规定，由此明确指明了教育扶贫与精准扶贫的隶属关系，即教育扶贫是精准扶贫的有机组成部分。"脱贫攻坚贵在精准，重在精准，成败之举在于精准。"⑤ 精准有效理念是精准扶贫区别于以往对不同贫困地区或不同贫困人口的状况底数不清、帮扶"一刀切"等粗放式扶贫的显著特征。精准识别、精准帮扶、精准管理是新时期精准扶贫的科学表现，亦是教育扶贫的应有之义。秉承精准有效理念应做到如下几点：

第一，教育扶贫要做到对贫困地区的受教育者精准识别。对广大贫困农村地区学生受教育现状、困难程度摸清状况，做到教育扶贫对象的精准识别，提

① 中共中央党史和文献研究院. 习近平扶贫论述摘编 [M]. 北京：中央文献出版社，2018：132.
② 中共中央文献研究室. 十八大以来重要文献选编（中）[M]. 北京：中央文献出版社，2016：720-721.
③ 中共中央文献研究室. 十八大以来重要文献选编（下）[M]. 北京：中央文献出版社，2018：58.
④ 中共中央文献研究室. 十八大以来重要文献选编（上）[M]. 北京：中央文献出版社，2014：534.
⑤ 中共中央宣传部. 习近平总书记系列重要讲话读本 [M]. 北京：学习出版社，人民出版社，2014：220.

高教育扶贫对象瞄准精度。这是其中最为关键的环节，直接关乎后面教育扶贫项目的内容布置与实施效果。习近平指出："扶贫必先识贫。建档立卡在一定程度上摸清了贫困人口底数，但这项工作要进一步做实做细，确保把真正的贫困人口弄清楚。只有这样，才能做到扶真贫、真扶贫。"①

第二，教育扶贫要做到对贫困地区的受教育者进行精准帮扶。较之以往对不同贫困地区或不同贫困人口帮扶"一刀切"的粗放式扶贫，国家要求针对不同阶段、不同教育致贫原因制定符合贫困受教育者需求的教育扶贫项目；采取灵活的教育扶贫方式，"对症下药"。例如在办学条件较为落后的地区"完善农村中小学校舍建设改造长效机制，办好村小学和教学点，改善办学条件，配强师资力量，方便农村学生就近上学"。（2013年中央一号文件）在农村学校拆并问题上习近平强调因地制宜，"一些地方学生上学路程变远，一些非寄宿学生上学要起早贪黑，交通安全存在隐患。如果确有需求，农村教学点就要坚持办，而且要办好，不要搞整齐划一，一个标准齐步走。"从基础教育至高等教育都建立了一套完整系统的资助体系，适应不同学段的贫困学生，实施精准帮扶，真正实现真扶贫、扶真贫。

第三，教育扶贫要做到对贫困地区的受教育者进行精准管理。对教育扶贫项目、对象等进行精准管理，不仅能保障教育扶贫工作有序进行，还要在其中不断总结经验，为后期的扶贫工作指明方向。一方面要着重对教育扶贫对象的档案进行动态跟踪与管理，做到一户一本台账，按实际情况销户。做到"户有卡、村有册、乡有簿、县有电子档案，从县到村每一级都有据可查、精确无误。"② 另一方面，建立科学精准的教育扶贫考核方式，对扶贫资金、项目及扶贫效果进行考核与监督，"实行省对市地、市地对县、县对乡镇、乡镇对村的严格监督问责办法。"③

### （三）多元自主可持续发展理念

多元自主可持续发展的科学内涵。多元也称多元化，是指事物的发展到了一个很丰富的境界，有多种分类，多种选择。自主是指有独立生存能力和独立思考能力的个体，着重强调思想的内生性和主观能动性。可持续发展是从生态学引申到社会学的概念，原意是通过绿色、低碳、环保的生活方式促进人与自然的协调发展，构建生态良好与文明和谐的发展道路。这里主要是强调通过持续有效的教育扶贫，使农村地区及人口产生"新鲜血液"，能够在离开帮扶后自

① 中共中央文献研究室.十八大以来重要文献选编（下）［M］.北京：中央文献出版社，2018：38-39.

② 陆汉文，黄承伟.中国精准扶贫发展报告（2016）：精准扶贫战略与政策体系［M］.北京：社会科学文献出版社，2016：39.

③ 中共中央党史和文献研究院.习近平扶贫论述摘编［M］.北京：中央文献出版社，2018：112.

主"造血",不仅要做到教育代内公平,还要求一部分人的发展不应损害另一部分人的利益,当代人的发展不应损害后代人的利益,阻断贫困代际传递,获得持续的发展。坚持秉承多元自主可持续发展的理念需要从以下几个方面着手:

第一,注重贫困者的多元选择权。不同受教育者的知识水平不同,还存在残疾学生的特殊群体,因此贫困地区学生升学途径也有着区别,基础教育、职业教育、高等教育与特殊教育的招生都应向贫困地区倾斜。2015年,《中共中央国务院关于打赢脱贫攻坚战的决定》中指出:"加强有专业特色并适应市场需求的中等职业学校建设,提高中等职业教育国家助学金资助标准。努力办好贫困地区特殊教育和远程教育……对贫困家庭离校未就业的高校毕业生提供就业支持。实施教育扶贫结对帮扶行动计划。"

第二,注重激发贫困者的自主内生性。教育扶贫的着力点之一即"扶志",习近平指出:"脱贫致富贵在立志,只要有志气、有信心,就没有迈不过去的坎。"① "要加强扶贫同扶志、扶智相结合,激发贫困群众积极性和主动性,激励和引导他们靠自己的努力改变命运,使脱贫具有可持续的内生动力。"② 通过社会主义核心价值观等正面教导,逐步锻炼农村青少年学生坚强的意志力,培养其自主内生力。增强贫困地区学生摆脱贫困、刻苦奋斗的能动性。

第三,注重贫困者的可持续发展。通过开展持续有效的教育扶贫工作,逐步提高贫困地区人口的科学文化素质,使他们掌握一定的技术与劳动技能,提高贫困人口的资源配置能力,增加贫困地区就业机会,改善农村人口收入现状,进而逐渐提升贫困人口"造血能力",打破"贫困遗传"的"魔咒",从而带动整个贫困家庭摆脱贫困,使当代人的发展不损害后代人的利益,阻断贫困代际传递,实现贫困者的可持续发展。习近平指出:"要把下一代教育工作做好,特别是要注重山区贫困地区下一代的成长。下一代要过上好生活,首先要有文化,这样将来他们的发展就会完全不同。"③

### 三、教育扶贫的战略意义

#### (一)提升贫困人口"造血能力"

提升贫困人口"造血能力"是拔除"穷根"的关键所在,是"扶真贫、真扶贫"的重要体现。单一的物质帮扶治标不治本,容易出现"扶一下脱贫一时,一旦退扶立即返贫"的现象,返贫发生率极高。提升贫困人口"造血能力"即改变以往单一的物质帮扶的"输血"式扶贫模式,变"输血"为"造血",从贫困者本身寻找脱贫致富的突破点,激发其内生动力,发挥其脱贫积极性。通过

---

① 中共中央党史和文献研究院. 习近平扶贫论述摘编 [M]. 北京:中央文献出版社,2018:132.
② 中共中央党史和文献研究院. 习近平扶贫论述摘编 [M]. 北京:中央文献出版社,2018:143.
③ 中共中央党史和文献研究院. 习近平扶贫论述摘编 [M]. 北京:中央文献出版社,2018:131-132.

教育扶贫，可以提高贫困地区人口的科学文化素质，使其掌握一定的技术与劳动技能，增加贫困地区人口就业机会，改善农村人口收入现状，能够真正提升贫困人口"造血能力"，有效防止"扶一下脱贫一时，一旦退扶立即返贫"的现象，是"扶真贫、真扶贫"的重要体现。提升贫困人口"造血能力"的实质是要"加大内生动力培育力度……注重提高贫困地区和贫困群众自我发展能力。"① 只有解决了贫困群众"能力贫困"，才能解决"物质贫困""心理贫困""权利贫困"等其他连带性贫困。教育扶贫在提升贫困人口"造血"能力上主要体现在两个方面：第一，通过开展人力、物力和财力等资源优先向农村贫困地区倾斜的教育扶贫工作，逐步提高贫困地区人口的科学文化素质，使其掌握一定的社会劳动与技术技能，改善农村人口收入现状，进而逐渐提升贫困人口"造血能力"；第二，通过发展教育从根本上改变贫困地区思想落后面貌，使群众树立自觉脱贫意识，发挥群众脱贫积极性，产生穷则思变的内生动力，从根本上阻断"等、靠、要"的思想，提升贫困人口"造血能力"，从根本上拔除"穷根"。习近平在福建宁德工作时所提出的"弱鸟先飞"即"贫困地区、贫困群众首先要有'飞'的意识和'先飞'的行动。没有内在动力，仅靠外部帮扶，帮扶再多，你不愿意'飞'，也不能从根本上解决问题。"② 正如习近平在"中央扶贫开发工作会议"上所讲的："激发内生动力，调动贫困地区和贫困人口积极性。'只要有信心，黄土变成金。'贫穷不是不可改变的宿命。"③

### （二）阻断贫困代际传递

贫困的代际传递是全面建成小康社会的深层性障碍。俗话说"穷不过三代"，但在现实中，部分农村地区经济基础薄弱，加之贫困群众受教育水平不高，无法寻求到摆脱贫困的突破口，导致贫困代代相传，形成贫困代际传递的恶性链条。对整个社会来讲，贫困并不是最揪心的痛点，贫困代际传递才是社会的痛点。一方面，对于贫困农村地区而言，贫困代际传递会引发"知识无力感""读书无用论""龙生龙，凤生凤，老鼠的儿子会打洞"等消极的社会观念。贫困群体对知识的不重视，只会导致其物质、文化、思想等一系列贫困，从而影响个人机会的减少和人格侵害机会的增加。另一方面，就整个社会而言，贫困代际传递的恶性链条成为农村贫困地区摆脱贫困"向上流动"的阻碍，极易诱发"马太效应"。这将会成为全面建成小康社会的深层性障碍。

教育扶贫是阻断贫困代际传递的治本之策。"现实生活中因学致贫的家庭不在少数，对于许多贫困家庭来说，微薄的经济收入无法轻松承担孩子求学的费用，孩子读书的费用成为家庭最严重的经济负担，这也是许多农村家庭因学致

---

①　习近平. 习近平谈治国理政（第二卷）［M］. 北京：外文出版社，2017：90.

②　习近平. 习近平谈治国理政（第二卷）［M］. 北京：外文出版社，2017：90.

③　中共中央党史和文献研究院. 习近平扶贫论述摘编［M］. 北京：中央文献出版社，2018：135.

贫的根本原因。通过开展切实有效的教育扶贫工作，保障贫困家庭的学生享受每个学段的学业补助，不让任何一个孩子因家庭经济困难而失去接受教育的机会。"① 消除贫困家庭因学致贫的后顾之忧。贫困家庭学生通过接受良好的素质教育，提升科学文化素养与职业劳动技能，有效提高综合素质，拥有通过教育提升自己综合素养从而为地区经济发展贡献力量的能力。贫困家庭学生通过自身打破"贫困遗传"的"魔咒"，从而带动整个家庭摆脱贫困，阻断贫困代际传递。就整个社会而言，教育扶贫能够有效打破"贫困遗传"形成贫困代际传递的恶性链条，疏通农村贫困地区摆脱贫困"向上流动"的管道，降解社会的阶层固化，缩小贫富差距，为全面建成小康社会提供中坚力量。

就一个家庭而言，母亲对子女的教育至关重要。张桂梅说："一个受教育的女性能阻断贫困代际传递，改变三代人的命运。"可见，加强贫困地区的女性教育，重视贫困地区的女孩教育，是阻断贫困代际传递的重要途径之一。党的十八大以来，以习近平同志为核心的党中央"切实推进教育扶贫伟大工程，健全学前教育资助制度、加大乡村教师队伍力度、帮助贫困地区改善办学条件，关心女性受教育的情况，对贫困地区女性教师代表给予嘉奖等，体现了党中央对贫困群众教育状况的高度关心，同时指明了教育对于阻断贫困代际传递从而达到脱贫攻坚的治本效果，引导脱贫攻坚工作快速开展"②。

### （三）促进社会公平正义

社会公平正义是构建和谐社会的基本要求和目标。"公平即公正与平等，强调没有偏袒偏私；正义即全体社会成员间的具体的基本权利能够得到合理分配和适当安排。公平正义是一个历史范畴，不同的历史时期，人们对其含义的理解也不同。"③ 在中国古代，公平正义一般被视为普通百姓对小康社会的一种美好向往。如今，公平正义不再仅仅是一种美好的价值追求，更是现代社会政治、经济、文化、法律、社会秩序得以建立的价值基石，是社会和谐发展的基本要求和目标，也是一个文明社会进步的标志，更是共产主义社会追求的远大理想。马克思主义认为，社会公平正义的目标是建立"自由人的联合体"，"在那里，每个人的自由发展是一切人自由发展的条件。"④

教育公平是社会公平延伸至教育领域的重要价值体现。教育公平是社会公平的应有之义，是社会公平正义的重要基础。习近平强调，"教育公平是社会公平的重要基础，要不断促进教育发展成果更多更公平惠及全体人民，以教育公平促进社会公平正义。要加强对基础教育的支持力度，办好学前教育，均衡发

① 杨瑚. 返贫预警机制研究 [D]. 兰州：兰州大学，2019.
② 陈梦兰. 习近平教育扶贫重要论述研究 [D]. 重庆：西南大学，2020.
③ 司春燕. 马克思恩格斯的法正义观研究 [D]. 北京：中共中央党校，2012.
④ 马克思恩格斯选集（第 1 卷）[M]. 北京：人民出版社，2012：422.

展九年义务教育，基本普及高中阶段教育。要优化教育资源配置，逐步缩小区域、城乡、校际差距。"① 教育扶贫的直接目的是使贫困地区和贫困人口摆脱绝对贫困，最终目的是降解社会基层固化，成为缩小社会差距的重要杠杆，使全社会达到公平正义状态。所以教育扶贫的终极目的，并不单单是通过教育资源向贫困地区倾斜达到贫困地区减贫脱贫的目的，更为重要的是通过教育扶贫过程中的"差别正义原则"与"底线平等原则"，将教育资源向贫困地区和贫困人口倾斜。这可以使人人享有平等的教育权利、人人平等地享有公共教育资源，从而体现教育的起点公正、过程公正和结果公正，实现贫困地区和贫困人口的教育分配公平，进而实现教育扶贫对社会公平正义的价值追求。

### （四）培育新型职业农民

新型职业农民是促进乡村人才振兴战略的重要推手。关于新型职业农民的含义，2017 年习近平在参加"两会"四川代表团审议时指出，要培养更多爱农业、懂技术、善经营的新型职业农民。随着新型职业农民相关理论与实践的发展，当前将新型职业农民定义为："以从事农业生产经营为职业，具有较高的科技文化素质、专业生产技能和职业道德素养，具有较高的自我发展能力和市场竞争力的群体代表。"②

培育新型职业农民对于促进乡村人才振兴战略具有举足轻重的作用。党的十九大报告提出"乡村振兴战略"，构建现代农业产业体系、生产体系、经营体系，培养培育"爱农业、懂技术、会经营"的新型农业经营主体"③。"三农"问题的核心问题是关于农民的问题，实施乡村振兴战略势必要破解人才的瓶颈制约。当前广大农村地区面临着本土人才严重流失与现存人力资源转换人才资源艰难的双重困境。乡村人才振兴战略关键在于充分挖掘现有农村劳动力资源，通过开展切实有效的农业教育与培训，发挥农村劳动力的先天优势，培育广大农村地区人才优质资源，完成从"输血"到"造血"的转变，增强农村人力资源转换为人才资源的概率，不断壮大乡村人才队伍，助力乡村人才振兴战略的进一步推进。教育扶贫是培育新型职业农民的关键一招。习近平教育扶贫重要论述针对的主体就是贫困农村地区的儿童及青年，其中就包含了新型职业农民这个群体，他们也是在将来实现社会主义现代化与中华民族伟大复兴中国梦的生力军和突击队。

教育扶贫是培养新型职业农民的关键一招，主要体现在以下三个方面：第一，依托农村普通教育、职业教育、社区教育开展持续有效的教育扶贫工作，

---

① 习近平谈治国理政（第一卷）[M]. 北京：外文出版社，2014：139.

② 罗统碧，屠明将，王汉江. 对新型职业农民培育社会支持系统的思考 [J]. 教育与职业，2020（04）：93-97.

③ 丁玲. 习近平新型职业农民观及其实践路径研究 [D]. 济南：山东大学，2020.

向广大农村地区农业经营主体进行社会主义核心价值观教育与中国优秀的传统文化教育，逐步培养农业经营主体的理想信念与爱国主义情怀。第二，教育扶贫的其中一个很重要的着力点就是"扶志"，逐步锻炼农村地区农业经营主体的意志力。习近平指出："人穷志不能短，扶贫必先扶志。没有比人更高的山，没有比脚更长的路。"[①] 第三，通过加大职业农民教育培训的科技渗透力，引导新型职业农民扎实掌握先进农业科技知识与技能，培养其良好的科学文化素养，增长其远见与本领，使其将来成为国家兴旺发达、民族伟大复兴的不竭源泉。

# 第二节　中国教育扶贫政策及主要特征

1985 年—2016 年的 30 余年中，我国发布了 34 份重大教育政策文件专门针对教育扶贫，本文在这些文件的基础上，分析教育扶贫政策体系的发展历程及其主要特征。

## 一、初步构建阶段：以组织建设性政策工具为主

1985 年—2000 年，我国的反贫困政策设计与实施表现为组织建设性政策工具。1985 年颁布的《中共中央关于教育体制改革的决定》实现了教育体系的系统变革。在当时经济欠发达的历史条件下，要想解决贫困问题，主要依靠设立专门的扶贫组织机构，并且形成完善的组织机制。为此，国家进行了体制机制变革创新，设立了专门的组织机构，推进脱贫政策的执行。1986 年，国务院贫困地区经济开发领导小组成立（1993 年更名为国务院扶贫开发领导小组），建立了组织机构，划分了功能职责，确保脱贫政策的实施。回顾这一时期减贫所取得的成就，基本实现了反贫困政策目标。

表 3 - 1　1985 年—2000 年国家教育扶贫政策文件

| 序号 | 时间 | 政策文件 | 签发机构 |
|---|---|---|---|
| 1 | 1985.5 | 《中共中央关于教育体制改革的决定》 | 中共中央 |
| 2 | 1994.4 | 《国家八七扶贫攻坚计划》 | 国务院 |
| 3 | 1994.7 | 《国务院关于〈中国教育改革和发展纲要〉的实施意见》 | 国务院 |
| 4 | 1999.6 | 《中共中央 国务院关于深化教育改革 全面推进素质教育的决定》 | 中共中央 国务院 |

本时期中国颁布了 4 份有关教育扶贫的政策文件（见表 3 - 1）。反贫困政策设计主要从致贫原因、扶贫目标、扶贫内容等角度来体现组织建设性政策工具。

---

① 中共中央党史和文献研究院. 习近平扶贫论述摘编［M］. 北京：中央文献出版社，2018：135.

以《国家八七扶贫攻坚计划》为典型代表分析。在这一文件中，12 次提及"教育"，其中 1 次提及致贫原因，3 次提及扶贫目标，8 次提及教育扶贫内容。其主要内容为：要改变教育的落后状况，"基本普及初等教育，积极扫除青壮年文盲。""开展成人职业技术教育和技术培训，使大多数青壮年劳力掌握一到两门实用技术。"教育部门的任务是"积极推进贫困地区农村的教育改革，继续组织好贫困县的'燎原计划'，普及初等教育，做好农村青壮年的扫盲工作，加强成人教育和职业教育。"①《中共中央关于教育体制改革的决定》《国务院关于〈中国教育改革和发展纲要〉的实施意见》等文件主要涉及的角度是基础教育不同程度地普及。本时期主要工作是框架性设计教育扶贫体制机制，尚未涉及教育发展的质量问题以及教育扶贫的具体模式问题。本时期初步构建了教育扶贫政策体系。按照既定目标，2000 年，《国家八七扶贫攻坚计划》的目标基本完成。在此期间，我国非常重视贫困地区的女性教育问题，在第四次世界妇女大会上，时任国家主席江泽民曾向世人庄严宣告："广大妇女成为国家和社会的主人。我们十分重视妇女的发展和进步，把男女平等作为促进我国社会发展的一项基本国策。"②

### 二、基本形成阶段：强制与引导性政策工具并重

2001 年—2010 年，我国的反贫困政策设计与实施表现为强制性政策工具和引导性政策工具。这一政策设计体现了刚性政策的基本要求与激励性政策的引导性要求相结合，以《中国农村扶贫开发纲要（2001—2010 年）》为典型代表分析。在这一文件中，有 9 次提到"教育"，其中 5 次提及强制性，3 次提及引导性，2 次提及能力建设性。纲要明确提出："提高群众的综合素质特别是科技文化素质，是增加贫困人口经济收入的重要措施，也是促进贫困地区脱贫致富的根本途径，必须把农民科技文化素质培训作为扶贫开发的重要工作；切实加强基础教育，普遍提高贫困人口受教育的程度；实行农科教结合，普通教育、职业教育、成人教育统筹，有针对性地通过各类职业技术学校和各种不同类型的短期培训，增强农民掌握先进实用技术的能力。""确保在贫困地区实现九年义务教育，进一步提高适龄儿童入学率。"全面普及义务教育被明确为国家教育扶贫政策目标，逐渐关注均衡发展等教育质量和教育公平层面的政策安排。③依据 2008 年的农村贫困标准，2000 年中国贫困人口数量为 9422 万，而 2010 年中国贫困人口数量为 2688 万，贫困人口数量大幅度减少。这一时期教育扶贫政

①　薛二勇，周秀平. 中国教育脱贫的政策设计与制度创新 [J]. 教育研究，2017，38（12）：29-37.

②　江泽民主席在联合国第四次世界妇女大会欢迎仪式上的讲话 [EB/OL]. (1995-09-05) [2021-12-29]. womenvoice. cn/html/report/20051277-1. htm.

③　薛二勇，周秀平. 中国教育脱贫的政策设计与制度创新 [J]. 教育研究，2017，38（12）：29-37.

策工具的类型越来越丰富，基本形成了教育扶贫政策体系。

本时期中国颁布了 16 份有关教育扶贫的政策文件（见表 3 - 2）。在这些政策文件中，5 份文件针对义务教育，在这一时期总文件中占比 31.3%。这 5 份文件大力推动义务教育的普及，义务教育管理体制提升到县域层级。6 份文件涉及教育财政措施，教育资源配置开始投向农村教育、职业教育和贫困学生群体。2010 年，中国颁布了《关于当前发展学前教育的若干意见》，开始实施学前教育的三年行动国家计划，为贫困地区幼儿入园和随迁儿童的入园提供了政策依据。这一时期，引导性政策工具主要表现为：教育财政资助对象从九年义务教育阶段延伸到学前、高中和高等教育阶段，基本涉及国民教育全过程；教育财政资助的范围从学费、教材费扩展到杂费、生活费；政府奖励和补助的财政经费得到频繁使用。强制性政策工具主要表现为：在义务教育入学率、辍学率低于国家标准的地区，使用检查、督导、问责等强力措施。

表 3 - 2　2001 年—2010 年国家教育扶贫政策文件

| 序号 | 时间 | 政策文件 | 签发机构 |
|---|---|---|---|
| 1 | 2001.5 | 《国务院关于基础教育改革与发展的决定》 | 国务院 |
| 2 | 2001.6 | 《中国农村扶贫开发纲要（2001—2010 年）》 | 国务院 |
| 3 | 2002.4 | 《国务院办公厅关于完善农村义务教育管理体制的通知》 | 国务院办公厅 |
| 4 | 2002.8 | 《国务院关于大力推进职业教育改革与发展的决定》 | 国务院 |
| 5 | 2003.9 | 《国务院办公厅转发教育部等部门关于开展经常性助学活动意见的通知》 | 国务院办公厅 |
| 6 | 2003.9 | 《国务院关于进一步加强农村教育工作的决定》 | 国务院 |
| 7 | 2004.2 | 《国务院办公厅关于转发教育部等部门〈国家西部地区"两基"攻坚计划（2004—2007 年）〉的通知》 | 国务院办公厅 |
| 8 | 2004.6 | 《国务院办公厅转发教育部财政部人民银行银监会关于进一步完善国家助学贷款工作若干意见的通知》 | 国务院办公厅 |
| 9 | 2004.9 | 《国务院办公厅关于切实解决高校贫困家庭学生困难问题的通知》 | 国务院办公厅 |
| 10 | 2005.2 | 《关于加快国家扶贫开发工作重点县"两免一补"实施步伐有关工作的意见》 | 国务院办公厅 |
| 11 | 2005.7 | 《国务院办公厅转发教育部等部门关于进一步做好农村寄宿制学校建设工程实施工作若干意见的通知》 | 国务院办公厅 |

续　表

| 序号 | 时间 | 政策文件 | 签发机构 |
|---|---|---|---|
| 12 | 2005.10 | 《国务院关于大力发展职业教育的决定》 | 国务院 |
| 13 | 2005.12 | 《国务院关于深化农村义务教育经费保障机制改革的通知》 | 国务院 |
| 14 | 2007.5 | 《国务院关于建立健全普通本科高校高等职业学校和中等职业学校家庭经济困难学生资助政策体系的意见》 | 国务院 |
| 15 | 2007.12 | 《国务院办公厅转发国务院农村综合改革工作小组关于开展清理化解农村义务教育"普九"债务试点工作意见的通知》 | 国务院办公厅 |
| 16 | 2010.11 | 《国务院关于当前发展学前教育的若干意见》 | 国务院 |

### 三、以能力建设性政策工具为主，逐步完善教育扶贫政策体系

2011 年至今，我国的反贫困政策设计与实施表现为能力建设性政策工具。这一政策设计体现了增强政策执行的能力。以《中国农村扶贫开发纲要（2011—2020 年）》为典型代表。在这一政策文件中，有 21 次提及"教育"，其中 16 次提及教育扶贫内容，5 次提及教育扶贫手段和能力建设，具体内容有：提升中等职业教育质量，面向领导干部、公务员开展培训，组织教育志愿者参与以及面向各级各类学校学生开展脱贫国情教育等。《中国农村扶贫开发纲要（2011—2020 年）》明确，到 2020 年，基本普及学前教育，义务教育水平进一步提高，普及高中阶段教育，加快发展远程继续教育和社区教育。2015 年发布的《中共中央国务院关于打赢脱贫攻坚战的决定》明确规定："激发内生动力……注重扶贫先扶智，增强贫困人口自我发展能力。""创新扶贫开发模式，由偏重'输血'向注重'造血'转变。""着力加强教育脱贫，加快实施教育扶贫工程，让贫困家庭子女都能接受公平有质量的教育，阻断贫困代际传递。"[①]这一文件的发布与实施将教育扶贫提升到了新的战略高度，教育扶贫与经济、产业类脱贫政策体系相并列，"发展教育脱贫一批"成为"五个一批"脱贫措施的重要内容，其余四个措施分别为发展生产脱贫一批、易地搬迁脱贫一批、生态补偿脱贫一批、社会保障兜底一批。"将教育作为脱贫的目标、内容或领域，并通过政策倾斜、增加投入、调整结构等方式手段实现减贫、缓贫与脱贫。"[②]教育不仅是脱贫的手段，还是脱贫的目标和内容，并被纳入国家反贫困顶层制度。国家统计局、国务院扶贫办公布数据显示，按照中国 2010 年确定的农村贫

---

① 薛二勇，周秀平. 中国教育脱贫的政策设计与制度创新 [J]. 教育研究，2017，38（12）：29-37.
② 刘军豪，许锋华. 教育扶贫：从"扶教育之贫"到"依靠教育扶贫"[J]. 中国人民大学教育学刊，2016，（2）：44-53.

困标准，2011 年贫困人口的数量是 12 238 万，2016 年脱贫人口的数量将近 8000 万。中国的贫困发生率从 2012 年底的 10.2％下降到 2016 年底的 4.5％，下降了 5.7％。

义务教育巩固率有以下规律：农村低于城镇，贫困地区的农村低于一般农村地区，男孩低于女孩，高中阶段农村贫困儿童的在校率最低。"2015 年，6—17 岁儿童中约有 630 万未完成义务教育，其中约 387 万为农村儿童，而女孩占据的比例远远超过男孩；高中阶段 630 万 15—17 岁不在校儿童中，农村贫困儿童占比超过 60％。"[①] 2016 年发布的《"十三五"脱贫攻坚规划》专章规定了教育扶贫的内容，指出"以提高贫困人口基本文化素质和贫困家庭劳动力技能为抓手，瞄准教育最薄弱领域，阻断贫困的代际传递。"该规划还明确提出了教育扶贫的量化指标和目标实现的时间要求等。同年，我国第一次专门针对教育扶贫制定政策文件，《教育脱贫攻坚"十三五"规划》随之发布，指出采取超常规政策举措，精确瞄准教育最薄弱领域和最贫困群体，实现"人人有学上、个个有技能、家家有希望、县县有帮扶"，促进教育强民、技能富民、就业安民，坚决打赢脱贫攻坚战。乡村是教育扶贫的薄弱环节，尤其是中西部老少边穷岛等边远贫困地区。乡村教师是教育扶贫的主体，是能力建设的关键，必须优先建设乡村教师队伍。为此，2015 年发布了《乡村教师支持计划（2015—2020 年）》。该计划主要针对解决乡村教师队伍面临的突出问题，如职业吸引力不强、优质资源配置不足、整体素质不高等。这一时期是教育脱贫政策体系逐步完善的时期，教育扶贫政策工具类型主要表现为能力建设性政策工具。

表 3 - 3　2011 年至今发布的国家教育扶贫政策文件

| 序号 | 时间 | 政策文件 | 签发机构 |
|---|---|---|---|
| 1 | 2011.7 | 《中国农村扶贫开发纲要（2011—2020 年）》 | 中共中央 国务院 |
| 2 | 2011.11 | 《国务院办公厅关于实施农村义务教育学生营养改善计划的意见》 | 国务院办公厅 |
| 3 | 2012.8 | 《国务院办公厅关于加强教师队伍建设的意见》 | 国务院 |
| 4 | 2012.9 | 《国务院关于深入推进义务教育均衡发展的意见》 | 国务院 |
| 5 | 2012.9 | 《国务院关于规范农村义务教育学校布局调整的意见》 | 国务院办公厅 |
| 6 | 2013.7 | 《国务院办公厅转发教育部等部门关于实施教育扶贫工程意见的通知》 | 国务院办公厅 |

①　刘亮亮. 二战后美国联邦教育项目管理发展研究［D］. 保定：河北大学，2020.

| 序号 | 时间 | 政策文件 | 签发机构 |
|---|---|---|---|
| 7 | 2014.1 | 《国务院办公厅关于转发教育部等部门特殊教育提升计划（2014—2016 年）的通知》 | 国务院办公厅 |
| 8 | 2014.5 | 《国务院关于加快发展现代职业教育的决定》 | 国务院 |
| 9 | 2015.4 | 《乡村教师支持计划（2015—2020 年）》 | 国务院办公厅 |
| 10 | 2015.8 | 《国务院关于加快发展民族教育的决定》 | 国务院 |
| 11 | 2015.11 | 《国务院关于进一步完善城乡义务教育经费保障机制的通知》 | 国务院 |
| 12 | 2015.11 | 《中共中央国务院关于打赢脱贫攻坚战的决定》 | 中共中央国务院 |
| 13 | 2016.11 | 《"十三五"脱贫攻坚规划》 | 国务院 |
| 14 | 2016.12 | 《关于进一步加强东西部扶贫协作工作的指导意见》 | 中共中央办公厅国务院办公厅 |

相比于前两个阶段，此阶段发布的相关政策文件较多，共发布了 14 份国家重大政策文件（见表 3 - 3），其中 2012 年发布了 3 份，2015 年发布了 4 份，教育扶贫的地位达到前所未有的高度。国家加大财政投入力度，加强薄弱学校的硬件建设、支持乡村教师的能力建设。能力建设性政策工具的主要内容包括学校硬件建设、教师能力培训、学生支持等，随着国家的重视，其得到全方位的运用。教育扶贫的领域延伸到特殊教育领域，大力支持学前教育阶段、高中教育阶段和职业教育领域。党的十八届五中全会把扶贫攻坚做了调整，变为脱贫攻坚，并承诺到 2020 年实现脱贫。2021 年 2 月 25 日，习近平在全国脱贫攻坚总结表彰大会上庄严宣告：我国脱贫攻坚战取得了全面胜利。能力建设性政策工具被充分地采用于脱贫的效果巩固、持续脱贫能力的培养、防止再返贫等方面。

# 第三节　中国教育扶贫新格局的构建

贫困是社会问题，扶贫是社会责任，脱贫是协作结果。我们不仅要精准扶贫，还要系统扶贫。全国人民团结一致、齐心协力摆脱贫困。在贫困面前，我们要立足国情，充分发挥我国的大国体制优势。"一人难挑千斤担，众人能移万座山"，我国要动员社会各界力量扶贫，集中人力、物力、财力，建立多层次、多形式、全方位的教育扶贫新格局，汇聚脱贫攻坚的合力。

## 一、政府主导是教育脱贫攻坚的根本保障

脱贫攻坚任务重、要求高、时间紧、耗时长、经济效益低，必须立足国情，发挥政治和制度优势。坚持党的领导、政府主导是中国脱贫攻坚的特征。实践证明，经济增长不能自动实现减贫，政府具有组织、协调资源的优势，在脱贫攻坚中责无旁贷，必须发挥主导作用。经过多年努力，党中央确定的管理体制得到了贯彻，"党委领导、政府负责、部门协同、社会参与"的工作机制正在建立，形成了"四梁八柱"的格局，各项决策部署得以实施。党委"统"起来了，脱贫攻坚任务重的省区市党政一把手签订脱贫攻坚责任书，省市县乡村五级书记一起抓扶贫；政府"担"起来了，政府制定贫困地区的经济社会发展战略和脱贫规划，各地区、各部门、各行业的扶贫力量联合行动，优先安排扶贫项目，优先对接扶贫工作，优先保障扶贫资金，优先落实扶贫措施，并对扶贫成效进行科学验收。

### （一）中央专项扶贫

20 世纪 70 年代末到 80 年代初，扶贫资金全部来自中央财政，此后则来源于中央财政、地方政府财政以及扶贫信贷。贫困地区学校是我国教育事业发展的'短板'。治贫先重教，发展教育是减贫脱贫的根本之举。[①] 近年来，国家力补教育发展短板，教育支出向贫困地区义务教育薄弱环节倾斜，提升贫困地区基本公共服务水平和农村教育信息化水平。国务院总理李克强在 2013 年 12 月 4 日主持召开国务院常务会议，会议指出，改善贫困地区义务教育薄弱学校基本办学条件，不让贫困家庭的孩子输在成长"起点"，既是守住"保基本"民生底线、推进教育公平和社会公正的有力措施，又是增强贫困地区发展后劲、缩小城乡和区域差距的有效途径，关乎国家长远发展。会议确定，以中西部农村贫困地区尤其是集中连片特困地区为主，兼顾其他国家扶贫开发重点地区、民族地区、边境地区和东部部分困难地区，按照勤俭办学的原则，把满足基本需要放在首位，调整中央和省级财政教育支出结构，最大限度向贫困地区义务教育薄弱环节倾斜，由省级政府统筹使用资金，因地制宜、分步逐校实施。国家加强了教育扶贫顶层设计，实施了一系列教育惠民工程。

### 1. 推动"燎原计划"

1988 年，"燎原计划"由国家教委（现教育部）正式部署实施，主要目的是推进农村教育改革发展，以此带动农村经济发展和社会进步。它针对农村技术教育，旨在提高农村劳动者文化技术素质，为"星火计划""丰收计划"奠定

---

① 李克强主持召开国务院常务会议（2013 年 12 月 4 日）［EB/OL］.（2013-12-04）［2021-10-12］. http://www.gov.cn/guowuyuan/2013-12/04/content_2591040.htm.

发展基础。它的主要目标包括：到 1990 年在全国 500 个县内建设 1500 个示范乡，到 1995 年争取将范围扩展到全国大多数县，使 10000 个乡（占全国总乡数的 1/7）达到示范乡的水平。对示范乡和县的要求是：扫除文盲；普及九年义务教育；为所有学校配备劳动基地；建立劳动技术教育的制度和措施；所在县办好一所能起骨干和示范作用的职业技术学校；乡办农民文化技术学校；村发展农民夜校；普遍对乡初中、高中毕业生乃至小学毕业生进行实用技术培训；使教育与经济协调发展，促进当地生产技术、人民收入及生活水平的提高，鼓励农村妇女积极参与。计划的主要目的在于"改变过去农村教育脱离实际的状况，通过发展多种形式的职业教育、推广效益显著的农业技术来提高农民素质和生产技能，尤其是一些贫困地区农村妇女的素质，同时增加他们的科技意识及商品经济观念，真正给农民植入自身的'造血'机能"。1995 年 12 月，国家教委（现教育部）实施"燎原计划百千万工程"，在全国千乡万村推广百项农村实用技术，相关部门积极参与，国家给予大力支持。该工程的实施需要多方面力量的共同推动，实现了农科教的结合。

2. 实施专项教育扶贫

《关于实施教育扶贫工程的意见》是教育扶贫工作的总施工图，规定了总体思路、主要任务和保障措施。《关于创新机制 扎实推进农村扶贫开发工作的意见》把教育扶贫列入扶贫开发的十项重点工作之一。《国家贫困地区儿童发展规划（2014—2020 年）》为贫困地区儿童的健康和发展提供了保障。以此为基础，国家面向片区实施了一系列教育惠民和富民工程。例如实施农村义务教育学生营养改善计划，按照每生每天 4 元标准，使 3200 多万学生每天吃上营养餐，监测显示，学生的平均身高、体重和学习成绩都有了提高；中等职业教育学生免学费、补助生活费，使贫困人群掌握了脱贫致富的技术技能，增强了创业就业的能力；面向贫困地区定向招生专项计划，更多的农村贫困学生能够接受优质的高等教育；乡村教师生活补助政策，增强了教师的职业吸引力；全面改善贫困地区义务教育薄弱学校基本办学条件。《乡村教师支持计划（2015—2020 年）》关注乡村教师队伍建设，着力打造教师队伍，促进了教育公平和教育质量的提高。除此之外，教师周转宿舍项目、学前教育三年行动计划、中小学教师国家级培训计划和"特岗计划"、农村初中校舍改造工程等政策和项目的实施，改善了贫困地区的基本办学条件，提高了教师队伍整体素质，促进了教育扶贫工作成效。国家实施专项教育扶贫，为的是办好贫困地区每一所学校，惠及贫困地区每一名教师，培养好贫困地区每一名儿童。

《中共中央国务院关于打赢脱贫攻坚战的决定》要求："加快实施教育扶贫工程，让贫困家庭子女都能接受公平有质量的教育，阻断贫困代际传递。国家教育经费向贫困地区、基础教育倾斜。""普及高中阶段教育，率先对建档立卡的家庭经济困难学生实施普通高中免除学杂费、中等职业教育免除学杂费，让未升入普通高中的初中毕业生都能接受中等职业教育。"国家大力实施普及高中阶段教育攻坚计划，将民族地区、集中连片特困地区、国家级扶贫开发工作重点县、部分中部人口大省省级贫困县等纳入精准攻坚范围。这些教育扶贫措施使贫困地区产生了历史性变化。2018年1月15日，教育部、国务院扶贫办印发了《深度贫困地区教育脱贫攻坚实施方案（2018—2020年）》，进一步聚焦深度贫困地区教育扶贫，决定用三年时间集中攻坚，确保深度贫困地区如期完成"发展教育脱贫一批"任务。

### （二）中央国家机关定点扶贫

定点扶贫就是选择一个或者几个特定的地方开展扶贫。它是中国的一项创举，是中国特色扶贫工作的重要组成部分，是整个扶贫开发工作的一支重要力量。1986年，参与定点扶贫的中央单位少之又少，科技、农业、林业、地质矿产等10个部委分别在全国18个特困地区选定一个区域开展定点扶贫。2010年，中共中央办公厅、国务院办公厅印发的《关于进一步做好定点扶贫工作的通知》要求，挖掘潜力，实现全覆盖，提高实效。"从党的十八大召开至2015年底，参与定点扶贫的中央单位已达到320个，帮扶国家扶贫开发工作重点县592个，累计向贫困县选派挂职干部1266人次，投入帮扶资金69亿元，帮助引进资金363亿元，实现了扶贫资源和贫困县两个全覆盖，极大地帮助贫困地区改善了基础设施、促进了产业开发、加强了人力资源培训，为如期实现脱贫目标打下坚实基础。"[①]

2015年，全国仍有14个集中连片特困地区，592个国家扶贫开发工作重点县，12.8万个贫困村。其中，滇西集中连片特困地区是最典型的片区，边境县数量最多，世居少数民族最多，该区贫困人口数量占云南省贫困人口总数的40％以上。自集中连片特困地区扶贫开发战略实施以来，教育部定点对接滇西片区，并与28个部委合作开展扶贫工作。滇西造成贫困的原因主要是教育发展落后，属于素质型贫困问题，针对这一现状，部省领导强调要发挥教育系统优势，探索以人力资源开发带动脱贫致富的道路，把滇西打造成人力资源开发扶贫示范区，包括建设教育改革先行区、开放试验区和对口支援示范区三个方面的任务。2012年，教育部协助国务院扶贫办、国家发展改革委编制了《滇西边境山区片区区域发展与扶贫攻坚规划（2011—2020年）》作为片区扶贫开发的行动纲领，并制定了一系列的具体方案，形成了系统完整的规划体系和实施方案，为人力资源开发扶贫工作的深入开展提供了具体指导。"为统筹全教育系统力量开展帮扶，教育部专门组建了五支滇西扶贫队伍。第一支队伍是与教育扶

---

① 董晋斌. 我国定点扶贫历程简述 [J]. 青年时代，2019（018）：123-124.

贫工作关系密切的 10 个业务司局，建立'一对一'的紧密联系；第二支队伍是教育部直属单位和直属高校，部署直属 22 所高校承担滇西专项扶贫任务；第三支队伍是东部地区职教集团，组织 10 个职教集团与滇西 10 州市开展战略合作，对口帮扶滇西职业院校；第四支队伍是挂职干部，自 2013 年以来，从部机关、直属单位和直属高校共派出四批 220 名挂职干部，投身滇西脱贫攻坚第一线；第五支队伍是社会力量，协调曾宪梓教育基金、中国教育发展基金会等公益组织及爱心企业，面向滇西捐资捐物，开展系列扶贫工作。"①

　　教育部针对滇西的实际情况实施了五大精准帮扶项目。一是以新机制筹建滇西应用技术大学，二是举办滇西领导干部经济管理研修班，三是组织实施滇西农村青年创业人才培养计划，四是实施滇西中学英语教师出国研修项目，五是开展滇西扶贫开发专题研究项目，从根本上摆脱贫困，提高人口素质。教育部大力支持滇西教育。从"十二五"规划启动到 2017 年 3 月，"教育部累计安排学前教育发展专项资金 45 亿元，支持云南实施学前教育三年行动计划。安排义务教育经费保障资金 309 亿元，义务教育营养改善计划资金 115 亿元，薄改计划资金 120 亿元，特岗计划资金 22 亿元，支持云南巩固提升义务教育发展水平。安排普通高中改造计划资金 16.5 亿元，普通高中国家助学金 17 亿元，现代职业教育质量提升计划资金 13.9 亿元，中等职业教育国家助学金和免学费资金 60.5 亿元，支持云南加快普及高中阶段教育。"②

　　2017 年 3 月 28 日，教育部在云南省昆明市召开滇西脱贫攻坚部际联系会议。教育部原部长陈宝生强调，部际联系会议成员单位、教育部和云南省要坚持问题导向，落实各自责任，加强沟通衔接，凝聚各方力量，合力推进滇西脱贫各项工作。一是各部门要"搭把手、加把劲"，齐心协力推进滇西脱贫攻坚。希望各成员单位发挥各自优势，密切协作，进一步加大政策和项目向滇西倾斜力度，着力增强滇西片区发展能力。保持现有政策稳定，结合当地实际抓好落实。充分调动本系统内资源，继续加强与云南省有关方面的沟通衔接，切实提高脱贫攻坚的针对性、可持续性。二是教育部要"铺好路、架好桥"，扎实做好定点联系滇西工作。要进一步加强联系会议牵头单位的统筹协调职能，搭建好云南省与各部门之间的沟通对接平台。开展滇西建档立卡学龄人口数据统计分析，切实发挥教育在脱贫攻坚中的特殊作用。继续组织全教育系统力量参与滇西脱贫攻坚，深化滇西人力资源开发扶贫示范区建设。三是云南省要"推好车、走好路"，承担好滇西脱贫攻坚的主体责任。希望云南省把脱贫攻坚作为头号工程不放松，坚持精准扶贫，把握好扶贫攻坚正确方向，加大工作力度，加强基层组织力量，做好组织群众、发动群众的工作，激发他们摆脱贫困奔小康的内

---

①　任维东. 教育部定点帮扶滇西扶贫成效显著［N］. 光明日报，2017-03-30（01）.

②　任维东. 教育部定点帮扶滇西扶贫成效显著［N］. 光明日报，2017-03-30（01）.

生动力。①

东西部扶贫协作工作是党中央、国务院为加快西部贫困地区扶贫开发进程、缩小东西部发展差距、促进共同富裕做出的重大战略决策。1995 年，中央在"九五"规划建议中明确提出发达地区对口帮扶西部地区。1996 年 5 月，中央确定北京、上海、天津、辽宁、山东、江苏、浙江、福建、广东、大连、青岛、宁波、深圳 9 个东部省市和 4 个计划单列市与西部 10 个省区开展扶贫协作。同年 10 月，中央扶贫开发工作会议进一步做出部署，东西部扶贫协作工作正式启动。20 多年来，东西部有关省区市党委政府坚持把扶贫开发作为重点，把产业协作扶贫作为关键，把生态环境改造作为基础，把激发内生动力作为根本，开展了多层次、多形式、宽领域、全方位的扶贫协作，逐步形成了以政府援助、企业合作、社会帮扶、人才支持为主要内容的工作体系，开创了优势互补、长期合作、聚焦扶贫、实现共赢的良好局面。"十二五"期间，9 个东部省市投入东西部协作等方面资金 740 多亿元，引导企业投资 2 万多亿元，选派挂职干部和科技人员数万名，涌现出了受到 2017 年东西部扶贫协作座谈会肯定和鼓励的闽宁协作、沪滇合作、两广协作等各具特色的东西帮扶模式，帮扶工作取得了显著成绩。2000 年—2015 年，西部贫困人口从 5731 万人减少到 2914 万人，贫困县农村人均纯收入显著提高。

在这 20 多年的东西部扶贫协作工作中，有五个方面的经验值得肯定：一是始终坚持两个大局、共同富裕的思想；二是始终坚持政府主导，不断完善政策机制，由政府主动示范引领；三是始终坚持优势互补，促进共同发展；四是始终坚持规划引领，抓好项目落实；五是更加注重面向基层，特别是注重民生导向。

2016 年，习近平总书记在东西部扶贫协作座谈会上强调，东西部扶贫协作和对口支援，是推动区域协调发展、协同发展、共同发展的大战略，是加强区域合作、优化产业布局、拓展对内对外开放新空间的大布局，是实现先富帮后富、最终实现共同富裕目标的大举措。组织东部地区支援西部地区 20 多年来，党中央不断加大工作力度，形成了多层次、多形式、全方位的扶贫协作和对口支援格局，使区域发展差距扩大的趋势得到逐步扭转，西部贫困地区、革命老区扶贫开发工作取得重大进展。在西部地区城乡居民收入大幅提高、基础设施显著改善、综合实力明显增强的同时，国家区域发展总体战略得到有效实施，区域发展协调性增强，开创了优势互补、长期合作、聚焦扶贫、实现共赢的良好局面。这在世界上只有我们党和国家能够做到，充分彰显了我们的政治优势

---

① 齐心协力推进滇西脱贫攻坚再战再捷：2017 年滇西脱贫攻坚部际联系会议召开［EB/OL］. (2017-03-29)［2017-10-12］. http://www.gov.cn/xinwen/2017-03/29/content_5181906.htm.

和制度优势。东西部扶贫协作和对口支援必须长期坚持下去。习近平强调，要在发展经济的基础上，向教育、文化、卫生、科技等领域合作拓展。要继续发挥互派干部等方面的好经验、好做法，促进观念互通、思路互动、技术互学、作风互鉴。要加大对西部地区干部特别是基层干部、贫困村致富带头人的培训力度，打造一支留得住、能战斗、带不走的人才队伍。东西部扶贫协作是协作、合作、帮带，东部地区有人才资源、资金资源、管理资源，西部地区有自己的劳动力资源、土地资源、自然资源以及市场资源，双方能够有效地互补合作。东西部扶贫协作，扶贫是主题，协作是重点。东部地区承担的是帮扶责任，西部地区承担的是脱贫攻坚主体责任。东部地区要围绕产业、就业、人才、资金、社会动员五个方面，把力量组织好，输送到西部地区。西部省份要把各方面资源整合到一起，形成合力。西部是主体责任者，要主动对接。

西部地区要彻底拔除"穷根"，必须把教育事业办好，需要与东部地区通过联合办学、扩大招生、培训教师等方式，打造"留得住、干得好、带不走"的人才队伍。2016年，中共中央办公厅、国务院办公厅印发了《关于进一步加强东西部扶贫协作工作的指导意见》，要求在发展经济的基础上，向教育、文化、卫生、科技等领域合作拓展，优化结对关系，健全协作机制，促进东西部观念互通、思路互动、技术互学、作风互鉴。国家对西部贫困程度深的地区适当增加帮扶力量，实现了对30个民族自治州结对帮扶的全覆盖，加强了对云南、四川、甘肃、青海等省份的重点贫困市州的帮扶力量，调整了辽宁、上海、天津的帮扶任务，落实了京津冀协同发展中"扶持贫困地区发展"的任务。调整后，东部地区共有9个省份、13个城市对口帮扶西部地区10个省份，吉林、湖北、湖南的3个少数民族自治州与河北的张家口、承德、保定3市也对接起来。同时，国家启动了经济强县和贫困县"携手奔小康"行动，东部地区对西部贫困程度深的县要县县结对。截至2016年11月底，国家共确定了东部249个经济较发达县（市、区），与西部地区354个贫困县开展"携手奔小康"行动，其中少数民族县占267个。《关于进一步加强东西部扶贫协作工作的指导意见》指出，要加强人才支援，"采取双向挂职、两地培训、委托培养和组团式支教、支医、支农等方式，加大教育、卫生、科技、文化、社会工作等领域的人才支持，把东部地区的先进理念、人才、技术、信息、经验等要素传播到西部地区。""开展职业教育东西协作行动计划和技能脱贫'千校行动'，积极组织引导贫困家庭子女到东部省份的职业院校、技工学校接受职业教育和职业培训。""加大政策激励力度，鼓励各类人才扎根西部贫困地区建功立业。"

### （三）深化对口支援

老少边穷岛地区自我发展能力不足，是对口支援的重点。中央不断强化和完善对口支援机制。

1. 对口支援西藏和四省藏区教育工作

为加快西藏教育发展，改变西藏教育落后面貌，习近平总书记在中央第六次西藏工作座谈会上指出，"教育是争夺下一代的灵魂工程""改变藏区面貌，根本要靠教育"，"要加大教育援藏力度，重点加强以数理化学科为主的内地教师进藏支教"[①]。中央第六次西藏工作座谈会提出加强人才和技术援藏、突出改善民生、促进交往交流交融，为做好教育援藏工作提出了明确要求。教育援藏工作在中央西藏工作协调小组的统一领导下，由教育部牵头指导协调，对口支援省市、高校和教育部直属单位具体实施。教育部要求各省市、高校、直属单位深刻领会中央精神，充分认识对口援藏工作的长期性，始终把握对口援藏工作的群众性，不断提高对口援藏工作的科学性，进一步发挥人才优势、管理优势和资源优势，围绕教育教学质量、教师队伍建设、学前双语教育和中等职业教育等薄弱环节，不断加大教育援藏工作力度，提高教育质量。《教育部 中央统战部 国家民委关于进一步加强教育对口支援西藏工作的意见》要求采取"分片负责，对口支援"和"定点、包干"办法，由北京、天津、河北、辽宁、吉林、黑龙江、上海、江苏、浙江、安徽、福建、山东、湖北、湖南、广东、重庆、四川、陕西等省、直辖市，对口支援西藏的拉萨、昌都、山南、日喀则、那曲、林芝、阿里等地、市发展普通高中和中等职业教育，上述 18 个省市通过"对口、定学校、包干负责制"等方式，重点帮助西藏改扩建 15 所普通高中学校和 7 所中等职业学校，由内地 28 所高等学校分别对口支援西藏大学、西藏藏医学院（2018 年 12 月更名为"西藏藏医药大学"）、西藏民族学院（2015 年 4 月，更名为"西藏民族大学"）和西藏警官高等专科学校。2016 年 12 月 29 日发布的《教育部关于加强"十三五"期间教育对口支援西藏和四省藏区工作的意见》提出了教育援藏的基本原则：明确目标，科学规划；突出重点，精准施力；发挥优势，创新引领。该文件强调，"要以提升各级各类教育教学质量、提高教育管理水平为重点，以实施好'组团式'教育人才援藏为示范，采取多种方式提升西藏和四省藏区教师队伍素质。""探索互联网＋教育援藏新方式，提高援藏效益。"

2. 对口支援新疆教育工作

2010 年，新疆有 30 个贫困县，其中国家级贫困县 27 个；贫困人口 253 万，其中少数民族贫困人口占 96％。2010 年 3 月 30 日，第一次全国对口支援新疆工作会议在北京闭幕，会议传递出中央通过推进新一轮对口援疆工作加快新疆跨越式发展的信号，确定北京等 19 个省市承担对口支援新疆的任务，建立起人

---

① 吴建颖. 勠力同心，砥砺前行，以"工匠精神"铸就"组团式"教育人才援藏新辉煌：专访教育部民族教育司司长毛力提·满苏尔［EB/OL］.（2017-03-01）［2017-10-12］. http：//hn. cnr. cn/hngd/20170302/t20170302＿523631874. shtml.

才、技术、管理、资金等全方位的援疆机制，把保障和改善民生置于优先位置，着力帮助各族群众解决就业、教育、住房等基本民生问题，支持新疆特色优势产业发展。新的对口援疆机制代表了中央解决新疆发展问题，特别是基础问题、民生问题的决心。第五次全国对口支援新疆工作会议于 2015 年 9 月 23 日在北京召开，要求对口援疆工作必须突出重点，坚持以南疆为重点，精准发力。在教育方面，一是更加注重扩大就业，把产业带动就业作为优先目标，引导当地群众就近就地稳定就业；二是更加注重抓好教育，着力提高双语教育和中等职业教育质量，加强内地新疆籍少数民族学生的教育管理服务工作；三是更加注重人才援疆，研究完善援疆人才选派政策和人才保障政策，建立统一的援疆干部人才管理和服务体制。

教育援疆是对口支援新疆工作的重要组成部分，是党中央在我国全面建成小康社会进入关键时期，新疆发展和稳定面临重大机遇和挑战的新形势下做出的重大战略举措。2002 年 4 月 28 日发布的《教育部关于做好对口支援新疆高等师范学校工作的通知》，安排华东师范大学支援新疆师范大学，东北师范大学支援伊犁师范学院，华中师范大学支援喀什师范学院。该文件指出："对口支援要以人才培养为中心，以学科专业建设、师资队伍建设、学校管理制度与运行机制建设为重点，采取多种形式的支援与合作。主要形式有：支援学校以优惠的条件接受受援学校的国内访问学者、进修教师和委托培养研究生。支援学校为受援学校的汉语教学与汉语教师培训工作提供服务。支援学校选派教务处长、系主任等专家对受援学校的学科发展和专业建设进行短期义务咨询服务。开展科学研究合作。"2010 年，新一轮对口援疆工作启动，截至 2015 年 10 月，19个省市教育援疆项目完成投资 99.54 亿元，用于扶持教育基建项目、教师培训项目、高校建设等工作，五年间教育援疆总投资占援疆总资金的 15.3％。借助99.54 亿教育援疆"对口"资金，新疆得以新建和改扩建 453 所学校，涉及建筑面积逾 317 万平方米。值得一提的是，南疆四地州借助 44.16 亿教育援疆资金，新建和改扩建学校 313 所，涉及建筑面积近 210 万平方米，逐步缩小新疆教育发展水平同全国其他地区之间的差距。教育基建项目投入援疆资金最多的援疆省市是北京、江苏、上海。

为全面贯彻落实第二次中央新疆工作座谈会、第五次全国对口支援新疆工作会议精神，推动新疆教育内涵发展，教育部要求，明确教育在援疆工作中的首要地位，坚持立德树人，以维护新疆社会稳定和长治久安为教育援疆工作的总目标，以争取人心、凝聚人心为出发点，以教师队伍建设为关键，以思想政治教育、双语教育、职业教育为重点，强化"五个认同"教育，促进各民族师生交往交流交融，切实做好教育打基础、利长远、管根本的工作，全面提升教育援疆工作的实效与水平。坚持问题导向，聚焦思想政治教育，进一步解决双语和"双师型"教师短缺、学龄人口突增等突出问题，完善援疆机制，创新方式方法，增强教育援疆针对性和实效性。坚持突出重点，以提高教育质量为重点，坚定不移依法推进双语教育，加强农村中小学理科等薄弱学科教学，加快发展现代职业教育。坚持突破难点，增强阵地意识，强化"五个认同"教育，调整优化教育结构，加强农村寄宿制学校建设，加快南疆教育发展。坚持高标准，推动工作再上新水平，坚持软硬件建设并重，完善双语和"双师型"教师培养补充培训激励机制，推进团队式教育援疆，促进内涵发展。2020年，新疆各级各类教育发展达到全国平均水平，基本实现教育现代化，逐步实现基本公共教育服务均等化。学前教育基本普及，九年义务教育巩固率达到95％左右，高中阶段毛入学率达到90％，高等教育大众化水平进一步提高。青少年"五个认同""三个离不开"和中华民族共同体意识显著增强，社会主义办学阵地全面巩固，国家通用语言文字全面推广，职业教育自身发展能力显著提高，以就业为导向的高素质技术技能人才得到有效供给，高等学校学科专业结构进一步优化，内地和新疆各族师生的交往交流交融持续加强，教育服务社会稳定和长治久安的能力显著提升。

3. 对口支援革命老区教育工作

"2016年，全国老区中，有357个是国家扶贫开发工作重点县和集中连片特困地区县，占全国832个贫困县总数的43％；建档立卡贫困村近4万个，占全国总数的37％；建档立卡贫困人口近3000万人，占全国的33％。"[①] 受自然和历史等众多因素的影响，一些贫困老区发展落后，区域性整体贫困问题突出。在陕甘宁等西部贫困革命老区，老百姓依然住在危房里，吃的是粗粮，男人娶不上媳妇，适龄儿童上不起学。一些老区学校也存在很多严重问题，例如布局不合理、师资力量匮乏、师资水平参差不齐、教学人员不稳定、等等。近年来，国家发展和改革委员会同有关部门和地方组织起草并推动实施了若干支持老区开发建设的规划和政策，初步形成了"1258"的老区支持政策体系。"'1'是指由中央办公厅、国务院办公厅印发的《关于加大脱贫攻坚力度 支持革命老区开发建设的指导意见》，这是指导'十三五'乃至今后一个时期全国革命老区开发建设与脱贫攻坚的纲领性文件；'2'是指《国务院关于支持赣南等原中央苏区振兴发展的若干意见》《国务院办公厅关于山东沂蒙革命老区参照执行中部地区有关政策的通知》两个区域性政策文件；'5'是指近年来陆续印发实施的陕甘宁、赣闽粤、左右江、大别山以及目前已编制完成的川陕5个重点革命老区（原中央苏区）振兴发展规划；'8'是指近年来印发实施的武陵山、秦巴山、滇桂黔石漠化、六盘山、吕梁山、燕山—太行山、大别山、罗霄山8个老区分布

---

① 扎实推进革命老区开发建设与脱贫攻坚［EB/OL］．（2016-07-26）［2021-12-29］．http：//www.71.cn/2016/0726/901219.shtml.

相对集中的连片特困地区区域发展与扶贫攻坚规划。"①

国家有关部门和地方联合，协调配套政策，振兴发展重点老区。2012 年，国家印发的《边远贫困地区、边疆民族地区和革命老区人才支持计划教师专项计划实施方案》指出，老区要大力发展教育事业，优化农村中小学校布局，确保老区适龄儿童都能接受义务教育，加快普及高中阶段教育，中等职业教育免学杂费，培养更多技术技能人才，实施定向招生专项计划，拓宽就读重点高校渠道。

教育扶贫是一种换血、造血的扶贫开发方式，也是高层次的复杂扶贫开发方式。学校尤其是高校具有智力、信息、人才和技术优势，形成了将人才优势和人力资源建设对接、学科优势和特色专业优势对接、科研技术优势和资源优势对接的教育扶贫大思路。

按照中央要求，在脱贫攻坚阶段，东西部协作扶贫和对口支援要在发展经济的基础上，向教育、文化、卫生、科技等领域合作拓展，贯彻"五位一体"总体布局要求，抓好教育扶贫、健康扶贫、科技扶贫三件大事。

2021 年 2 月 25 日，习近平在全国脱贫攻坚总结表彰大会上庄严宣告：我国脱贫攻坚战取得了全面胜利！

## 二、学校对口帮扶是教育扶贫的主力军

学校是教育的基本单元，大中小学对口帮扶在教育扶贫中发挥着重要作用，尤其是高校和职业学校更具有技术技能扶贫的优势。

### （一）实施职业教育东西协作行动计划和技能脱贫千校行动

2016 年 10 月，教育部和国务院扶贫办联合印发了《职业教育东西协作行动计划（2016—2020 年）》，就东西部职教集团、高职院校、中职学校搭建"一对一"或"多对一"结对帮扶关系，实现全覆盖等工作制定了具体方案。

2016 年，人力资源和社会保障部、国务院扶贫办联合下发通知，指出 2016—2020 年，国家将依托千所左右省级重点以上的技工院校开展技能脱贫千校行动，使每个有就读技工院校意愿的建档立卡贫困家庭应、往届"两后生"（初中、高中毕业后未能继续升学的学生）都能免费接受技工教育，每个有劳动能力且有参加职业培训意愿的建档立卡贫困家庭劳动者每年都能够到技工院校接受至少一次免费职业培训，实现"教育培训一人，就业创业一人，脱贫致富一户"的目标。广大农村妇女积极报名参加，许多妇女成了种植能手、养殖能手，不仅使自己的家庭摆脱了贫困，还带动许多家庭走上了富裕之路。

---

① 扎实推进革命老区开发建设与脱贫攻坚［EB/OL］.（2016-07-26）［2021-12-29］. http：//www.71.cn/2016/0726/901219.shtml.

## （二）开展东西部地区学校对口支援工作

2000 年，为贯彻执行西部大开发战略，党中央、国务院决定启动实施"东部地区学校对口支援西部贫困地区学校工程"和"西部大中城市学校对口支援本省（自治区、直辖市）贫困地区学校工程"，进一步动员各方力量，大力支援西部贫困地区教育发展。

## （三）开展高校东西部协作招生

我国幅员辽阔、人口众多，由于各地经济社会发展水平差异较大和高等教育资源分布不均衡，高考录取率差距一直存在。2007 年，31 个省份高考录取率最低的省份仅为 39%，与录取率最高的省份相差 40 个百分点，与全国平均水平相差 17 个百分点。为贯彻落实党的十七大关于促进区域协调发展的要求，教育部从 2008 年起，实施支援中西部地区招生协作计划，由高等教育资源丰富、办学条件较好的天津、辽宁、上海、山东等 11 个省份承担，面向预计录取率较低、高等教育资源缺乏的内蒙古、安徽、河南、贵州、甘肃 5 个中西部省份招生，旨在为中西部学生提供更为良好的教育机会，着力缩小区域差距。2008 年的支援中西部地区招生协作计划安排 3.5 万人，全部为本科计划，5 个受援省份当年的普通高考升学率有所提高。2009 年，全国共安排协作招生 6 万人，支援中西部地区。2010 年，全国共安排协作招生 12 万人（其中本科 7 万人），比 2009 年增加了 6 万人，由高等教育资源丰富、办学条件较好的 14 个省份承担该计划，招生名额分配给高等教育资源缺乏、升学压力较大的山西、内蒙古、河南、安徽等 8 个中西部省份。2011 年，为了加强宏观调控，教育部安排北京、天津、辽宁等 15 个支援省市继续面向山西、内蒙古、河南、安徽等 8 个中西部省份开展支援中西部地区招生协作计划，安排协作招生共 15 万人。2016 年，教育部继续扩大对中西部的招生计划。通过诸多努力，我国实现了"2017 年录取率最低省份与全国平均水平的差距从 2013 年的 6 个百分点缩小至 4 个百分点以内"的目标。

## （四）直属高校

2016 年 9 月，教育部从 44 所直属高校申报的项目中推选出精准扶贫精准脱贫十大典型项目。

表 3 - 4　第二届教育部直属高校精准扶贫精准脱贫十大典型项目

| 序号 | 高校名称 | 项目名称 |
|---|---|---|
| 1 | 湖南大学 | "花瑶花"文化创意产业精准扶贫项目 |
| 2 | 华中科技大学 | 科学精准规划　共建美好家园 |
| 3 | 中国药科大学 | 发挥药学优势　全力打造"巴山药乡"品牌 |

续　表

| 序号 | 高校名称 | 项目名称 |
|------|----------|----------|
| 4 | 清华大学 | 教育扶贫南涧县典型项目 |
| 5 | 上海交通大学 | 思源致远　携手发展 |
| 6 | 华中农业大学 | 大力实施"六个一"模式　提升产业精准扶贫效能 |
| 7 | 北京大学 | 探索"8＋1"帮扶模式　加快推进精准扶贫工作 |
| 8 | 北京交通大学 | 发挥学科优势特色　扎实有效推进扶贫工作 |
| 9 | 浙江大学 | 科技引领　助推产业扶贫 |
| 10 | 复旦大学 | 建立系统长效机制　深入推进健康扶贫 |

### 三、社会支持是教育扶贫的有生力量

扶贫济困是社会力量应尽的责任。广泛动员全社会力量共同参与扶贫开发，是我国扶贫事业的成功经验，是中国特色扶贫开发道路的重要特征。2014 年 11 月 19 日发布的《国务院办公厅关于进一步动员社会各方面力量参与扶贫开发的意见》明确要求汇全国之力、聚各方之财、集全民之智，创新完善人人皆愿为、人人皆可为、人人皆能为的社会扶贫参与机制，形成政府、市场、社会协同推进的大扶贫格局，支持社会团体、基金会、民办非企业单位等各类组织积极从事扶贫开发事业，加快推进扶贫开发进程。

近年来，在民政部登记的专门从事资助教育和贫困学生方面的基金会，有公募基金会、非公募基金会和由个人或企业捐资设立的主要从事各种慈善事业的基金会。这些公益慈善组织在提升教育环境、资助贫困学生、改善教师条件、促进我国教育事业发展等方面开展了大量工作，发挥了积极作用。如中国扶贫基金会在 2014 年"10·17"社会扶贫日活动期间启动了"圆梦 832"贫困高中生关爱行动，为普通公民、民间组织、企业等各方力量搭建参与教育扶贫的平台。

《关于进一步加强东西部扶贫协作工作的指导意见》指出："帮扶省市要鼓励支持本行政区域内民营企业、社会组织、公民个人积极参与东西部扶贫协作和对口支援。充分利用全国扶贫日和中国社会扶贫网等平台，组织社会各界到西部地区开展捐资助学、慈善公益医疗救助、支医支教、社会工作和志愿服务等扶贫活动。实施社会工作专业人才服务贫困地区计划和扶贫志愿者行动计划，支持东部地区社会工作机构、志愿服务组织、社会工作者和志愿者结对帮扶西部贫困地区，为西部地区提供专业人才和服务保障。"

《国务院办公厅关于进一步动员社会各方面力量参与扶贫开发的意见》要

求："打造扶贫公益品牌。继续发挥'光彩事业''希望工程'母亲水窖''幸福工程''母亲健康快车''贫困地区儿童营养改善''春蕾计划''集善工程''爱心包裹''扶贫志愿者行动计划'等扶贫公益品牌效应，积极引导社会各方面资源向贫困地区聚集，动员社会各方面力量参与'雨露计划'、扶贫小额信贷和易地扶贫搬迁等扶贫开发重点项目，不断打造针对贫困地区留守妇女、儿童、老人、残疾人等特殊群体的一对一结对、手拉手帮扶等扶贫公益新品牌。"在该项活动中，许多留守妇女、儿童得到了实惠，体会到了国家的温暖。

中国青年志愿者扶贫接力计划研究生支教团是团中央和教育部从 1999 年开始组织实施的、招募研究生到中西部贫困地区支教的志愿服务项目。大学生志愿服务西部计划是团中央、教育部等四部委于 2003 年发起的、招募大学生到西部基层开展志愿服务的项目。针对上述两个项目，国家提供了保留志愿者学籍、保留应届生身份、报考研究生加分并优先录取、承认服务期间为基层工作经验等政策支持，以鼓励志愿者积极投身公益，服务西部。

"美丽中国"项目关注到了西部贫困地区师资力量的缺乏，但不是简单鼓励"一个人、一个岗位、一辈子"，而是去理解人性的需求，同时探索一种机制，让乡村地区一直有人才。该项目认为，要求一个人一辈子在这儿，否则就是不够有爱心，这种理想的方式行不通。因此，该项目设计了一个轮岗制度，并让名家来培训大学生，大学生必须经过严格培训才能当支教老师。该项目在各大高校的影响很大，大学生踊跃报名，最后被录取为支教老师的比例不到 13%。其两年一轮岗的模式使支教老师们完成支教以后能得到更多企业的聘用，他们也感到自己有前途。

### 四、市场主体参与是教育扶贫的有效途径

扶贫开发工作，在宏观上要"讲政治"，即强调政府的作用，在微观上要"讲效率"，即强调市场机制的作用，切实释放政府作用与市场机制的耦合效应。依靠政府，借助一系列的政策倾斜与扶持，扶贫工作能"集中力量办大事"，在短期内取得显著的效益。但政府"输血式"扶贫模式无法从根本上帮助贫困者脱贫，无法从根本上解决贫困问题，无法使贫困地区具备内生的造血功能，贫困地区返贫率较高。市场主体参与是提高扶贫精准性和效率、促进贫困地区可持续发展的有效途径，扶贫要让市场"说话"。

"一人就业，全家脱贫"，最直接有效的脱贫方式是吸收贫困户就业，有利于解决贫困的代际传递问题。近年来，有关部门不断加大就业扶贫和教育扶贫力度，注重发挥社会力量的重要补充作用。广东碧桂园集团、新东方教育集团、北方汽车教育集团等民营企业积极参与教育扶贫，取得了较好成效。但由于历史欠账太多，教育扶贫效果仍不理想，民营企业参与教育扶贫在社会认识、参

与的广度和深度、国家政策的支持等方面仍存在不足。目前民营企业投入教育领域的捐助还达不到总捐助额的 30％，其中用于教育扶贫的更少。

通过产业扶贫和教育扶贫，激发贫困地区的内生动力，发展致富产业，变输血为造血，建立脱贫的长效机制，改变过去简单的直接"资金扶贫"模式是根本方向。政府在保证适龄学生受教育权利的同时，应再增加对贫困地区赋闲劳动力的技能培训教育，比如举办针对贫困地区五六十岁的中老年妇女的保洁、保姆、种植、养殖等岗位技能培训，教授她们一些基本的就业技能，这能有效地保证贫困地区脱贫后不再返贫。

各级政府部门要有切实的系统优惠政策，引导企业积极参与产业扶贫与教育扶贫。各级政府应统筹协调财政、税收、农业、国土、林业等部门，制定出台可实施、可操作的企业参与产业扶贫与教育扶贫的资源配置政策和优惠政策，调动企业参与扶贫开发的积极性，实施无偿捐助的税收抵扣、扶贫项目支持、企业贷款贴息、企业税费减免等优惠政策；二是各级各部门在政策范围内对企业参与扶贫的项目开发给予大力支持，优先安排农业产业化资金，优先安排财政贴息贷款，优先安排土地使用计划，使其优先享受产业扶持政策；三是对在新品种与新技术的引进和推广以及农民培训、基地认证、基地基础设施建设等方面的投入给予一定的补助或奖励。要以教育扶贫为根本，由政府牵头设立教育扶贫基金，吸引企业参与，在此基础上设立基础教育和技能培训两种不同的教育扶贫模式，既保障适龄学生的受教育权利，又切实提升闲散劳动力尤其是50—60 岁中老年无业人口的基本谋生技能。

政府设立教育扶贫公益基金，并带动企业参与，能够把零散的资金集中起来，借助政府分配资源的优势，专项用于贫困地区的教育和技能培训，往往以捐赠学校、资助上学、免费培训等形式，让适龄学生获得更多机会接受教育，使适龄劳动力有更多机会参加技能培训。

### 五、贫困地区自力更生是教育脱贫的关键

习近平总书记强调，干部和群众是脱贫攻坚的重要力量，贫困群众既是脱贫攻坚的对象，更是脱贫致富的主体。要注重扶贫同扶志、扶智相结合，把贫困群众积极性和主动性充分调动起来，引导贫困群众树立主体意识，发扬自力更生精神，激发改变贫困面貌的干劲和决心，变"要我脱贫"为"我要脱贫"，靠自己的努力改变命运。要加强贫困村"两委"建设，要深入推进抓党建促脱贫攻坚工作，选好配强村"两委"班子，培养农村致富带头人，促进乡村本土人才回流，打造一支"不走的扶贫工作队"。

1. 加大教育扶贫宣传力度，开展形式多样的宣传活动。国家高度重视教育扶贫宣传工作，教育部会同各有关部门充分利用电视台、报刊等传统媒体和网

站、微博、微信等新媒体，加强扶贫教育，积极宣传教育扶贫的工作成就、成功经验、先进事迹和先进人物等。一方面，开展扶贫国情教育活动。结合社会主义核心价值观教育，加强对学生的国情教育，使学生关心贫困地区、贫困人群的发展，了解我国扶贫工作取得的成就和经验、党和政府扶贫开发的方针政策，弘扬中华民族扶贫济困传统美德和友善互助核心品格，激励学生关注贫困地区、关爱贫困群众、支持扶贫工作，培育和践行社会主义核心价值观。另一方面，组织各级各类学校开展形式多样的扶贫宣传活动。中小学以扶贫教育为主，通过帮助身边家庭困难学生、参加扶贫志愿活动、同贫困地区孩子结对子等多种形式，增强学生的扶贫意识。职业院校和高等学校将扶贫教育和扶贫活动有机结合，在师生中开展扶贫教育、扶贫帮困、志愿服务和捐款捐物等活动。同时，国务院扶贫办也更加注重总结各地民营企业的典型事迹、先进经验，采用多种形式给予宣传报道；在进行社会扶贫先进表彰时，充分考虑民营企业在教育扶贫方面做出的贡献，并予以表彰。

2. 完善教育扶贫信息平台，畅通社会力量参与教育扶贫的渠道。国务院扶贫办牵头搭建的社会扶贫信息服务平台（中国社会扶贫网）在 2016 年"10·17"中国扶贫日活动期间开通。该平台发布贫困地区的扶贫需求、发达地区的帮扶资源，实现二者的有效对接，其中包括发布教育扶贫需求信息，帮助民营企业及时获取需求信息，更好地参与教育扶贫。为做好中央布置的定点联系滇西扶贫工作，教育部尝试建立了"滇西开发网"，利用现代信息技术，图文并茂地展示了滇西的山川风貌、民情风俗、旅游景点、特色资源和产业发展状况等，重点推介滇西各州市特色优势、招商项目、优惠政策和需求信息等，现已发展成滇西招商引资的网络平台、滇西特色产品的广告平台和滇西对外交流的重要窗口。"滇西开发网"的成功运行为建立全国性统一的教育扶贫信息平台奠定了基础。今后，"滇西开发网"将进一步拓展网站服务范围，丰富网站服务内容，创新网站服务形式，通过开办网上产品展示交流会、网上项目推介会、设立教育扶贫热线、公开企业捐赠信息等多种形式，打造统一的、有影响力的教育扶贫信息平台。

3. 培育教育扶贫典型，总结推广经验。一是及时总结各地教育扶贫的经验，加以推广和引导，发挥示范效应，更加精准地推进扶贫工作。二是发力集中连片特困地区，将注意力与优质教育资源转向中国 14 个集中连片特困地区，尤其是这些地区分散的农村教学点，通过天网（卫星）、地网（互联网）、人网（支教老师与学生）三网合一，解决偏远山区（包括"悬崖学校"）优质教学资源的供给问题，提升当地教师教学水平，形成教育扶贫的"造血机制"。三是构建"义务教育＋职业教育"的教育扶贫新链条。义务教育和职业教育是紧密相连、相辅相成的，大体上占农村教育的半壁江山，县城中职学校有 70%—80%

的学生来自农村。要充分发挥职业教育"拔穷根、挪穷窝"的优势，将以义务教育为中心的教育扶贫扩展到职业教育，有计划地培训农村中职教师，提高中职教育质量，增强职业教育的吸引力，让贫困地区孩子既能享受到优质义务教育，又能接受优质的职业教育，为通过就业脱贫打下良好基础。四是将教育扶贫和文化扶贫相结合。依托乡村小学或在其周边同时建设文化站点、网络中心、医疗站点，形成学校、文化中心、医疗点一体化的乡村社区中心，打造农村文化高地。五是着力加强民族地区教育扶贫。高校招生继续向贫困民族地区倾斜，让民族地区学生有更多接受优质高等教育的机会，鼓励优秀大学生主动到民族地区开展"三支一扶"（支农、支教、支医和扶贫）工作，加大教育对口支援力度，推进民族地区教育信息化双语建设工程，有计划地组织开发汉语和各种少数民族语言的双语教学软件，提高双语教学水平，大力普及普通话教学。六是增加教育精准扶贫的财政投入，提供充分的经费保障。要改变重城区轻农村、重建设轻应用、重硬件轻软件、重"砖头"轻"人头"的状况，不断完善相关配套保障，使教育扶贫取得更大实效，切实提升贫困农村地区基础教育水平。

### 六、教育扶贫比物质救济的影响更加深远

教育扶贫的投入产出比高于其他扶贫途径，而且是实现向上流动的有效途径，至少能在经济层面带来改变。教育扶贫与物质救济相比，具有以下特点：以贫困人群为对象，直接作用于受助者本人，需要受助者积极参与；不对扶助对象的经济生活进行显性干预，而是增强其内在的改变自己生活境遇的能力和动力，是一种内生式的扶贫脱贫方式；改善贫困地区的治理体系和治理效果，使之更加开放包容，增强其合作意识，提高其做出科学决策和进行精细管理的能力；扶贫成效虽不如产业扶贫和健康扶贫那样立竿见影，具有迟效性，但又具有长效性，一技在手，终身受益。全世界最通用的扶贫方式是慈善救济，而中国正在改进自己最主要的扶贫方式——低保，这种方式被认为效率低下（中国低保支出占GDP的比重远低于其他国家的同类支出），而闽宁对口扶贫协作模式让贫困户获得更多的工作培训的机会，这种模式正在全国推广。

能力贫困成为目前贫中之贫、困中之困、难中之难，贫困带来的缺失感束缚了心智和动力。如果没有内生动力，根本无法唤醒一个人，无法让一个没有技能的劳动力参与经济生活，无法使一个制度落后的地方跟上时代步伐。有人拿"没读书的大老板"和"高学历的小职员"做比较，以证明"读书无用论"有道理，却忽略了时代的变迁和成功要素的变化。多项实证研究表明，教育是一项效益远大于成本的投入，其效益不仅在于提高个人长期收入，还包括提高国民素质和社会文明程度、增加就业、促进产业发展等社会收益，最终有助于在更大范围内彻底消除贫困。

研究表明，基尼系数越高的社会，代际的收入弹性也越高，两者呈正相关关系。社会阶层的代际传递，突出地反映在代际的收入弹性上。越是贫困人口，社会流动性越弱；社会的收入不平等越严重，越需要公平的教育来促进社会流动。家庭在社会和其他领域的不利处境以及父母（特别是母亲）的较低教育水平、低端职业、劳动参与不足是导致下一代贫困的重要因素，特别需要关注处于不利环境下的儿童。有研究发现，在农业研发、水利、道路、教育、电力和通信这六项投资支出中，教育对于减贫的影响最大。对中国城市贫困的一项研究发现，教育能将父代与子代的收入弹性从 0.63% 降到 0.27%，这表明教育对于社会流动性有显著影响。

　　教育是一项长期、高额的投资，教育投资回报可以是经济收入这样的显性收益，也可以是知识水平、认知能力的提高带来的精神满足以及社会地位晋升、人脉资源增加等隐性收益。如果算上在上学时遇到未来的人生伴侣，那么这个回报可能还包括"婚姻回报"和为下一代改善基因的"回报"。联合国教科文组织的研究表明，人均受教育年限与人均 GDP 的相关系数为 0.562。在社会收益率方面，初等教育和中等教育的收益率要高于高等教育，5—8 年教育的收益率大约是 35%，而高等教育的收益率估计为 12%—15%。在个人收益率方面，义务教育低于高等教育，女性高于男性。评估不同类型和不同阶段教育扶贫的效果，比较直接的方法就是评估不同类型和不同阶段的教育投入对个人（家庭）收入的影响，一般用个人教育投资回报率来衡量。美国联邦储蓄银行经济学家对读大学的成本与大学毕业后直到 65 岁退休的收入进行了核算，得出本科学历的平均回报率在 14%—15%，比一般银行储蓄率的 6% 高出一倍多。一些研究指出，中国城市教育回报率大多在 6%—10%，多接受一年教育，收入就增加 6%—10%；农村的教育回报率在 4% 左右，读不读大学将会造成较大的收入差异。中国教育的平均回报率低于国际水平（20 世纪 90 年代后期世界平均水平为 9.7%），但在总体上呈逐渐增加的趋势。有研究对不同阶段教育收益率进行比较，发现总体上受教育程度越高，年均教育收益率也越高：大学本科的年均收益率最高，为 8.84%；其次是专科，为 6.24%；中专和高中相差无几，分别为 5.40% 和 5.24%；初中仅为 3.74%。李宏彬在 2012 年的研究中表明，中国大学本科教育的个人回报率是各教育阶段中最高的，为 16.3%；中专、大专教育的回报率低于本科教育；高中阶段教育的回报率仅为 4.5%，为各教育阶段最低水平。他指出，多读一年大学能增加 16% 的收入，大学毕业生与高中毕业生相比，收入要高出 64%。一般说来，名牌大学学生的回报率高于普通大学学生的回报率。他还测算出，毕业于名牌大学的学生的回报要比毕业于普通大学的学生的回报率高 28%。总的来说，工程类、计算机类专业和数学专业的回报率比文科类专业的回报率高。根据 2016 年教育咨询机构麦可思公布的数据，中国大学十大本科专业学生毕业半年后的月收入显示出理工科高于商科、商科高于文科的趋势。这也是国家实施面向贫困地区定向招生专项计划的原因。

自 20 世纪 90 年代以来，越来越多的专家认识到儿童教育与发展的重要性，儿童早期发展的质量对于人口素质有重大的影响，并且这种影响具有终身性。学前教育阶段实际上是儿童诸多技能发展的黄金时期。国外的一些研究者测算了对儿童各阶段进行人力资本投资的收益回报率，发现投资越早，回报率越高。学前教育的回报率最高，此后随年龄增长而递减，自然对于女孩的学前教育也包括在其中。

# 第四节　中国多管齐下的教育扶贫

## 一、技能扶贫

在全民参与扶贫工作中，许多贫困群众的生产、生活条件发生了从无到有的变化，但是有不少地方政府及部门扶贫思维未发生改变，送米、送油、捐钱、捐物等实在达不到脱贫标准的各种"输血式"扶贫屡见不鲜。

"输血式"扶贫确实简单粗暴，在短期内贫困户收入确实会明显增加，但这就好比打肿脸充胖子，迟早有露馅的一天。"输血式"扶贫不但不能有效解决贫困群众的问题，而且只是饮鸩止渴，容易滋养出一批"等靠要""坐等吃政策饭"的"懒汉"，以至于某些地区出现群众争当贫困户、我贫困我光荣的滑稽现象。

古人云："授人以鱼，三餐之需；授人以渔，终生之用。"精准扶贫要真正落到实处，形成长效机制，仅靠"输血"扶贫是不够的，更重要的是要"造血"扶贫。我们需要让贫困人民走向"知识改变命运"的道路，让大家知道知识技能才是致富的重要前提，这样不仅能够提高国民素质，还能增加人民的致富手段，让贫困人民靠自己的双手走向小康的道路、走向富裕的道路。

在开展扶贫工作的过程中，国家技能扶贫政策供给力度不断加大，各项职业技能提升计划持续实施，技能脱贫千校行动深入开展。国家引导贫困人民了解"技能脱贫"、了解国家政策，让大家自己走出这重要的一步，真正做到"授人以渔，终生之用"。不仅引导贫困人民进入学校学习技术，还结合当地主导产业发展布局，尊重贫困户意愿，强化粮、果、菜、畜四大主导产业操作技能培训，并且规范标准化生产技术，开展市场营销、品牌策划、农产品后整理和农村电商培训，实现农产品价值最大化，让贫困户在每一个产业链条上都有收益。与此同时，政府充分发挥持证职业农民优势，带动贫困户进园、进社、进场，教技术，传经验，开展职业农民与贫困户结对帮带扶活动，提高贫困户发展产业的技能，从而真正实现脱贫，完成脱贫攻坚任务，带领人民走向小康。

授人以鱼易，授人以渔难，把好脉、问好诊，实行"技能脱贫"，才是有效的扶贫方式。技能扶贫对贫困户来说是一条走上脱贫致富道路的有效途径。改变扶贫方式，从"输血式扶贫"向"造血式扶贫"转变，增强脱贫技能，让贫困群众都能掌握一技之长，这是圆满完成脱贫攻坚艰巨任务的有效途径。

发达国家和发展中国家的收入不平等很大程度上源于技术的变革。变革要求人们必须具有一些才干，否则就不可能享受到其带来的福利。实践证明，教育是劳动者再生产的基本手段：能够把可能的劳动者变为现实的劳动者；能够把一般性的劳动者变为专门的劳动者；能够把较低水平的劳动者提升为较高水平的劳动者；能够把一种形态的劳动者改造为另一种形态的劳动者；能够把单维度的劳动者转变为多维度的劳动者。美国芝加哥大学教授舒尔茨（T·W·Schultz）认为：教育作为经济发展的源泉，其作用是远远超过被看作实际价值的建筑物、设施、库存物资等物力资本的；有技能的人的资源是一切资源中最为重要的资源，人力资本收益大于物力资本投资的收益。舒尔茨根据其人力资本学说，对美国历年高等教育的收益率进行了计算，结果是美国 1929 年—1957年教育投资对增加国民收入的贡献率是 33％。物质帮扶只是一时，要使其长远脱贫就必须帮助其掌握技能，要让贫困人群转变观念，靠自己的技术和能力脱贫致富。

美国管理学学者罗伯特·李·卡茨认为有效的管理者应当具备三种基本技能：技术技能、人际技能和整合技能。对于低层管理人员，技术技能和人际技能最重要。职业教育是离农村贫困人口和底层打工族最近、最能直接提升就业能力和收入水平的教育类型。因此在脱贫攻坚中，我们大力培育新型职业农民，为其赋能增值，提高其技术技能。通过开展全方位、多层次的技能培训和就业服务，提高人们的技能，让他们成为推动地区发展的动力和源泉，让个人脱贫和民族振兴实现有机结合。

倡导工匠精神、重视培养技能人才是建设创新型社会的需要，也是脱贫攻坚的需要，能为贫困地区青年提供多元的成长路径选择。学一门安身立命的真手艺，是终身受用的人生哲学。要破除学历社会的魔咒，淡化学历情结，减少教育浪费，倡导技能脱贫致富的正确观念，使学生的学业和职业发展规划回归正常。

就业是脱贫的重要渠道，促进贫困劳动力稳定就业是脱贫攻坚的重大措施。国家确定的就业扶贫工作的目标任务是：围绕实现精准对接、促进稳定就业的目标，通过开发岗位、劳务协作、技能培训、就业服务、权益维护等措施，帮助一批未就业贫困劳动力转移就业，帮助一批已就业贫困劳动力稳定就业，帮助一批贫困家庭未升学初、高中毕业生就读技工院校，毕业后实现技能就业，带动 1000 万贫困人口脱贫。为此，政府以就业为导向，围绕当地产业发展和企业用工需求，统筹培训资源，积极组织贫困劳动力参加劳动预备制培训、岗前培训、订单培训和岗位技能提升培训，提高培训的针对性和有效性，并按规定落实职业培训补贴。

在帮扶工作中，教育部积极发挥高校的学科、科技和服务等多方面优势，为滇西特色产业发展、人力资源培训、公共卫生等提供全方位支持，探索出特色扶贫路径。如浙江大学选派农业技术专家担任景东县蚕桑、食用菌、乌骨鸡、茶叶主导产业的首席专家，促进产业快速发展；清华大学为大理白族自治州及南涧县开办 5 期党政干部综合能力提升培训班，培训干部 355 人；华中科技大学结合易地搬迁和安居工程，帮助临翔区完成了两乡两村规划；复旦大学安排医学专家到永平县开展专题讲座、义诊、临床教学和学术交流活动，累计培训医务人员 4000 多人次，为当地 2000 多名群众提供了医疗义诊和健康咨询服务。

人力资源和社会保障部、国务院扶贫办于 2016—2020 年在全国组织千所左右省级重点以上的技工院校开展技能脱贫千校行动。全国共有技工院校 2454 所，在校生 320 多万人，毕业生就业率一直保持在 97％以上，每年开展各类职业培训 500 余万人次。75％左右的在校生来自农村，相当一部分来自贫困家庭。通过接受技工教育、参加职业培训，一大批青年掌握了一技之长，走上了技能成才、技能就业之路。

湖南"一家一助学就业·同心温暖工程"在中职免除学费政策基础上，给予每个贫困学生每年资助金 20000 元，保证学生毕业后稳定就业，真正实现了"一人就业，全家脱贫"。

2015 年 9 月，云南省印发了《云南省技能扶贫专项行动方案》，提出从 2015 年起，利用 5 年左右时间，依托当地龙头企业，培训一批适应当地产业发展需要的劳动者；依托定点培训机构，转移一批技能劳动力实现异地就业；依托技工院校、职业院校，培养一批适应云南省重点产业发展的技能人才；依托各类创业基地，扶持一批劳动者实现创业就业。通过技能扶贫专项行动，实现"一户一人、一人一技、一技促脱贫"，实现从"输血式"扶贫向"造血式"扶贫转变，将人口资源转化为人口资源和人才资本，帮助 100 万贫困人口脱贫。

2016 年，安徽省提出在未来几年紧扣产业发展拓展就业脱贫空间，统筹使用人社、农业、教育、扶贫等部门培训资源，大力开展定向技能培训，把扶贫之水滴在贫困之"根"上。

重庆市则针对贫困户的需求，分类开展就业扶贫培训，让每一户至少有一名劳动力掌握就业本领，实现持续增收，彻底摘掉"穷帽子"。2016 年，山西省公布《山西省培训就业扶贫行动方案》。方案提出，到 2020 年，全省通过实施培训就业扶贫、扩大有组织劳务输出，力争帮助 30 万左右农村贫困人口稳定就业增收脱贫。围绕这一目标，山西省打出一整套"组合拳"，重要举措之一是以特色"劳务品牌"带动劳务输出。积极发挥"吕梁护工""天镇保姆""山西面食"等劳务品牌示范效应，辐射带动全省劳务品牌产业化、区域化发展。"吕梁护工"依托吕梁山片区，向周边辐射；"天镇保姆"以天镇县为支点，辐射太行山地区；"山西面食"以太原、晋中、运城等地为轴心，覆盖全省各地。冠名同一品牌的劳务输出人员，实行统一管理制度、统一培训标准、统一组织劳务输出、统一后续服务，以保护品牌信誉质量，扩大品牌影响力。贫困地区的广大妇女从中受益匪浅，她们不再"等靠要"，而是积极主动地去掌握技能，通过自己勤劳的双手去改变命运。

## 二、文化扶贫

文化扶贫是指从文化和精神层面上给予贫困地区以帮助，从而提高当地人民素质，使其尽快摆脱贫困。传统意义上的扶贫主要指物质上的帮助。贫困地区要摆脱贫困，不仅要有经济上的扶持，还要加强智力开发。扶贫包括扶物质、扶精神、扶智力、扶文化。1993 年 12 月，文化扶贫委员会的成立标志着我国文化扶贫工作开始。饱满的精神状态和丰富的知识内涵，这将是文化扶贫的效果，也将是让人们持续走上致富路的精神路径。

### （一）文化扶贫提振贫困人口精神动力

文化贫困是物质贫困产生的主要根源。根治贫困，必须以贫困的主体——"人"为出发点，向他们输入新的价值观念、知识和文化，传授给他们适用的科学技术，完善当地交通设施，全面提高贫困群体的素质，改变"等靠要"的惰性思维，让他们充分利用自己的双手和头脑创造现实财富，实现投入少产出多，真正摆脱贫困。文化扶贫本质上就是提高当地人民的科学文化素质和思想道德素质，使他们有充盈的精神生活。习近平同志提出，摆脱贫困首先要摆脱"意识贫困""思路贫困"，防止不思进取、等靠要，强调"弱鸟先飞"意识，提倡"滴水穿石"精神……脱贫攻坚的主体是贫困地区的贫困人口，必须激发他们的内生动力，让他们自力更生、艰苦奋斗、勤劳致富、自强不息，在包括国家政策在内的各方面支持下，靠自身的努力改变贫穷面貌，改变自己的命运。扶贫不仅要扶物质，更要扶思想、扶志气、扶精神、扶文化。文化扶贫往往能用最少的钱，收到最大的效果，投入产出比很高，既可以起到振奋精神、凝聚力量的作用，又可以成为转变思路的突破口、另谋发展的加油站，更具引领、持久和协调作用。发展农村的文化事业，提高农民的科学文化水平和思想道德素质，能够促进农村经济发展，改善农民的生活。文化扶贫的核心是"扶人""扶智""扶志"，人是发展的根本动力，有了具备现代科学文化知识的人，才能促进精神文明和物质文明的建设与发展。因此，推进文化扶贫、改变贫困文化，以现代先进文化代替贫困文化，既是扶贫的根本之路，又是促进农村发展、实现小康的必然之路。

高校是文化重镇、智力高地，高校应充分发挥自身优势开展文化扶贫。一是发展文化事业助推扶贫，传承发展贫困地区优秀传统文化，通过建农家书院、学校图书馆，营造积极进取、穷则思变的文化氛围。例如：教育部滇西扶贫总队会同教育部关工委基金会、外语教学与研究出版社开展"英语读物进滇西十州万校活动"；中央美术学院发挥艺术优势，进行先进文化的传播和培育，改造支持云南剑川县"一剑双雕"（木雕、石雕）民间工艺产业，帮助设计特色文化小镇；昆明理工大学在大理市喜洲镇提升民族传统工艺扎染技术；北京大学支持云南弥渡县花灯文化发展；等等。二是传输先进文化。教育部挂职干部来自重点高校和直属单位，长期工作在扶贫一线，坚持"送文化"与"种文化"相结合，以先进文化替代落后文化，帮助贫困地区人民树立脱贫致富理想，养成健康生活方式，达到了带政风、净民风、传校风、有新风的效果，营造了干事创业氛围，有助于打破经济贫困、文化滞后、观念落后的恶性循环链条。

教育扶贫的路径千万条。2014年10月16日，时任教育部副部长鲁昕在参加首届"10·17论坛——扶贫开发与全面小康"时表示，根据党中央、国务院的总体战略部署，教育部面向贫困地区实施了一系列普惠性教育扶贫政策。鲁昕表示，截至目前，教育部一共实施了13项特殊扶贫政策，每年大约投入1000亿元以上，确实发挥了不可替代的重要作用。提高教育扶贫成效，需要精准扎实推进，防止大水漫灌。第一，要充分发挥教育行业的智力优势，用其所长，而非物质资源之短。第二，要对接贫困地区教育需求，扶贫与扶志、扶智相结合。直接针对各类教育系统中的在校贫困生的资助属于教育救助的范畴，而教育扶贫针对的是贫困地区的教育事业发展以及贫困地区贫困劳动者基本素质的提高。与政策扶贫、经济扶贫、项目扶贫相比，教育扶贫直指贫困的根源，是贫困地区脱贫的关键。

### （二）文化扶贫是新时代扶贫工作的重要内容

给钱给物并不能真正解决贫困问题，只有教育才能使贫困地区人民群众转变思想观念，从根本上改变贫困状况。一个地区、家庭的贫困，与落后的生产、生活方式和思维模式有关。城乡教育资源不均衡让边远农村群众难以获得优质教育资源，教育文化的落后导致其思想普遍保守，综合素质的低下使得个体缺乏多样化的谋生技能。一代代的农村孩子输在了起跑线上，长此以往，恶性循环，形成了贫困的代际传递。

真正的扶贫是教育扶贫。习近平总书记明确指出，贫困地区发展要靠内生动力。扶贫不是慈善救济，而是要激发内生动力，引导和支持有劳动能力的人用自己的智慧和劳动创造脱贫。"扶人"的背后是"扶文化"。文化是民族的精神命脉和创造源泉。贫穷本身并不可耻，但认定自己固化在最低阶层，并将老死于贫穷之中，这种思想是极其可耻和可怕的。在这种文化情境中，扶贫甚至会异化为"养懒汉"。教育具有传递、保存文化的功能，传播丰富文化的功能，选择、提升文化的功能和创造更新文化的功能。要通过教育使贫困人口主动养成好习惯，形成好风气，增强风险意识和抗风险能力，成功融入现代社会。文化扶贫用钱少成效高，投入产出比高。治"贫"先治"愚"，提高农民的思想道德素质和科学技术水平，发展农村的文化事业，是促进农村经济发展，改善农民生活水平的关键。

文化扶贫工程能够推动贫困地区文化发展，从而促进贫困地区经济发展。其主要作用是：有利于推动社会全面进步，既使文化更好地服务于经济建设，又使文化与经济建设同步协调发展；有助于调整我国农业生产的方向，发展农业依靠科技进步和提高劳动者素质，加快林业和渔业发展，开拓第二、三产业；文化以精神动力和智力支持的形式促进经济的快速发展。

随着贫困地区物质条件改善，人们生活水平提高，人们的精神文化需求也逐渐提高，文化扶贫成为扶贫工作的重点。《中共中央 国务院关于打赢脱贫攻坚战的决定》肯定了文化扶贫的重要意义。

文化扶贫是扶贫的更高要求。它体现了扶贫工作的全面性，满足贫困人群的美好生活需要。贫困地区的文化建设欠缺，公共文化服务体系不完善，不能满足贫困人群的精神文化需要，文化资源不能科学地开发。文化扶贫既可以加强文化建设，又可以促进贫困地区经济发展。文化扶贫是精神方面的扶贫，在脱贫攻坚工作中具有重要意义。文化扶贫能够为贫困地区的广大妇女提供正确的价值观念，消除落后思想和不良习气，增加科学常识，增强理性认识，鼓舞她们奋斗的意志，实现自尊、自信、自立、自强，为社会主义现代化建设做出贡献。

文化扶贫是彻底的扶贫，是预防返贫的举措。贫困是一种阶段性的状态，脱贫不能仅靠一时的救助，最主要的是要靠贫困人群的内生动力。人的文化素质是脱贫的关键因素，它不仅包括脱贫的意志，还包括规划和实现理想的能力。深度的文化扶贫能够使扶贫工作从治标走向治本。

**（三）开展文化扶贫的措施和成效**

1. 接连出台各项政策

2015 年 1 月，中共中央办公厅和国务院办公厅印发了《关于加快构建现代公共文化服务体系的意见》，提出要促进城乡基本公共文化服务均等化；还提出要推动革命老区、民族地区、边疆地区、贫困地区的公共文化建设发展，实现跨越式发展。同年 12 月，文化部等七部委联合印发了《"十三五"时期贫困地区公共文化服务体系建设规划纲要》，从文化建设出发提出了文化扶贫工作的方法措施。2016年5月，国家发布了《贫困地区发展特色产业促进精准脱贫指导意见》，提出要推进各产业之间的融合发展，增加贫困户就业增收渠道。2017年5月，文化部发布了《"十三五"时期文化扶贫工作实施方案》，提出要全面提升贫困地区的文化建设水平，更要发挥文化在脱贫工作中的精神动力和智力支持作用。

2. 切实保障财政资金

2017年3月修订的《中央财政专项扶贫资金管理办法》中指出，在资金支出与下达方面，专项扶贫资金可用于社会事业，如教、科、文、卫、医、社等方面的支出，扶贫资金使用于文化领域自此有了政策依据。2016年1月1日起正式施行的《中央补助地方公共文化服务体系建设专项资金管理暂行办法》，把公共文化政策与公共财政政策有效对接起来。与此同时，各部委、各级政府还设立了专项资金用于文化扶贫，例如文化部和旅游部（现文化和旅游部）、中宣部、国家新闻出版广电总局等都设立了文化扶贫的对口项目。

3. 不断完善基础配置

党的十八大以来，国家一直在不断推进基本公共文化服务工作，尤其对农村地区，特别是革命老区、民族地区、边疆地区和集中连片特困地区进行兜底工程。例如农村广播电视"村村通""户户通"工程让老百姓都能收看到电视，农家书屋工程满足老百姓阅读的需求，农村电影放映工程让落后地区能够看上电影，乡镇综合文化站工程使老百姓自由地开展丰富多彩的文化活动，农村数字文化工程为农村地区传输了大量的文化资源，等等。

4. 全方位探索文化开发模式

文化扶贫是扶贫工作的重要内容，它不仅可以保障贫困地区的公共文化服务，还可以在有资源、有条件的地方充分地开发利用文化资源，通过产业升级发展带动人民群众脱贫。在我国，利用特色文化产业脱贫的案例数不胜数，老少边穷地区一般都拥有丰厚的特色文化产业资源，在传统资源的开发利用方面，不仅能够将传统的文化习俗和工艺品变成现实的收益，还能够使之服务于地区经济的整体性布局。

（四）现阶段文化扶贫的短板

1. 文化需求地区差异大

当前，我国大力扶持贫困落后地区的文化建设，但是贫困落后地区的人民群众的精神文化需求仍然得不到充分的满足。造成这一矛盾现状的主要原因有：一是受所处地区、生产生活方式、教育文化水平、休闲娱乐习惯等因素的影响和制约，贫困落后地区的人民群众的精神文化需求存在着很大差异性，这无形中加大了我国文化扶贫建设的难度。例如我国的少数民族地区各具不同的民族习惯和生活方式，致使其精神文化需求也存在差异性；二是贫困落后地区因经济发展情况低下，群众自身文化水平有限，国家的文化扶贫内容与他们的文化需求不匹配，远远超出了他们的需求。"我国地域辽阔，有着明显的文化断裂现象，即使文化发展水平在均值上实现了均等化、标准化，但文化需求的顶层和底层间差异非常大，文化的供给体系、需求体系以及供需平衡方面仍然存在着不匹配的问题，这给文化扶贫工作带来巨大挑战。"①

2. 非物质脱贫发展滞后

在文化的发展中，非物质文化的进步总是落后于物质文化，文化扶贫也有这样的规律。最先改变的是器物、制度层面，其次是风俗、习惯层面，最后是文化价值观层面。具体地说，器物、制度主要是指政府的设计和供给。当前我国的文化扶贫工作主要表现在基础文化设施的建设方面和基本公共文化用品的供给方面，例如文化活动中心、图书室、广电传输网络等，在实际的文化扶贫工作中却存在有载体无内容、有建设缺维修的情况，致使文化扶贫成效不高。我国文化扶贫的主要问题并不是文化物质的缺失，更多的是非物质层面的低效。文化扶贫不能仅仅停留在载体层面，流于形式，而是要不断地充实文化扶贫的内容，建设与维修并重，稳抓成效，真正做到移风易俗，提升文化价值观的效果。

3. 贫困文化根深蒂固且代际传递

贫困文化是文化扶贫工作最大的阻力，是全面小康脱贫攻坚工作的大难题。贫困地区长久地积累了很多落后的传统文化和风俗习惯，常见问题有：忽视教育的重要性、有重男轻女的思想偏见，有些地区这种偏见已成了乡风民俗，代代相传。这些贫困文化加大了文化扶贫的难度，成为脱贫工作中的"硬骨头"。贫困文化还具有很强的代际传递性，以家族式、遗传式的形式传播，上一代对下一代的影响巨大。小岗村第一书记李锦柱在访谈中指出，"文化贫困的代际传递问题是影响脱贫攻坚效果的重要制约因素，难点在于普遍文化素养的提升和教育水平的提高。不破除贫困文化就很难实现彻底的脱贫，脱贫工作就陷入了吃力不讨好的困境。"②

4. 心理贫困成为扶贫阻力

"扶贫"不等同于"养贫"，要想达到真脱贫的效果，既需要国家"扶到位"，又需要贫困人群"扶得起"。在党和国家优厚的脱贫政策的扶持下，一些贫困地区的人民群众满足于当前的贫困福利待遇，对国家的脱贫工作产生消极被动情绪，他们不愿意脱贫、不配合脱贫，甚至拒绝脱贫摘帽，争当贫困县区。一些地区的基层扶贫干部提到，多数贫困地区的人民群众为了长期享受优惠政

---

① 王虹. 文化扶贫：新时代扶贫工作的重要内容 [J]. 国家治理，2019（3）：34-43.
② 王虹. 文化扶贫：新时代扶贫工作的重要内容 [J]. 国家治理，2019（3）：34-43.

策，不愿意签脱贫确认书，他们怕失去拥有的福利待遇。心理贫困属于文化价值观层面的范畴，它滋生蔓延影响巨大，不仅容易使前期的扶贫成果丧失，而且会消解贫困人群配合国家扶贫工作的积极主动性，心理贫困是脱贫工作的内在阻力。

**5. 不当文化开发破坏文化生态**

文化扶贫就是对贫困落后地区进行文化输入，相对于贫困文化和落后思想而言，文化扶贫势在必行。在文化资源开发的过程中，人口、资本、技术等要素也会随着涌入，当地的文化环境势必会随之发生改变，如果开发不当，就会形成文化霸权，破坏文化的多样性，破坏整个文化生态环境。在稳定的文化生态结构的前提下，在适当的文化资源开发的基础上，文化扶贫往往会升级为文化开发。我们要拒绝破坏式开发和同质性文化开发，要长远规划文化扶贫，保持文化多样性，保护好文化生态。

**（五）进一步提升文化扶贫质量的建议**

**1. 推进文化领域改革**

"扶贫的本质是供给，要进一步提高文化扶贫资源的使用效率，就要推进文化领域供给侧结构性改革，优化扶贫资源的投入结构，在资源分配的时候更贴合实际，以达到文化精准扶贫。"[①] 在供给上，要补齐公共文化服务供给这一短板，尤其是文化资源贫困的地区，要做好公共文化服务的标准化、均等工作；在需求上，要了解贫困地区人民群众的文化偏好，因地制宜地发挥文化资源优势，创造性地转化传统文化资源，同时避免文化资源浪费，通过发展文化产业增加经济收入，让文化产业真正起到"国民经济支柱性产业"的作用，成为扶贫攻坚工作的一个着力点。

**2. 充实文化扶贫内容**

文化属于人们精神方面的需求，文化扶贫最重要的是传递社会主义核心价值观，以此提高贫困地区人民群众的思想觉悟、道德水准和文明素养，发挥精神动力和智力支持的作用。文化扶贫要通过当前的基础建设让优秀的文艺作品和文化形式在贫困地区和贫困人群中广泛传播，从而起到以文化人的作用。与此同时，文化扶贫也要做到与时俱进，紧跟时代发展，创新文化的传播方式，使贫困人群能够接受文化扶贫。文化扶贫应以质量作为评价成败的标准，越贫困的地区人们的思想文化越是薄弱。如果文化扶贫建设实效性不强，反而会被人曲解误会，成为一些歪风邪气滋长的空间。因此，文化扶贫首先要全面建设文化基础设施，在此基础上创新文化传播方式，充实和丰富文化扶贫的内容，提供更多脱贫致富和鼓舞人心的文化产品。

---

① 王虹. 文化扶贫：新时代扶贫工作的重要内容 [J]. 国家治理，2019（3）：34-43.

### 3. 激发扶贫对象积极性

文化扶贫工作要让贫困人群认同并接受先进文化，并且在先进文化的支配下，在思想上积极主动脱贫。贫困主体内心真正地意识到文化扶贫的重要性，才能避免产生消极被动的心理。因此，我们要做好两点工作：一是要做好舆论宣传工作。首先要加强脱贫政策宣传，同时对贫困人群进行思想教育，引导贫困人群转变思想观念，使其具有脱贫致富的意愿；其次是树立典型榜样，发挥榜样的"意见领袖"作用，抵制当地腐朽落后文化，使社会主义核心价值观深入人心。二是要做到制度引导与以情化人相结合。对于"越扶越贫"的贫困地区和人群，要尽量避免一次性发钱发物，鼓励贫困户通过合法的劳动或者其他方式获得报酬。湖南省湘西土家族苗族自治州花垣县双龙镇十八洞村第一书记龙秀云在访谈中提到，曾经有一个贫困户是孤儿，尽管政府给他提供了住房、教育等方面的帮助，他却仍然陷入"越扶越穷"的怪圈。后来龙书记意识到孤儿最缺乏的是家庭的温暖，应从情感上给予他支持。最终，这个贫困户实现了脱贫致富[①]。

### 4. 协调文化扶贫和教育扶贫

文化贫困和教育贫困互相关联，没有文化的教育不会受人重视，没有教育的文化难以立足，只有协调文化扶贫和教育扶贫的关系才能形成合力，消灭贫困文化，提高思想道德素质和科学文化水平。为此，协调文化扶贫和教育扶贫要做到：文化方面，在贫困人群中普及科学思想，消除落后贫困文化在教育工作中的阻力，使贫困人群充分认识到科学文化的重要性；教育方面，确保适龄儿童全部入学接受科学文化教育，塑造孩子新的价值观，培养孩子的文化需求，并在此基础上，用孩子的言行来影响和规范大人的言行，提升全民的素质。

### 5. 保护文化生态

"任何一个地方都有随着长期发展而自发形成的原生文化，这些原生文化中，有些是需要摒弃的落后文化，有一些是历史积淀出的优秀传统文化、特色文化。在没有外部力量干预或影响的条件下，它们往往会处于一种相对平衡的'自然'状态，而文化的扶贫开发势必会对当地的社会习俗、传统习惯、价值观念、族群意识、地域心态等造成一定影响。"[②] 基于此，文化扶贫要取其精华、去其糟粕，同时要敬畏原生文化，防止文化扶贫中消灭原生文化的文化霸权现象。进行文化扶贫工作时，要坚持绿色扶贫的理念，贯彻绿色发展的要求。特别要注意在文化开发的过程中，要认真贯彻绿色发展理念，发挥文化引领的效果，尊重文化生态的开发。

---

① 王虹. 文化扶贫：新时代扶贫工作的重要内容 [J]. 国家治理，2019（3）：34-43.
② 王虹. 文化扶贫：新时代扶贫工作的重要内容 [J]. 国家治理，2019（3）：34-43.

### （六）文化扶贫工作经验总结

扶贫要坚持物质和文化帮扶并重，文化扶贫是扶贫工作的关键，直接影响扶贫长效机制和效果。从贫困人群的精神生活和文化生活出发，寻找脱贫致富的内在动力，调动贫困人群追求美好生活的积极主动性，同时注重提高贫困地区和贫困人群的自我发展能力。文化扶贫工作具体的经验总结如下：

#### 1. 持续推进教育扶贫

教育扶贫是真正的扶贫。教育能使贫困人群转变思想观念，从根本上改变其贫困状况。一个地区和一个家庭的贫困，往往与落后的生产生活方式和思维模式有关。城乡教育资源的不均衡导致贫困人群难以获得优质教育资源，而教育的落后致使人们思想保守、综合素质低下，这些制约人们的谋生技能和发展机会。一代代的贫困地区的孩子输在了起跑线上，长此以往无限恶性循环，产生了贫困的代际性传递。

扶贫要激发内生动力，引导人用自己的智慧和劳动去创造财富和美好的人生。文化是民族的精神命脉和创造源泉，扶贫就是"扶文化"。贫穷不可耻，但是内心认定自己会固化在最低层，并将一直贫穷下去，这种想法是很可怕的。这样的扶贫无异于"养懒汉"。教育不仅能够传递和保存文化，还能够传播文化、选择提升文化和创造更新文化，所以教育扶贫要使贫困人群养成好的习惯、形成好的风气，增强其生存技能，使其努力创造美好的未来。

#### 2. 教育脱贫仍然面临很多问题

教育脱贫面临很多问题，具体表现如下。一是教育基础薄弱。贫困地区教育办学条件不足，乡村学前教育发展滞后。一些贫困地区仍存在中小学危房教学、体育运动场不达标、实验室缺仪器设备、校园没有接入互联网、学校没有厕所等问题。二是教育资源分布不合理。城镇化发展引发了人口流动，学龄人口变动频繁，产生了农村留守儿童、进城务工人员随迁子女问题。解决这一问题是一项复杂而艰巨的任务。此外，农村学校空心化现象、城镇学校"大班额"现象等都对科学合理地布局城乡教育资源提出了挑战。三是职业教育发展滞后。贫困地区的职业学校缺乏实习实训条件，学生实践操作能力弱，部分职业学校的学生因此选择辍学，有的职业学校学生就业困难。四是农村教师整体素质不高。贫困地区农村教师队伍建设是教育最薄弱的环节，主要表现在工资待遇偏低，性别、年龄和学科结构不合理，结构性缺编，教师发展机会少等。五是经费保障不足。贫困地区往往经济发展落后，95％以上的县财政不能自给，不能有效支撑教育的发展。六是脱贫致富的内生动力不强。长久以来，一些贫困地区的干部和群众存在着"等靠要"思想，通过发展教育来摆脱贫困的主观动力不强。另外，存在青少年不上学或者辍学外出打工的现象。

#### 3. "造血"开发式与"输血"救济式扶贫并重

回顾我国扶贫开发工作的历程，最初是直接给钱给物的"输血"救济式扶贫，这种扶贫方式过分依赖扶贫政策和外部帮扶，没有关注贫困人群的自我发展能力，导致贫困人群养成严重的依赖意识，行动上不主动作为，没有增进贫困地区的活力与生机。后来，国家采取"造血"开发式与"输血"救济式扶贫并重的方式，通过向贫困地区投入开发资金，上项目、办企业的"造血"，使一些贫困人群"动"起来，增强脱贫工作的实效，实现根本性脱贫。

4. 从扶贫开发转向重视人力资本投入

贫困人口贫困的原因，并非缺乏物质和服务，而是缺乏手段、能力和机会。我国的扶贫开发工作后期发生了转向，从之前的侧重物力资本投入转向重视人力资本投入。贫困人群通过接受教育和培训，提高了科学文化素质和劳动技能，增加了脱贫的机会。政府坚持精准扶贫的基本方略，集中帮扶建档立卡贫困人口，采取超常规举措，重点发展教育扶贫，阻断贫困的代际传递，制定标准以提高扶贫成效。为了提高扶贫开发工作的操作性，全国各地纷纷因地制宜地制定了脱贫的评定程序。通过文化精准扶贫，帮助贫困地区的基层干部解放思想，提高自主学习能力，及时总结有益经验，形成稳定的持续的工作模式和机制。

依据马斯洛需求层次理论，要逐次合理地调配扶贫资源：以救济为基础，保障贫困人群的基本生存；以开发为根本，促使贫困人群奋斗起来，以教育和培训为依托，让贫困人群思想积极主动起来。采用针对性、层次性的扶贫方式，解决贫困人口的日常温饱之后，促使其积极主动劳动致富、提升精神，实现解放思想、开启民智，提升自我发展能力，发挥"智慧"价值，从而实现贫困地区人人有学上、个个有技能、家家有希望、县县有帮扶。

过去，人们往往认为自然灾害和资源缺乏是致贫返贫的主要因素，现在则越来越将之归结为劳动力素质的低下。扶贫归根结底是要抓好教育扶贫，解决好下一代学习提高的问题。教育是改变贫困的根本措施，教育扶贫不是一种恩赐，更不是一种救济，而是重大而紧迫的人力资源建设。教育扶贫不如物质扶贫那样立竿见影，但更可持续。教育扶贫不仅要精准扶贫，重点资助建档立卡贫困户子女，还要持续关注其他贫困人口和濒贫人群；既要关注脱贫考核指标（义务教育巩固率），还要关注非考核指标（非义务教育就学状况）；既要看直接成效（入学率），还要看间接成效（辐射带动作用）；不仅要看短期成效（就学升学），还要看长期成效（就业创业）；不仅要看局部成效（部分学生有所发展），更要看整体成效（每个学生学有所成）。

教育扶贫还要考虑是否契合贫困地区的文化环境和实际需求。治穷先治愚，用优质的教育资源扶贫，让贫困子弟走出大山进城读书，是一种尽管见效慢却能治本的教育扶贫模式。教育扶贫移民工程将以往单纯的教育资源输入，变成了师生整体迁出，扩大了受益面；将以往的资金、项目扶持的"输血式"扶贫，变成了提高农村贫困人口综合素质，增强致富本领的"造血式"扶贫。贫困地区的孩子们通过发挥"知识改变命运"的力量，摆脱对土地的依赖，在各行各业中谋求发展，实现真正富裕。一些贫困地区采取"一刀切"的做法，把贫困地区的适龄儿童整体搬迁到县城集中上学，通过加大教育的投入使贫困人口享受到优质的教育资源。然而，在一些地方，这同时导致上学路途过远和教育成本增加，辍学率出现抬头趋势。这不仅伤害了贫困地区人民群众参与教育的热情，也造成了教育资源的浪费。

教育扶贫还需要适应地区的经济社会发展要求。把教育投入纳入扶贫资源的配置格局中，考虑教育结构与社会结构的适应关系，使之契合当地经济发展的需求，从而培养地区经济建设需要的人才，保证受教育者充分就业，这样才能发挥教育的社会效益，带动贫困人口脱贫致富。

教育扶贫带来的影响是深远的、根本的，它关注的是贫困地区人口素质的提升，减少甚至是消除贫困对于个人能力发展的限制，使人能够自由去选择他认为有价值的生活。教育扶贫是扶贫开发的一项重要内容，是扶贫的治本之策。"学习改变命运，教育成就未来"的导向是正确的。通过读书，孩子们未来有更多的发展机会和人生选择，或者学好本领服务家乡，或者走出农村融入城市。一般而言，贫困人口的减少可以检验扶贫工作的成效。因此，可以说"教育好一个贫困孩子，可以彻底挖掉一个家庭的穷根"。对贫困山区来说，教育扶贫能从根本上帮助山区贫困群众脱贫，是一项需要长期坚持的重大民生工程。

近年来，大学毕业生就业遇到困难，"读书无用论"的思想蔓延开来。教育扶贫并不是让每个农村孩子都去上大学，它的更重要的作用在于让适龄孩子读书，接受完整的、系统的、良好的教育，有条件、有基础的孩子可以去上大学，其他孩子可以通过学习拥有一技之长，成为社会有用之才。

事实上，通过教育提高贫困地区的人口素质，进而从根本上消除贫困，是世界各国的普遍共识。在贫困人口中，绝大多数人没有受过教育或只受过很少的教育，生产能力和自身素质的低下导致他们没有获得社会平均收入职业的机会。因此，要解决这部分人口的贫困问题，关键在于发展教育。通过给每个人提供取得收入所需要的受教育机会，向他们传授知识和技术，提高其劳动技能、技术水平和自身素质，改变他们的劳动形态，可以为他们取得的收入创造一个比较平等的起点，并增加其一生的收入。2016年4月，一项针对甘肃14个贫困村进行的入户调查发现，农户劳动力的平均教育收益率为5.4%，即农户劳动力平均受教育年限每增加1年，农户的收益率平均增加5.4%。更重要的是，通过教育扶贫，不仅为广大贫困地区提供物质上的帮助，还带给这些地区的人们崭新的精神世界和文化熏陶。更多的见识和渴望，能让他们更加憧憬未来人生的幸福，向往以后道路的美好。让他们多了解外面的世界和知识的美好，就能给他们延续一个梦想和播种下一粒希望的种子。这粒种子生根发芽、开花结果的过程，就是逐渐消灭贫困的过程。尽管这样的过程会很漫长，很艰辛，但是因为有了希望，就会有和贫困不断对抗的动力和支撑，这就是教育扶贫的治本功能。

教育是一项投入大、周期长、见效慢的事业。开展教育扶贫，充分体现了政府实实在在为民办事的决心。提高教育扶贫的成效，要坚定"扶贫攻坚，教育先行"的理念，要实施教育强民、技能富民、就业安民等政策措施，为建设全面小康社会奠定坚实的基础。

### 三、健康扶贫

健康是民生之本。健康扶贫是指通过提升医疗保障水平，采取疾病分类救治，提高医疗服务能力，加强公共卫生服务等措施，让贫困人口能够看得上病、方便看病、看得起病、看得好病、防得住病，确保贫困群众健康有人管，患病有人治，治病能报销，大病有救助。

"一人得大病，全家受拖累。"健康对于每个人、每个家庭都很重要，尤其是对贫困户而言，疾病直接影响着他们脱贫的步伐。健康扶贫主要任务是要解决扶贫"两不愁三保障"任务中的医疗保障问题。

深入实施健康扶贫。相关资金和政策进一步向深度贫困地区倾斜。贫困人口大病集中救治病种扩大到 25 个，取消建档立卡贫困人口大病保险封顶线，鼓励地方提出针对收入水平略高于建档立卡贫困户的群众的支持政策。加强贫困地区县医院能力建设和城乡医院对口帮扶，支持鼓励通过农村订单定向医学生免费培养、全科医生特岗计划、"县管乡用""乡聘村用"等方式，着力解决一些乡镇卫生院和村卫生室缺乏合格医生的问题。国家卫生健康委、国家发展改革委、教育部、财政部、人力资源和社会保障部、国家医保局、国务院扶贫办、中国残联等负责。

实施健康扶贫工程，对于保障农村贫困人口享有基本医疗卫生服务，推进健康中国建设，防止因病致贫、因病返贫等具有重要意义。

### （一）总体要求

#### 1. 指导思想

深入贯彻落实党的十八大和十八届三中、四中、五中全会以及中央扶贫开发工作会议精神，围绕"四个全面"战略布局，牢固树立并切实贯彻创新、协调、绿色、开放、共享的发展理念，按照党中央、国务院决策部署，坚持精准扶贫、精准脱贫基本方略，与深化医药卫生体制改革紧密结合，针对农村贫困人口因病致贫、因病返贫问题，突出重点地区、重点人群、重点病种，进一步加强统筹协调和资源整合，采取有效措施提升农村贫困人口医疗保障水平和贫困地区医疗卫生服务能力，全面提高农村贫困人口健康水平，为农村贫困人口与全国人民一道迈入全面小康社会提供健康保障。

2. 基本原则

一是坚持党委领导、政府主导。

二是坚持精准扶贫、分类施策。

三是坚持资源整合、共建共享。

四是坚持问题导向、深化改革。

3. 主要政策

按照"保、治、防"的工作路径，围绕"贫困人口医疗保障、优化贫困人口医疗服务和贫困地区疾病防控、医疗服务能力提升"等重点任务，明确16条具体政策措施，着力构建政府主导、各方联动的工作推动体制机制，着力打造贫困人口"三保障一兜底"的综合医保体系，着力提升贫困地区医疗卫生服务能力，坚持防治结合、标本兼治，让贫困群众"看得起病、看得好病、看得上病、少生病"。"保"是关键，解决"看得起病"问题；"治"是手段，解决"看得好病"问题；"防"是根本，解决"少生病"问题；同时，"能力提升"为保、治、防提供支持和保障。通过四个层面的"组合拳"，多措并举，精准施策，努力切断贫困与疾病之间的恶性循环，有效控制"因病致贫、因病返贫"。

**（二）重点任务**

1. 提高医疗保障水平，切实减轻农村贫困人口医疗费用负担

新型农村合作医疗覆盖所有农村贫困人口并实行政策倾斜，个人缴费部分按规定由财政给予补贴，在贫困地区全面推开门诊统筹，提高政策范围内住院费用报销比例。切实解决因病致贫、因病返贫问题。

2. 对患大病和慢性病的农村贫困人口进行分类救治

优先为每人建立1份动态管理的电子健康档案，建立贫困人口健康卡，推动基层医疗卫生机构为农村贫困人口家庭提供基本医疗、公共卫生和健康管理等签约服务。建立医疗机构与残疾人专业康复机构有效衔接、协调配合的工作机制，为农村贫困残疾人提供精准康复服务。

3. 实行县域内农村贫困人口住院先诊疗后付费

贫困患者在县域内定点医疗机构住院实行先诊疗后付费，定点医疗机构设立综合服务窗口，实现基本医疗保险、大病保险、疾病应急救助、医疗救助"一站式"信息交换和即时结算，贫困患者只需在出院时支付自负医疗费用。

4. 加强贫困地区医疗卫生服务体系建设

按照"填平补齐"原则，实施贫困地区县级医院、乡镇卫生院、村卫生室标准化建设，使每个连片特困地区县和国家扶贫开发工作重点县达到"三个一"目标，即每个县至少有1所县级公立医院，每个乡镇建设1所标准化的乡镇卫生院，每个行政村有1个卫生室。加快完善贫困地区公共卫生服务网络，加强

贫困地区远程医疗能力建设，加强中医药设备配置和人员配备。

5. 实施全国三级医院与连片特困地区县和国家扶贫开发工作重点县县级医院一对一帮扶

从全国遴选能力较强的三级医院（含军队和武警部队医院），与连片特困地区县和国家扶贫开发工作重点县县级医院签订一对一帮扶责任书，明确帮扶目标任务。采取"组团式"帮扶方式，向被帮扶医院派驻 1 名院长或副院长及相关医务人员进行蹲点帮扶。定期派出医疗队，为农村贫困人口提供集中诊疗服务。

6. 统筹推进贫困地区医药卫生体制改革

深化贫困地区公立医院综合改革，协同推进医疗服务价格调整、医保支付方式改革、医疗机构控费、公立医院补偿机制改革，加强医院成本管理。

7. 加大贫困地区慢性病、传染病、地方病防控力度

加强肿瘤随访登记及死因监测，扩大癌症筛查和早诊早治覆盖面。加强贫困地区严重精神障碍患者筛查登记、救治救助和服务管理。加大人畜共患病防治力度，基本控制西部农牧区棘球虫幼病流行，有效遏制布病流行。加强对结核病疫情严重的贫困地区防治工作的业务指导和技术支持，开展重点人群结核病主动筛查，规范诊疗服务和全程管理，进一步降低贫困地区结核病发病率。在艾滋病疫情严重的贫困地区建立防治联系点，加大防控工作力度。如河北香河县妇联积极发挥职能作用，不断创新"提高妇女抵御'两癌'风险的有效方式，加大对'两癌'贫困妇女的关爱帮扶力度，将关爱女性健康工作落到实处，助力精准扶贫工作取得新实效"①。

8. 加强贫困地区妇幼健康工作

在贫困地区全面实施免费孕前优生健康检查、农村妇女增补叶酸预防神经管缺陷、农村妇女"两癌"（乳腺癌和宫颈癌）筛查、儿童营养改善、新生儿疾病筛查等项目，推进出生缺陷综合防治，做到及早发现、及早治疗。建立残疾儿童康复救助制度，加强贫困地区孕产妇和新生儿急危重症救治能力建设，加强农村妇女孕产期保健，保障母婴安全。加大对贫困地区计划生育工作的支持力度，加大对计划生育特殊困难家庭的扶助力度。

9. 深入开展贫困地区爱国卫生运动

加强卫生城镇创建活动，持续深入开展环境卫生整洁行动，统筹治理贫困地区环境卫生问题，实施贫困地区农村人居环境改善扶贫行动，有效提升贫困地区人居环境质量。加快农村卫生厕所建设进程。加强农村饮用水和环境卫生监测、调查与评估，实施农村饮水安全巩固提升工程。加强健康促进和健康教

---

① 关爱女性健康　助力精准扶贫［EB/OL］.（2019-06-19）［2021-12-29］. http：//www. lfwomen. com/show-25-1309-1. html.

育工作，广泛宣传居民健康素养基本知识和技能，提升农村贫困人口健康意识，使其形成良好卫生习惯和健康生活方式。

### （三）保障措施

#### 1．落实投入政策

落实中央和省级财政扶贫投入责任。中央财政继续加大贫困地区卫生计生专项资金的转移支付力度，推动健康扶贫工程顺利实施。国家在贫困地区安排的公益性卫生计生建设项目取消县级和西部连片特困地区地市级配套资金。省市两级财政安排的卫生计生项目资金要进一步向贫困地区倾斜，连片特困地区县和国家扶贫开发工作重点县要通过统筹整合使用相关财政资金，加大健康扶贫投入。东部省（市）要在东西部扶贫协作框架内，加大对贫困地区医疗卫生事业的支持力度。

#### 2．强化人才综合培养

支持贫困地区高等医学教育发展，引导贫困地区根据需求，合理确定本地区医学院校和医学类专业招生计划。综合采取住院医师规范化培训、助理全科医生培训、订单定向免费培养、全科医生和专科医生特设岗位计划等方式，加强贫困地区医疗卫生人才队伍建设。探索县乡人才一体化管理。

#### 3．充分动员社会力量

完善鼓励企业、社会组织、公民个人参与健康扶贫工程的政策措施，贡献突出的，在尊重其意愿前提下可给予项目冠名等激励措施。

### （四）组织实施

#### 1．加强组织领导和考核督查

按照中央统筹、省（自治区、直辖市）负总责、市（地）县抓落实的工作体制，各地要结合贫困地区实际制订具体实施方案，明确时间表、路线图，层层落实责任，精心组织实施健康扶贫工程。

#### 2．明确部门职责

国家卫生计生委、国务院扶贫办负责统筹协调、督促落实健康扶贫工程实施工作，制订具体方案和考核办法，定期组织考核评估。

#### 3．加强宣传引导

坚持正确舆论导向，开展健康扶贫系列宣传活动，通过新闻报道、事迹报告会、公益广告等形式，宣传健康扶贫工程及各项政策措施取得的进展和成效，宣传广大医疗卫生工作者深入贫困地区为群众解除病痛的生动事迹，营造良好舆论氛围。

#### 4．鼓励各地因地制宜创新健康扶贫形式和途径

各地要以解决因病致贫、因病返贫问题为重点，结合实际积极探索，统筹配置和使用相关资金、项目，提高使用效率，推动实施健康扶贫工程。通过深

化改革，激发实施健康扶贫工程的动力，通过健康扶贫与相关特色产业脱贫、劳务输出脱贫等措施的衔接形成合力，提升脱贫攻坚实际效果。

### 四、产业扶贫

产业扶贫是指以市场为导向，以经济效益为中心，以产业发展为杠杆的扶贫开发过程，是促进贫困地区发展、增加贫困农户收入的有效途径，是扶贫开发的战略重点和主要任务。产业扶贫是一种内生发展机制，目的在于促进贫困个体（家庭）与贫困区域协同发展，根植发展基因，激活发展动力，阻断贫困发生的动因。其发展内容为：在县域范围，培育主导产业，发展县域经济，增加资本积累能力；在村镇范围，增加公共投资，改善基础设施，培育产业环境；在贫困户层面，提供就业岗位，提升人力资本，积极参与产业价值链的各个环节。

产业扶持政策是指国家或者地方政府在制定区域发展计划或规划纲要时，针对地区经济发展的实际情况，采取重点倾斜，优先扶持某些产业或部门的措施，促使它们优先发展，快速发展，以期带动其他产业的共同发展，从而促进整个地区经济发展的政策和措施。

产业扶贫最主要的目的在于变"输血"式扶贫为"造血"式扶贫、变"开发式"扶贫为"参与式"扶贫，增强贫困地区内生发展动力，提高贫困人口的自主脱贫能力，促进贫困人口增收，实现稳定脱贫，确保如期实现全面建成小康社会目标。

具体来看，产业扶贫可以促进资源整合、增强脱贫内生动力、加速特色农业品牌的打造以及带动乡村人口回流等。

#### （一）享受扶持的产业

根据《"十三五"脱贫攻坚规划》，产业扶贫主要指的是农林产业扶贫，主要内容包括优化发展种植业、积极发展养殖业、大力发展林产业、促进产业融合发展、扶持培育新型经营主体、加大农林技术推广和培训力度等。具体工程包括农林种养产业扶贫工程、农村一二三产业融合发展试点示范工程、贫困地区培训工程等。

#### （二）产业扶贫的主要项目

项目1：支持有条件的贫困县创办一二三产业融合发展扶贫产业园。

项目2：组织国家级龙头企业与贫困县合作创建绿色食品、有机农产品原料标准化基地。

项目3：实施中药材产业扶贫行动计划，鼓励中医药企业到贫困地区建设中药材基地。

项目4：多渠道拓宽农产品营销渠道，推动批发市场、电商企业、大型超市等市场主体与贫困村建立长期稳定的产销关系，支持供销、邮政及各类企业把服务网点延伸到贫困村，推广以购代捐的扶贫模式，组织开展贫困地区农产品定向直供直销学校、医院、机关食堂和交易市场活动。

项目5：加快推进"快递下乡"工程，完善贫困地区农村物流配送体系，加强特色优势农产品生产基地冷链设施建设。推动邮政与快递、交通运输企业在农村地区扩展合作范围、合作领域和服务内容。

项目6：继续实施电子商务进农村综合示范项目。动员大型电商企业和电商强县对口帮扶贫困县，推进电商扶贫网络频道建设。

所谓产业扶贫，主要是指在贫困地区或贫困群体中培育可持续发展的产业，通过产业发展让贫困者获得可持续性发展机会的一种扶贫模式。在中国的扶贫实践中，产业扶贫已经成为最具活力的扶贫模式之一。党的十八大以来，产业扶贫方式也越来越受到重视。在中央布局的脱贫攻坚战"五个一批"工程中，产业扶贫是处于第一位置的工程。

发展产业是实现脱贫的根本之策。因为要激活脱贫致富内生动力，关键和基础举措是要发展好产业，没有产业，没有经济上的稳定来源，就没有真正意义上的脱贫。习近平总书记在宁夏考察时明确指出，发展产业是实现脱贫的根本之策。要因地制宜，把培育产业作为推动脱贫攻坚的根本出路。

产业扶贫需要综合推进。要选准产业，立足长远发展，而不能只是追求短平快。要牢固树立品牌意识，更多靠质量取胜。还要发挥好优势，把文化和产业发展有机融合起来，大力提升产业的文化含量。

在产业扶贫过程中，要注意提高产业组织效率。当前，一些贫困地区产业发展落后，尤其是一些深度贫困地区，这与该地区生产组织方式落后和集体经济薄弱密切相关。一家一户分散的小规模生产方式，由于缺乏分工和规模效应，抵抗市场风险能力很弱，小生产与大市场矛盾突出。另外，在促进产业的合作化、分工化和规模化过程中，一定要让贫困户真正嵌入产业发展中，让贫困户与产业发展同步受益，要让贫困户成为更大的受益者。

产业扶贫与教育扶贫必须协调推进。习近平总书记指出，扶贫必扶智。让贫困地区的孩子们接受良好教育，是扶贫开发的重要任务，也是阻断贫困代际传递的重要途径。一方面，教育扶贫为产业扶贫提供重要人力资本，进而提高产业扶贫效率。另一方面，产业扶贫又进一步促进教育发展，二者是一个良性互动关系。如何协调推进二者，除高度重视基础教育外，在职业技术教育和技能培训方面，更为重要的是，要重点围绕产业发展需要培养人才。

产业扶贫还要坚持绿色发展原则。发展不能为了次要的财富，丢掉更重要的财富。习近平总书记指出，我们决不以牺牲环境为代价去换取经济的一时增长。推进产业发展，一定要树立新的财富观，一定要把经济效益、社会效益、生态效益有机统一起来，一定要努力推动贫困地区形成绿色发展方式和生活方式，一定要实行最严格的生态环境保护制度。

产业扶贫要考虑与城市产业发展有机衔接，要与人口结构转型协调推进，要和金融扶贫有机结合起来。"村民富不富，关键看支部；村子强不强，要看'领头羊'。"我们要努力把最大的政治优势真正转化为强大的经济动力优势，以产业扶贫为抓手，做好脱贫攻坚这篇大文章。

2016年11月23日，国务院印发《"十三五"脱贫攻坚规划》（以下简称《规划》）。《规划》第二章明确指出，农林产业扶贫、电商扶贫、资产收益扶贫、科技扶贫是产业发展脱贫的重要内容。同时提出农林种养产业扶贫工程、农村一二三产业融合发展试点示范工程、贫困地区培训工程、旅游基础设施提升工程、乡村旅游产品建设工程、休闲农业和乡村旅游提升工程、森林旅游扶贫工程、乡村旅游后备箱工程、乡村旅游扶贫培训宣传工程、光伏扶贫工程、水库移民脱贫工程、农村小水电扶贫工程等"十三五"期间重点实施的产业扶贫工程。

通过产业扶持，要解决一半以上农村贫困人口的脱贫问题，可谓扶贫攻坚的重头戏、主战场。我国多年的扶贫经验证明，产业扶贫是解决生存和发展的根本手段，是脱贫的必由之路。没有产业发展带动，很难脱贫；缺乏产业支撑的脱贫，也难以持续。给钱给物只能是救急解渴，兴办产业才能开流活源，打赢脱贫攻坚战就有了可靠的保障。

**（三）推进产业扶贫的建议**

建议1：产业扶贫要做到因地制宜。在湖北大别山连片特困地区，同样是养殖"扶贫羊"，前几年选了热门的小尾寒羊，但这些羊不服南方水土，天热都病死了。可见，在产业扶贫的过程中，我们要注意产业的选取，要因地制宜，要选择适合地方的自然条件、资源条件、技术条件的产业，不能不顾实际情况，盲目跟风，盲目选取，选取水土不服的产业。

建议2：利用龙头来带动。没有龙头就没有市场，也没有价值链。同样还是养殖"扶贫羊"，如果直接把羊羔分给贫困户，有的农民养不好，干脆把羊宰杀卖钱。现在通过扶持龙头企业，建立起"政府＋金融＋保险＋公司＋贫困户"五位一体的精准扶贫模式。政策、银行提供贴息贷款，由企业为贫困户提供山羊，并全程提供技术保障，保险兜住网底，实现多赢。按照产业方式办，扶贫自然顺利。

建议3：注意产收结合。要充分体现并突出"产业＋扶贫"的内涵，发挥产业对贫困户脱贫增收的带动作用，确保贫困户有长期稳定的收益，避免扶农不扶贫、产业不带贫。这一点在基层也有经验可循。有的地方变"资金到户"为"效益到户"，将扶贫资金提供给带动能力强、产业基础好的合作社，并将资金折股量化到贫困户头上，使这些发展能力差的贫困户也能享受到股金分红。另外，我们也可以通过股份制、股份合作制、土地托管、订单帮扶等多种形式，建立贫困户与产业发展主体间利益联结机制。

通过产业扶贫和教育扶贫，激发贫困地区的内生动力，发展致富产业，变输血为造血，建立脱贫的长效机制，改变过去简单的直接"资金扶贫"模式是根本方向。政府在保证适龄学生受教育权利的同时，应再增加对贫困地区赋闲劳动力的技能培训教育，如对于农村妇女而言，可以有针对性地对她们进行养殖、种植、理发、保洁、护理等方面的技能培训，让她们掌握就业的技能。这是在精准扶贫过程中，保证贫困地区不再脱贫返贫的根本途径。

各级政府部门要有切实的系统优惠政策，引导企业积极参与产业扶贫与教育扶贫。各级政府应统筹协调财政、税收、农业、国土、林业等部门，制定出台可实施、可操作的企业参与产业扶贫与教育扶贫的资源配置政策和优惠政策，调动企业参与扶贫开发的积极性。一是实施无偿捐助的税收抵扣、扶贫项目支持、企业贷款贴息、企业税费减免等优惠政策；二是各级各部门在政策范围内对企业参与扶贫的项目开发给予大力支持，优先安排农业产业化资金，优先安排财政贴息贷款，优先安排土地使用计划，使其优先享受产业扶持政策；三是对在新品种与新技术的引进和推广以及农民培训、基地认证、基地基础设施建设等方面的投入给予一定的补助或奖励。要以教育扶贫为根本，由政府牵头设立教育扶贫基金，吸引企业参与，在此基础上设立基础教育和技能培训两种不同的教育扶贫模式，既保障适龄学生的受教育权利，又切实提升闲散劳动力尤其是50—60岁中老年无业人口的基本谋生技能。

政府以扶贫专项资金牵头设立教育扶贫公益基金，吸引、撬动企业参与，就能够集中零散的资金，并依托政府的资源优势，聚焦贫困地区教育和基本技能培训事业，更多地以捐赠学校、培训老师、资助上学和基本技能培训等形式，尽力让适龄学生和适龄劳动力有更多的机会接受教育和技能培训。

单纯的产业扶贫并非脱贫的灵丹妙药，发展产业往往投入大、周期长、见效慢，即使某些产业发展起来，所带来的资源和机会也可能被村庄精英或外部资本获得。这是产业扶贫遇到的困境。有学者认为，"产业扶贫"实践往往存在一个固有的悖论，即将小农户的命运交给大市场。各地常常投入大量财力、物力和人力去帮助农民搞产业开发，产品在进入市场时却遭遇价格崩塌，甚至销售无门。因此产业扶贫需要警惕和纠正三种不良倾向：落后的、简单分发生产资料的、"输血"式产业扶贫，大户得发展而贫困群众受益少的"扶强难扶弱"培育方式，产业跟风带来的同质化低效竞争。也有学者认为，产业扶贫只能扶富而难以扶贫，与其鼓励贫困农户在缺少获利机会的贫困山区搞开发、发展产业，不如鼓励贫困农户家庭劳动力进城务工经商。农村反贫困的根本是让农村劳动力平等地获得进城务工经商的机会，增加工资性收入，以打破过去的贫困状况。因此要提高贫困学生就业率和就业质量，要提供各种优惠政策，实施"职业教育＋企业订单式培养"，鼓励社会广泛吸纳贫困劳动力就业，更重要的是加强对贫困学生的职业生涯规划、就业指导，强化社会实践环节，将贫困生的比较优势转变成就业环节的竞争优势，增强贫困生的就业自信心，重视培养其社交能力和创新精神，提高其就业择业创业的竞争力。

## 第五节　我国教育扶贫取得的成就

新中国成立以来持续开展的扶贫开发事业取得了世人瞩目的成就。2020年12月3日，习近平总书记在中共中央政治局常务委员会上指出，经过8年持续奋斗，我们如期完成了新时代脱贫攻坚目标任务，现行标准下农村贫困人口全部脱贫，贫困县全部摘帽，消除了绝对贫困和区域性整体贫困，近1亿贫困人口实现脱贫，取得了全世界刮目相看的重大胜利[①]。与此同时，我国的教育扶贫在提高贫困人口科学文化素质、阻断贫困代际传递等方面也发挥了巨大的作用，取得了巨大的成就，主要表现在以下几个方面。

### 一、全面普及九年义务教育

1986年《中华人民共和国义务教育法》（以下简称《义务教育法》）公布实施以后，国家逐步加大财政投入，各级政府积极行动，社会各界广泛动员，着力推进普及九年义务教育。到1991年，全国90％左右的人口所在地区普及了小学教育，小学学龄人口入学率达到97％。城市和部分农村地区普及了初中教育。2001年，《国务院关于基础教育改革与发展的决定》提出，在已实现"两基"农村地区重点抓好义务教育巩固提高工作，在占全国人口15％左右、未实现"两基"任务的贫困地区打好"两基"攻坚战。2003年，国务院召开了全国农村教育工作会议，会上印发的《国务院关于进一步加强农村教育工作的决定》提出"力争用五年时间完成西部地区'两基'攻坚任务"。2004年，国务院批准的《2003—2007年教育振兴行动计划》提出实施国家西部地区"两基"攻坚计划。中央政府与省级政府签订实施"两基"攻坚责任书。

到2002年底，虽然全国已有91.8％的人口地区基本普及了九年义务教育，但西部地区"普九"人口覆盖率只有77％，仍有410个县级行政单位尚未"普

---

① 习近平：我们如期完成了新时代脱贫攻坚目标任务［EB/OL］．（2020-12-03）［2022-01-02］. https：//baijiahao. baidu. com/s？id＝16850710229016987328wfr＝spider&for＝pc.

九"，人均受教育年限仅为六七年，当地适龄儿童上学面临诸多困难。2006年，国家启动实施农村义务教育阶段学校教师特设岗位计划，公开招募高校毕业生到西部"两基"攻坚县农村学校任教，以提高农村教师队伍整体素质。从2006年起，免除全部西部地区农村义务教育阶段学生学杂费，惠及西部地区4880万名学生，使约20万名因贫困辍学的孩子重返校园。从2007年起，免除全国农村义务教育阶段学生学杂费，中央财政向全国农村义务教育阶段学生免费提供国家规定课程的教科书，惠及1.5亿名学生。经过艰苦努力，到2007年，西部地区"普九"人口覆盖率达到98%，全国共有3022个县级行政单位通过"两基"验收，"普九"人口覆盖率达到99%，初中毛入学率达98%。2008年，国家全力支持西部地区尚未"普九"的42个边远贫困县普及义务教育。2008年，国家制定农村义务教育阶段中小学公用经费基准定额，到2009年全部落实到位，义务教育经费保障机制进一步完善，并开始实施义务教育阶段教师绩效工资改革。2010年、2011年，国家先后两次提高农村义务教育阶段学生人均公用经费基准定额，义务教育经费保障水平不断提升。

2010年，中共中央、国务院发布《国家中长期教育改革和发展规划纲要（2010—2020年）》，在加大力度实施原有教育专项工程的同时，启动实施农村义务教育薄弱学校改造计划、边远艰苦地区农村教师周转宿舍计划、中小学教师国家级培训计划等。到2011年，最后42个边远贫困县通过"两基"验收。全国所有县级行政单位、所有省级行政区全部普及了九年义务教育，人口覆盖率达到100%，初中阶段毛入学率达到100%。全面普及九年义务教育是中国教育发展的历史丰碑，是中华民族伟大复兴道路上最绚丽的篇章。[①]

2020年，全国共有义务教育阶段招生3440.19万人，在校生1.56亿人，专任教师1029.49万人，九年义务教育巩固率95.2%[②]。

## 二、义务教育均衡发展和学校规范化建设成效显著

为帮助贫困地区加快发展基础教育事业，教育部、财政部分别于1996—2000年、2001—2005年实施了两期"国家贫困地区义务教育工程"。两期"工程"共新建小学5380所，改扩建小学27197所；新建初中2466所，改扩建初中8035所；新建小学校舍431.82万平方米，改扩建小学校舍1336.44万平方米；新建初中校舍527.89万平方米，改扩建初中校舍929.29万平方米。购置小学和初中课桌凳857.5万单人套、图书13252.81万册、教学仪器及信息技术教学设备价值88957.16万元，培训校长和教师117.23万人次。

---

① 王定华. 中国义务教育改革发展的回顾与展望 [J]. 中国教育科学，2013（4）：2-23，229.

② 2020年全国教育事业发展统计公报 [EB/OL]. （2021-08-28）[2022-01-03]. http://www.gov. cn/xinwen/2021-08/28/content _ 5633911. htm.

"十五"期间，中央加大了对基础教育的投入，安排50亿元用于专项补助中西部困难地区发放农村中小学教师工资，安排30亿元用于"中小学危房改造工程"，安排50亿元实施第二期"国家贫困地区义务教育工程"，并有1亿元助学金和1亿元免费提供教科书专项经费。

2007年颁布的《中西部农村初中校舍改造工程总体方案》，重点支持大约7000所独立设置的农村初中新建或改造学生宿舍、食堂和厕所等生活设施，使项目学校寄宿学生生活设施达到或接近农村普通中小学校建设标准，基本消除"大通铺"和校外租房现象。中央共投入专项资金100亿元，用于初中改造工程，工程主要覆盖四个方面：一是国家扶贫工作重点县；二是少数民族自治县；三是革命老区；四是边境县。① 截至2012年底，农村义务教育学生营养餐改善计划的实施，为全国22个省（区、市）699个国家试点县（含兵团19个团场）的学生提供营养餐，覆盖近10万所学校，惠及2200多万名学生。另有15个省（区、市）481个县开展了地方试点，覆盖3.5万多所学校，惠及800多万名学生。

2012年《国务院关于深入推进义务教育均衡发展的意见》印发，首次从中央政府的层面明确了推进义务教育均衡发展的指导思想和基本目标，即到2015年，全国义务教育巩固率达到93％，实现基本均衡的县（市、区）比例达到65％；到2020年，全国义务教育巩固率达到95％，实现基本均衡的县（市、区）比例达到95％。从2014年起，用4年左右的时间，使贫困地区农村义务教育学校教室、桌椅、图书、实验仪器、运动场等教学设施满足基本教学需要；学校宿舍、床位、厕所、食堂（伙房）、饮水等生活设施满足基本生活需要；留守儿童学习和寄宿需要得到基本满足，农村小学和教学点能够正常运转；基本消除县镇和乡村超大班额现象，逐步做到小学班额不超过45人、初中班额不超过50人；教师配置趋于合理，数量和素质基本适应课程发展和教育教学需要。

2020年，全国共有义务教育阶段学校21.08万所，普通小学（含教学点）校舍建筑面积84577.25万平方米，比2019年增加2990.92万平方米，设施设备配备达标的学校比例情况分别为：体育运动场（馆）面积达标学校92.04％，体育器械配备达标学校96.67％，音乐器材配备达标学校96.39％，美术器材配备达标学校96.27％，数学自然实验仪器达标学校95.96％。各项比例比2019年均有提高。初中校舍建筑面积71842.61万平方米，比2019年增加3879.80万平方米，设施设备配备达标的学校比例情况分别为：体育运动场（馆）面积达标学校94.85％，体育器械配备达标学校97.55％，音乐器材配备达标学校97.28％，美术器材配备达标学校97.14％，理科实验仪器达标学校97.13％，

---

① 中央投入100亿进行中西部农村初中校舍改造工程［EB/OL］.（2008-11-24）［2022-01-21］. http：//news. sohu. com/20081124/n260819774. shtml.

各项比例较 2019 年均有提高。①

### 三、乡村教师生存和发展状况不断改善

全国共有各级各类学历教育在校生 2.89 亿人，专任教师 1792.97 万人②，其中约 330 万名为乡村教师，支撑着世界最大规模的教育体系。为了适应贫困地区教育发展，加强贫困地区教师队伍建设成教育扶贫的重要组成部分，2000 年，国家启动民族、贫困地区中小学教师综合素质培训工作（2000—2004 年）。从 2001 年起，中央财政为支持中西部贫困地区建立农村中小学教师工资保障机制，每年拿出 50 亿元用于补助这些地区发放教职工工资，4 年累计投入了 200 亿元。2004 年教育部开始实施"民族、贫困地区中小学教师综合素质训练项目暨新课程师资培训计划（2004—2008 年）"，同年（2004 年）教育部启动农村学校培养教育硕士师资计划，进一步提高农村学校教师的学历。2002 年至 2004 年，全国农村小学教师学历合格率从 96.7％提高到 97.8％，西部地区小学教师学历合格率从 95.4％提高到 97.0％。2013 年 10 月开始实施"农村校长助力工程"，每年组织 2000 名农村义务教育学校校长参加国家级培训，提高农村学校校长解决办学重点难点问题的能力。2014 年 6 月又开始实施中西部农村校长培训项目。

为引导教师进入贫困地区进行教学，国家还出台相关政策对贫困地区教师的福利待遇进行倾斜，鼓励教师到乡村执教。2013 年 10 月，教育部、财政部下发了《关于落实 2013 年中央 1 号文件要求　对在连片特困地区工作的乡村教师给予生活补助的通知》。2014 年，22 个省份 699 个连片特困地区县中，已有 21 个省份 604 个连片特困地区县实施了乡村教师生活补助政策，覆盖县数达到 86％，比 2013 年增加 55 个百分点，享受补助学校 6.7 万所，受益乡村教师 94.9 万人。河北、内蒙古、黑龙江、安徽、江西、湖北、湖南、广西、重庆、四川、西藏、甘肃、青海、宁夏、新疆等 16 个省市实现了连片特困地区县全覆盖③。

"特岗教师计划"的实施为农村教育补充了大批高素质教师，增强了农村教师的生机和活力。截至 2012 年，68％的特岗教师具有大学本科学历，河南、青海、山西等省还吸引了一批硕士研究生到农村学校任教，特岗教师年龄一般在

①　2020 年全国教育事业发展统计公报 ［EB/OL］．（2021-08-28）［2022-01-03］．http：//www. gov. cn/xinwen/2021-08/28/content＿5633911. htm.

②　2020 年全国教育事业发展统计公报 ［EB/OL］．（2021-08-28）［2022-01-03］．http：//www. gov. cn/xinwen/2021-08/28/content＿5633911. htm.

③　94.9 万乡村教师享生活补助 ［EB/OL］．（2015-09-07）［2022-01-23］．http：//www. moe. gov. cn/jyb＿xwfb/s5147/201509/t20150907＿205615. html.

30 岁以下，改善了农村中小学教师年龄偏大的状况。

## 四、成人培训和扫盲成果显著

提高贫困人口人力资本可以减少贫困人口的贫困发生率，缓解贫困人口的贫困程度。从 20 世纪 80 年代中后期开始，我国政府开始实施有计划、有组织、大规模的区域性开发式扶贫，提高贫困人口的人力资本、开展科技扶贫成为扶贫的重点。"九五"期间，农村成人教育累计培训农民 4.56 亿人次，各级农村成人学校增加 55484 所，年培训人数增加 1232.75 万，其中 1999 年教育培训人数达到 10157 万，首次突破 1 亿，创造了年度培训农村劳动者人数最多的新纪录。农村成人教育的广泛深入开展，有效地提高了农村劳动者的科学文化素质，促进了农村经济建设和社会发展。[①]

2000 年农村成人教育取得了新进展。据统计，2000 年全国有农民高等学校 3 所，毕业生 400 人，在校生 800 人；农民中专学校 446 所，毕业生 7.41 万人，在校生 17.26 万人；农民中学 2622 所，毕业生 19.50 万人，在校生 25.17 万人；农民技术培训学校 48.63 万所，全年共培训 9047.08 万人次；农民初等学校 15.99 万所，毕业生 493.52 万人，全年扫除文盲 258.04 万人，青壮年文盲率已降至 5％以下。

2002 年全国有 37.91 万所农民技术培训学校，主要开展农民技术培训、农村劳动力转移培训，共培训农民 7681.81 万人次。2005 年继续开展实用技术培训，共培训农民 4793.18 万人次。2006 年实施"农村实用人才培训工程"和"教育部农村实用技术培训计划"，教育系统农村实用技术培训共培训农民 4500 万人次。2007 年教育系统农村实用技术培训共培训农民 4500 万人次。2008 年全国农村实用技术培训共培训农民 4358.22 万人次，教育系统的农村成人文化技术学校培训农民 4241.07 万人次，占培训总数的 97.31％，在农民教育培训中发挥着重要作用。2009 年教育系统开展劳动力转移培训 4249.31 万人次，其中技能性培训 1564.46 万人次。2010 年，教育系统大力实施"教育部农村实用技术培训计划"和"农村劳动力转移培训计划"，开展农村实用技术培训 3711.71 万人次，农村劳动力转移培训和农民工培训 4087.65 万人次（其中技能型培训 1497.46 万人），通过培训提高了农民生产能力和富余劳动力转产转业能力。2011 年，教育系统共开展农村实用技术培训 3813.06 万人次，开展农村劳动力转移培训和农民工培训 4048.65 万人次，其中技能型培训 1496.46 万人次。

---

① 《中国教育年鉴》编辑部. 中国教育年鉴：2001［M］. 北京：人民教育出版社，2001.

### 五、职业教育发展迅速

职业教育扶贫具有自身的优势，与当地经济发展、劳动力就业有直接的关系，其受教育者年龄和受教育对象更具开放性。

1949—1965 年，是我国农村职业教育的发展起步阶段。"1949 年 12 月在北京召开的第一次全国教育工作会议明确了当前教育工作的建设方针是：教育为国家建设服务，教育向工农开门。"[1] 随着我国农村生产力水平的提高，基础教育得到进一步发展，与此同时，社会上技术人员短缺，而高中、初中、小学毕业生却大幅度增加，为协调生产和升学的矛盾和压力，在江苏、河北等地先后办起了一批农业中学。1958 年 9 月 19 日，国家发布的《中共中央、国务院关于教育工作的指示》规定，全日制学校、业余学校、半工半读学校是我国三类主要学校。"在一系列政策的驱使下，从 1958 年到 1960 年，我国的农业中学出现了飞速发展的局面，仅 1958 年一年建立的农业中学就多达 20000 所，招生数高达 220 万人，1960 年又增加到 22597 所，在校学生达 230.2 万人次。"[2]

1980—1984 年是我国农村职业教育的恢复发展阶段。党的十一届三中全会以后，中国的职业教育进入全新的发展阶段。1983 年 5 月 6 日，中共中央、国务院发布的《关于加强和改革农村学校教育若干问题的通知》提出："改革农村中等教育结构，发展职业技术教育，是振兴农村经济，加速农业现代化建设的一项战略措施。各地要根据本地区的实际需要与可能，统筹规划，有步骤地增加一批农业高中和其他职业学校。除把一部分普通高中改为农业中学外，还要根据可能，新办一些职业学校。"[3] "通过对农业学校的发展和农村中学的改造，到 1984 年，在我国农村的职业中学、农业中学数量发展到 6019 所（其中职业高中 4285 所），在校生数将近 130 万人。"[4]

1985—1992 年，是我国农村职业教育的持续发展阶段。改革开放以后，我国的生产力得到极大的解放，我国经济快速发展，各行各业对各种技术人才的需求日益增大。为全面提高劳动者的文化素质，推动农村的经济发展，1988 年 9 月，国家实施了"燎原计划"。1990 年 7 月，国家教委印发的《全国农村教育综合改革实验区工作指导纲要（试行）（1990—2000 年）》指出："要根据当地经济和社会发展的需要，积极发展农村职业技术教育。"1991 年 10 月，国务院发布的《关于大力发展职业技术教育的决定》（以下简称"决定"）强调："在

① 曹茂甲. 职业教育六十年：农村职业学校的发展历程 [J]. 职教通讯，2011（3）：24-29.

② 《中国教育年鉴》编辑部. 中国教育年鉴（1949—1981）[M]. 北京：中国大百科全书出版社，1984.

③ 刘英杰，主编. 中国教育大事典（1949—1990）：上册 [M]. 杭州：浙江教育出版社，1993.

④ 《中国教育年鉴》编辑部. 中国教育年鉴（1949—1981）[M]. 北京：中国大百科全书出版社，1984.

广大农村地区，要积极推进农村教育综合改革，实施'燎原计划'，实行农科教结合，统筹规划基础教育、职业技术教育和成人教育，采取灵活的方式大力发展职业技术教育。"《决定》指明了我国农村职业教育发展的方向。随着农村职业教育理论的不断完善以及国家政策的大力支持，特别是实施了"燎原计划"，我国农村职业教育取得了巨大的进步。"到1992年，全国农村职业中学数量达到6973所（其中职业高中5419所），在校生数226.4万人。学校数量比1984年增加954所，学生人数增加96.7万人。"① 一份调查显示，在参与河北省"巾帼精准扶贫十百千培训工程"的3156名农村妇女中，生活变得越来越好的占比为91.3%，得到了新的就业创业机会的占比为81.7%，收入有所增加的占比为86.9%，参与培训的农村妇女中80%的人生活得更加自信了。"大量的职校毕业生已成为科技致富的带头人和农村各行各业的技术骨干，农村职业教育对于提高我国农村劳动力素质和发展农村经济的意义日益明显"②。

1993—1998年是我国农村职业教育的调整阶段。1993年以后，社会主义市场经济体制逐步完善，农村产业结构的调整使得第二、三产业发展迅速，造成中等职业学校农林类专业招生数量下降。为解决这一问题，1996年4月，国家教委与农业部联合发布的《关于进一步办好农村中等职业学校农林类专业的意见》具体阐述了深化农业职业教育改革的内容与措施，促进了农业类专业的发展。1993年5月，全国骨干型示范职业学校（中心）建设工作会议提出，河北省建设县级职教中心的经验值得全国学习借鉴。随后，全国各地大面积地推广县级职教中心。1995年12月，国家实施了"燎原计划百千万工程"，在全国的千个乡万个村推广百项农村实用技术。"这段时间由于农林类专业招生困难、职业学校的合并重组，农村职业学校数量有所下降，从1993年的6945所缩减到1998年的6201所。然而，经过调整合并，随着职业教育政策法规的实施，农村职业学校已更好地融入农村社会生活，更适应农村经济发展的需求，学校的总体招生数量仍然呈上升趋势，1998年职业初中和职业高中的招生人数分别为34.1万和95.2万，比1993年分别高出23.6%和18%。此外，民办职业中学也逐渐兴起，到1998年我国农村已有民办职业中学189所。虽然数量很少，但作为全新的办学主体，它们为农村职业教育进一步改革发展提供了新的思路，也使职业学校的发展更贴近市场。"③

1999—2015年是我国农村职业教育的全面改革发展阶段。这一阶段职业教育发展的机遇与挑战并存。1999年以后，我国职业教育面临两大挑战：一是高

---

① 《中国教育年鉴》编辑部. 中国教育年鉴（1949—1981）［M］. 北京：中国大百科全书出版社，1984.

② 汤生玲，曹晔. 农村职业教育论［M］. 北京：高等教育出版社，2006.

③ 曹茂甲. 职业教育六十年：农村职业学校的发展历程［J］. 职教通讯，2011（3）：24-29.

校扩招导致的大批生源流向高中，二是计划培养模式的丧失导致中职生就业困难。1999—2002 年间，我国职业中学发展进入了低迷状态。2003 年 9 月，国家发布的《关于进一步加强农村教育工作的决定》指出，为解决"三农"问题和就业问题，必须大力发展农村职业教育、成人教育。为了增加农村职业教育的学生数量，2003 年 11 月，教育部、财政部、劳动保障部发布了《关于开展东部对西部、城市对农村中等职业学校联合招生合作办学工作的意见》；2004 年 7 月，教育部发布了《关于贯彻落实全国职业教育工作会议精神 进一步扩大中等职业学校招生规模的意见》；2005 年 2 月，教育部发布了《关于加快发展中等职业教育的意见》。上述意见主要针对城乡之间、东西部的联合招生问题。"2007 年秋季学期起，中央和地方财政共同设立国家助学金，资助对象扩大到中职学校所有全日制农村学生和城市家庭经济困难学生，资助标准为每人每年1500 元，主要用于家庭经济困难学生的生活费开支。2009 年 12 月 2 日，国务院常务会议决定，从 2009 年秋季学期起，对公办中等职业学校全日制在校学生中，农村家庭经济困难学生和涉农专业学生逐步免除学费。"① 这一阶段的职业学校在挫折中发展，国家政策和财政的支持是其发展的坚实保障。我国农村职业学校的办学理念和人才培养模式进步巨大，各职业学校的规模不断增大。职业学校的变化主要表现在：从办学模式上看，由封闭走向联合；从培养方式上看，由学校本位变成工学结合、校企合作；办学主体变得更加多元化；农村职业教育的特色更加凸显。

---

① 曹茂甲. 职业教育六十年：农村职业学校的发展历程［J］. 职教通讯，2011（3）：24-29.

第四章

农村女性与教育扶贫概述

## 第一节 农村女性人力资源开发的现状分析

### 一、农村人力资源开发与农村人力资本投资

#### （一）农村人力资源开发的内涵

农村人力资源是指"农村范围之内人口总体所具有的体力与脑力的总和，或者指一个农村经济中具有创造性经济和非经济文化价值的集合，是农村范围内经过一定的教育后能够将体能和智能发挥出来并进行生产和服务的适龄人口总体所具有的劳动能力的总和"。[①] 简而言之，农村人力资源就是农村中的具有劳动能力的人。人，是最为宝贵的资源，是推动社会进步、经济发展的最重要力量。它有"量"与"质"的区分，农村中的人力资源也是如此。农村人力资源中的"量"是指在整个农村区域范围之内具有劳动能力的人的数量。农村人力资源中的"质"是指在整个农村区域范围之内具有劳动能力的人的体质状况、智力水平、知识储备程度、技能的娴熟程度等。本章中的农村人力资源是指在农村中能够参加经济活动的所有人口，即我们通常所说的乡村从业人员。

农村人力资源开发是指在对某个区域范围内的农村人口的实际情况进行系统剖析的基础之上，弄清农村中不同群体之间在知识与技能方面的不同，并借助讲座、授课、培养等手段，在人力资源方面进行投入，以提升农村人力资源的素质，推动农村经济快速稳健地发展。也就是说，农村人力资源开发主要是相对于"质"而言的。

尽管学术界对农村人力资源开发的定义有一定的差异，但基本内容方面是一致的。它主要囊括了以下几个方面：

第一，要搞清楚农村人口的基本情况，含性别分布、年龄结构、身体状况等。在古代，战争、瘟疫、自然灾害等会直接或间接影响人力资源的数量。在现代，各个文明国家主要是通过计划生育控制人口的数量，如面对人口快速增长时，可以通过计划生育限制人口增长；在增长较慢时，则会放开二胎、三胎政策。

第二，立足于农村生产力的实际发展水平，有目的地实施人力资本方面的投资，其中学历教育与职业培养是重点，我们要大力发展农村的九年义务教育（基础教育），夯实教育的基础，开展职业技术教育，提升农民"挣钱""增收"的实际本领，此外还应该努力推进成人教育，提升农村人力资源的整体文化

---

① 罗光洁. 以人力资本为支撑 推动中国经济发展研究 [D]. 昆明：云南大学，2015：33.

素质。

第三，充分发挥农村人力资源的积极作用，不断缩小城乡差距，打破束缚劳动力流动的各种障碍，实现城乡市场的统一，促使农村剩余劳动力能够找到工作。

从整体上看，在人力资源开发利用上，其效果好坏总是与经济发展速度、生产力发展水平相一致。从农业的投入产出角度分析，人力资源差异与其投入产出比存在明显的不同，因为在农业总要素生产率中，劳动者素质对生产率增长的影响关联度很大。①

可见，所谓农村人力资源开发，即通过整合农村中的一系列资源，并借助现代化的教育科技手段，对农村现有人口展开教育与培训培养，不断提升农村劳动力的整体素质，让农村劳动力得到最大效果的合理配置，以推动农村经济再上一个台阶。

### （二）农村人力资本投资的内涵

人力资本投资，即对人力资源质量方面的资金、时间和精力的投入。舒尔茨将人力资本投资划分为5个类别：（1）正式建立起来的国民教育体系，如初等、中等和高等教育；（2）对在职人员进行培训；（3）对医疗卫生保健的投资，以保证必要数量的劳动力供应和在职劳动力的健康水平，包括影响一个人的寿命、强度、耐久力、精力和生命力的所有费用；（4）为未成年人举办的教育项目；（5）个人和家庭用于变换就业机会的迁徙，劳动力国内流动的投资。②

总而言之，在舒尔茨眼中，人力资本的投资途径主要有全日制的教育（含基础教育、高中教育、中职教育、高等教育）、继续教育（包括远程教育、成人教育）、在职培训教育等。舒尔茨关于人力资本投资的研究可以上溯到20世纪50年代中叶。他的人力资本理论首次系统地批判了人们对传统农业与农村的偏见，并对农业长期停滞不前的原因进行了剖析。他认为农村人力资本投资的两个方面即科技和教育。"人力资本是指人的大脑中的知识存量，是一种潜在于人的头脑中的知识和技能所表现出的质量水平，它可以产生效益，并且随着时间的延长，这种知识和技能可以在人的实践经验积累的基础上增值。"③需要指出的是，人力资源如果没有进行投资，在一般情况下不会自发地转变成人力资本。所以，从某种程度上来讲，农村人力资本是对人力投资后形成的以农村劳动者数量和质量共同表示的一种资本形式，是实现农业和农村发展的根本动力。④但是，目前实施的农村人力资源开发，即对农村劳动者进行人力资本投资的意

---

① 张志新. 民族地区人力资源开发法律保障研究 [D]. 北京：中央民族大学，2005.

② 毛德智. 中国农村人力资源开发问题研究 [D]. 武汉：华中农业大学，2006.

③ 金福. 知识型组织智力资源管理研究 [D]. 大连：大连理工大学，2006.

④ 李嘉明. 企业人力资本投资研究 [D]. 重庆：重庆大学，2004.

义不再局限于传统，它已然大大超出了改造传统农业的功能，它将在产业结构调整中发挥更为重要的作用。

### （三）农村女性人力资源开发与农村女性人力资本投资

在中国农村，女性是一个较为特殊的群体，随着时代的发展、社会的进步以及女性解放程度的提高，她们已经撑起了"半边天"，对农村经济的发展做出了不可磨灭的贡献。

农村女性人力资源，从狭义上来讲，就是指生活在农村的女性，广义上指一切农业从业女性人员，包括从事与农业相关的农业生产与管理、销售、加工与服务的人员，也包括其他行业的从业女性，在本研究当中主要指持有农业户口的女性[①]。农村女性人力资源与农村男性人力资源相比，差异化更大，层次性更鲜明，多样化更凸显。农村女性人力资源开发，即包括农业专业专门教育、农村女性素质教育、农村女性从业人员继续教育在内的教育、培训和智力开发以及农村女性的生命和健康保障[②]。对农村女性人力资源进行开发的目的主要有以下几个：（1）不断提升她们的身体素质，健康意识；（2）不断提升她们的思想道德素质；（3）不断提升她们的科学文化素质和职业技能；（4）不断提升她们的民主意识、"四字"精神。当前，农村女性的职业教育、技能培训、农村合作医疗制度等为农村女性人力资源的开发提供了重要保障。

目前，我国对农村女性人力资源开发的手段主要有四种：一是教育，特别是基础教育；二是培养，主要是技能培训；三是帮扶，主要是针对贫困家庭展开的；四是医疗与保健。在农村女性人力资源开发中，教育和培训是首要途径，也是最为重要的途径。从开发的角度来看，主体既可以是企事业单位，也可以是公益组织和社会团体，还可以是个体，甚至是开发者本人（即自我开发）。人力资源的开发过程本质上是人力资本的形成过程。在舒尔茨看来，人力资本是劳动者身上所具备的两种能力，一种是先天获得的，与生俱来的能力；另一种是后天获得的，由个人努力经过学习形成的。关键是后天获得的能力，但这种能力的获得不是免费的，是需要成本的，这些成本在本质上就是人力资本的投资，这种投资就是提升农村人口质量的因素。[③] 可见，人力资本投资是农村女性人力资源开发的内容之一。对农村女性人力资本投资要动员社会全体力量，动员家庭、政府、社会组织对农村女性进行教育、培训、健康等的投资，改善农村女性人力资源的质量状况，使农村女性在人力资本上脱贫，把农村女性由人力资本贫困者转变为人力资本小康者。对农村女性人力资本进行投资的目的

①　张世定. 改革开放以来中国共产党乡村文化建设研究［D］. 兰州：兰州大学，2019.

②　黄雯. 西部农村女性人力资源开发研究［D］. 咸阳：西北农林科技大学，2008.

③　张懿. 开放经济下中国人力资本质量与地区经济增长差异［D］. 杭州：浙江工业大学；2020.

是培养农村女性人才，开发农村女性潜能，提升农村女性人力资源质量①，为农村建设小康社会提供智力支持。

## 二、农村女性人力资源开发与利用状况分析

农业在全国经济发展中的重要地位以及在生态环境中的重要地位，决定了农村、农民、农业在国民经济发展中的特殊地位。农村女性作为农村经济和社会发展进步的重要力量已经日益凸显，尤其是近几年来，农村女性的发展问题已经引发了社会各界的关注。党中央、国务院、农业农村部、全国妇女联合会高度重视农村女性的发展问题，并出台了一系列政策法规，这为农村女性的发展提供了重要的政策支撑。但是，在我们取得辉煌成绩的同时，农村女性的发展仍有一些不尽如人意之处，农村女性人力资源开发的力度非常有限，水平不高，但潜力巨大。

自 1978 年以来，特别是进入 20 世纪 90 年代以来，我国农村的非农化迅速发展，速度令人震惊，到了 2000 年。在 4.5 亿农村劳动力中，已经有四分之一的农民脱离了传统的种植业和养殖业，这里面不乏大量的女性农民。经济结构和产业的变化、非农经济的飞速发展，引发了农村阶层的进一步分化，同时引发了农村女性就业结构的调整。根据就业结构和阶层，刘居才把农村女性分为五类。一是以从事农业为主的，同时还兼顾经营一些别的事情，如打零工、贩卖一些蔬菜、水果等。这类人员最多，排名第一，并且非常稳定。二是自己或者跟随丈夫常年奔波在外打工的农村女性劳动者。该群体的人数持续走高，可是职业非常不稳定。三是农村中的脑力劳动者，如女性教师（主要是幼儿园教师和小学教师）、女医生（主要是村卫生所医生和乡镇卫生院医生）、女技术人员等。该人群虽然人数较少，但职业非常稳定。四是农村企事业的管理者，如乡村女性干部（主要是指村委会干部和乡镇管理干部）、企业的管理者（主要是女性老板）。该群体人数虽然不多，但影响力极大，她们是农村致富的带路者、引领者，可以起到良好的示范效应。五是农村其他女性劳动者，即除去以上四类的农村女性劳动者。

### （一）农村女性劳动力流动趋势

"当前中国农村女性的向上流动速度呈加快的趋势，从农业中转移出的女性的经济收入、职业声望高于农业劳动者，并且其生产技能和人文素养也都有一定程度的提高。这对于她们来说，当属社会位置的上移，即向上流动。"② 尽管如此，这些农村女性大部分最终会出现逆向转移，即出去后再返乡。农村女性

① 卓日娜图娅. 贫困地区农村家庭禀赋、社区资源与老年人多维健康：以宁夏固原为例［D］. 咸阳：西北农林科技大学：2019：39.

② 刘奉越. 当前我国农村女性的社会流动与成人教育［J］. 职教通讯，2006（01）：52-54.

逆向转移比例比男性要高很多[①]。从转移出去的农村女性的就业层次来讲，她们主要在低技能的家务劳动市场和技术含量低的劳动密集型企业。其劳动强度大、劳动条件差、工资收入低[②]。

在跨地区流动时，流动成本就会变高，因为外出就业存在迁移成本、信息成本。由于受到文化水平、外出经历以及女性自身特点的制约，中国农村女性劳动力对不确定性和风险分辨能力弱，外出就业成本费用增加。出于对较高的外出流动成本的认识，农村女性劳动力喜欢"离土不离乡"的低成本转移方式。再加上受心理素质、家庭分工、文化程度等方面的影响，农村女性劳动力一般会流向距离家庭所在地较近的地点。许多农村妇女，尤其是已婚妇女更希望在本地就业，以便照顾家庭和孩子。

**（二）中国农村女性就业结构状况**

伴随着中国农村地区经济的发展以及资源的开发，农村的女性人力资源可以划分为如下三个层次：

第一，新生劳动力。这部分人年龄在30岁左右，文化程度为初中或高中，经过技能培训，"她们大部分集中在沿海和发达城市中的劳动密集型产业中，在劳动力输出中占很大比例，其中少数文化较高、技能较强者进入了城市白领阶层。这批人比城市当中的同龄人更能吃苦、更富有创业精神，她们当中的有些人一旦成功，就可能成为未来乡村的投资者或建设者。"[③]

第二，主体的骨干劳动力。这部分人的年龄主要集中在30岁至45岁之间，文化程度为初中。这类人群主要分为两类。一是创业者。这部分人群有一定的经济实力，家庭比较殷实，其中一部分能力较强或有一定经济基础的，选择就地创业，成为农村中的种植、养殖大户及加工业大户，带动一乡一村发展，她们是农业产业化和农业生产市场化的纽带和带头人，是农业现代化的主要促进者，并且是未来新型农业的带头人。二是季节性的离土不离乡的就近打工群体，她们在小城镇或县城从事家政服务和体能强度较大的脏、累、苦的活。她们离家不远，个人开销很少，打工所得能够及时补贴家用，并且打工和务农两方面都可兼顾。这批人成为在土地锐减背景下农民收入增加的重要力量。

第三，普通劳动力。这部分人的年龄大部分都在50岁以上，学历为初中或小学，甚至没有学历，她们以在家务农和做家务以及带孩子为主，"支持子女在外打工，是稳定农村生活的基本力量，她们占有农村现有劳动力的比例水平超

① 黄雯. 西部农村女性人力资源开发研究 [D]. 咸阳：西北农林科技大学，2008.

② 朱明磊. 我国建筑业农民工产业工人化的机理与对策研究 [D]. 重庆：重庆大学，2019.

③ 严霄云. 符应理论视角：职业教育与中国新产业工人的生产——一项对 H 市 XS 经济技术开发区中职校工（生）的研究 [D]. 上海：上海大学，2013：48.

过 65%。她们是农业大变革时期稳定农村社会的基石，是传统农业向现代农业过渡时期的奉献者、付出者①。"

### (三) 中国农村女性经济社会地位状况

农村妇女的家庭地位较低。2018 年全国人口变动情况抽样调查的数据显示，关于全国家庭户主的年龄、性别，在不同的年龄段，女性作为户主都少于男性，尤其在 20 岁到 54 岁，绝大多数家庭的户主都为男性。35 岁以上的男性在家庭中作为户主的占比达 80% 以上，直到 65 岁时才有所下降。

2019 年，中国人民大学、南开大学、河北大学、河南大学、四川大学、广西大学、南京大学和浙江大学等 31 所高等院校在全国范围内开展了一次实地走访调查，共涉及 367 个县市、1097 个行政村，调查的核心内容是妇女权益保障问题。在考察中我们发现，农村的男劳动力外出务工、创业的人数与日俱增，近三分之一（33.12%）的农村妇女已成为农村从事农业的主要劳动力，而男人务农、妇女料理家务的人数比例很小，仅占总数的 10%。

在新一代农民夫妻中，权利平等越来越普遍，年轻夫妇共同决策已成为小家庭的主要决策方式，中国农村家庭男女共同商量已占比 55.1%。妇女掌管家庭财权方面高于家庭决策权。在被调查者回答"谁主管家庭财务"时，回答"妻子掌管"的家庭占比 51.6%，回答"夫妻共同管理"的家庭只占 3.5%，回答"丈夫管理"的家庭占比 44.9%。

### (四) 中国农村女性教育素质状况

#### 1. 中国农村女性所处地区的教育状况

我们项目组在实地走访调研中，我项目组发现，许多偏远地区的适龄儿童入学率还不到七成（69.38%），而女童的比例则更少。作为培养适用人才的中等职业教育未得到充分的发展。根据统计资料上的数据，到 2019 年，中国农村劳动力文化程度的具体结构是：不识字或识字很少的劳动力占 11.6%，小学程度的劳动力占 34.4%，初中文化程度的劳动力占 44.6%，高中程度的劳动力占 7.0%，中专程度的劳动力占 1.7%，大专及以上程度的劳动力仅占 0.7%。在劳动力中受过专业技能培训的仅占 13.6%。② 高校和高校专任教师及大学生比例远低于东部，基础教育设施差，教师素质偏低，教学结构单一，教学管理落后，文化人才极度缺乏，基础文化设施建设长期滞后，文化产业发展水平很低。

改革开放以来，中国农村教育的办学条件有了极大的改善，地方各级政府在消除危房、改造校舍、增添设备仪器等方面做了很大的努力，但是许多地方

---

① 曹楠楠. 改革开放以来中国农村贫困家庭妇女扶贫脱贫研究 [D]. 长春：吉林大学，2020：76.
② 黄玛兰. 农村劳动力转移及其价格上涨对农作物种植结构变化的影响 [D]. 武汉：华中农业大学，2019.

仅仅是做到了"一无两有"，偏远农村的办学条件只能满足学科教学的基本需要，离全面推进素质教育的要求相差甚远。中国农村办学条件最差的要数远离乡镇的村小，有的村小几十年来变化不大，几乎没有图书、没有教学设备仪器、没有体育场地。相对而言，乡镇中心小学和初级中学的办学条件优于村小，但相对于城市仍然非常落后。

在我国偏远地区，教师，特别是小学教师，工作环境艰苦，教学任务过重，并且工资水平较低。农村中小学教师虽然在学历上已经达到一个较高的水平，但是优秀和比较优秀的教师不到教师总数的三分之一，教师的教育教学能力和水平较低。中国农村教育仍然是离农模式和为升学服务，其教育目标、模式、课程内容甚至方法手段几乎与城市一样，脱离农村生产、生活和学生实际，与农村的需求并不相符。教育的结果也与农村关系不大。那些没有完成升学而回到农村的学生缺乏服务农村的意识，也缺乏必要的生产知识和技能。

2. 中国农村女性受教育状况

与城市相比，中国农村妇女的整体素质不高。首先，中国农村妇女文化教育程度普遍较低，6岁及以上的女性人口中，小学程度与识字不多或不识字的比例高达75.2%，在男性中，此类占比54.5%，可见，农村地区小学程度或不识字的女性比男性高出约20个百分点；同时，初中及以上教育程度的女性所占的比例比男性及全国平均水平都低；6岁及以上的女性中，具有初、高中文化者占32.9%，而男性同比为42.7%。[①] 其次，农村职业教育发展落后，农村妇女接受教育和培训的机会较少，她们主要依靠长辈们的言传身教来获得技术，大部分没有受过系统的、正规的农业技术教育和职业培训，对现代农业科技的领会能力和掌握能力较差，这严重影响了农业新技术的推广应用。再次，农村的女性企业家少之又少；最后，农村的科学技术力量非常薄弱，其人才比例与城市相比有天壤之别。在城市中，每100名居民中科学技术人员高达33人，而农村平均不到3人，城乡人才比为11∶1。

（五）中国农村女性科技素质状况

从表4-1我们可以看出，与男性相比，女性的科学素养较低。一般来讲，文化程度越高科学素养越高，而且科学素养与所从事的职业密切相关，一般科技工作者的科学素养最高，单纯从事农业的劳动者科学素养最低，农村比城市低，西部地区比东部地区低。因此，要加大中国农村妇女的科学文化修养，提升农村妇女的文化涵养，这样才能为妇女自身的人力资源开发打下坚实的基础。

---

① 徐薇薇. 赣中农村妇女教育对农村经济及人口发展影响研究：对新干县三湖镇的个案调查 [D]. 南京：南京农业大学，2007：20.

表 4-1　中国公众基本科学素养水平状况①

| 分类 | 具备科学素养的比例 |
|---|---|
| 性别 | 男性（1.7），女性（0.98） |
| 年龄 | 18—19 岁（3.0），20—29 岁（2.6），30—39 岁（1.0），40—49 岁（0.8），50—59 岁（0.8） |
| 文化程度 | 大学及以上（11.5），大专（7.0），高中（1.6），初中（0.3），小学及以下（0.1） |
| 职业 | 专业技术人员（6.29），办事人员（4.7），机关企事业单位负责人（4.55），工业企业工作者（0.52），农林牧副渔业劳动者（0.04） |
| 城乡 | 城市（3.1），农村（0.4） |
| 地区 | 东部地区（2.3），中部地区（0.85），西部地区（0.65） |

农业人才不仅包括科技人员，还包括出生于农村的农业科技能人、示范户。这类人最贴近群众、最能传播技术，是农业科技推广的最主要力量。

### （六）中国农村女性身体素质状况

人力资本理论认为，健康状况可以看作一种资本存量，其中一部分是与生俱来的，如遗传疾病，另一部分是后天获得的，包括营养、保健、医疗、卫生条件等。可见，妇女健康是人力资源中一个很值得关注的问题。影响身体健康的主要因素：一是生活水平，二是医疗卫生水平。前者可由食物消费支出、消费结构和营养状况直接反映；后者则由医疗卫生机构的建设、孕产妇死亡率、疾病及环境卫生等指标予以具体体现。

2017 年，东部地区农民的平均预期寿命为 71.9 岁，西部地区是 68.4 岁，这表明西部地区农民的健康水平远低于中东部地区的水平，西部地区农村居民的健康水平急需提高。

## 三、中国农村女性人力资源开发缓慢发展的原因分析

### （一）女童教育的缺失

经过几代人的不懈努力，文盲所占的比例大大降低，但是在偏远山区，女童的辍学率还是较高。农村地区，特别是西部的某些偏远地区，女童的辍学率比城市高出了近 8 倍。在偏远农村地区，不少年老的女性几乎没有上过几天学，有的甚至连自己的名字都不会写，这严重制约了农村女性对职业的选择权。

---

① 中国科学技术协会. 2001 年中国公众科学素养调查报告［M］. 北京：科学普及出版社，2002：13-15.

### （二）传统的社会偏见

在漫漫的封建社会，"男尊女卑"的思想不仅渗透在男人的骨髓中，还感染了女性，她们的社会地位极为卑微，没有政治权利可言，受教育更是不可想象的事情。新中国成立以后，妇女与男性一样成了国家的主人，农村妇女的社会地位得到了极大提高，男女平等的思想也得到了法律的保证。但在现实社会中，部分地区，尤其是在文明程度偏低、文化知识相对贫乏的农村，经济发展缓慢、开放程度受阻，使得这部分农村妇女依旧受到传统的"男尊女卑"思想的影响。这部分农村妇女逐步形成了软弱、顺从、依赖等心理特点，不敢也不想外出就业，"等靠要"思想严重，自身创业、就业的主动性和创造性被限制。"家庭仍然是她们生活的重心，她们不能也不希望脱离家庭外出就业。相夫教子、服侍长辈是她们的最优选择。而对于有一部分农村妇女来说，虽然她们希望外出就业，但受到长辈、丈夫或孩子的牵制，或是因为丈夫已经外出，或是因为要照顾老人和孩子，她们不得不留在家里。"①

传统性别文化也是制约农村妇女发展的外部客观因素，这是她们所要面对的"农民身份"以外的"性别角色"问题。男权中心在农村地区隐藏得较深，封建的"纲常礼教"以各种形式表现出来，比如"男主外女主内"这一观念，已经以社会风俗的形式使男女两性的角色关系模式化，这无疑给农村妇女套上了无形的精神枷锁。在中国农村，综合性的社区家政服务少，农村妇女大部分时间要做家务和照看孩子，她们的闲暇时间和充实自己的时间相对较少。

### （三）农村产业结构调整导致农村妇女发展受限

农村产业结构调整是从传统农业社会向现代工业社会转变的必然要求，这一方面造成农村劳动力需求数量的降低，另一方面对农村劳动力的质量提出了更高要求。农业现代化需要有知识文化水平的复合型劳动力，而不是单纯的体力劳动力。由于劳动生产率的提高以及新技术的应用，我国农业劳动力在1983—1988 年间已经达到饱和，近年来，农村出现了相对于农业极限的"过剩人口"，其中包括妇女。由于一部分农村妇女在农村剩余劳动力的转移过程中不适应（养育子女或能力等原因），许多地区是男人到城市打工，妇女从事农业生产，这也就是所谓的农业女性化趋势，这一问题具有世界性。农业女性化趋势无论是对农业生产还是对女性个体的发展来说，都是不利的。不过，随着市场经济的深化和第三产业的兴起，越来越多的农村妇女实现了非农就业。据中国农村政策研究中心的调查，16 岁至 20 岁的农村女性中，外出打工的比例从1990 年的 13％上升到了 2020 年的 94％。

---

① 苏醒. 追寻"德气"的人生：大理诺村女性社会性别建构中的日常行为规范研究 [D]. 昆明：云南大学，2018：67.

### （四）生产力水平以及城乡二元结构的影响

中国农村女性人力资源的开发与利用程度受当地社会经济发展水平影响，生产力水平的高低是人力资源开发与利用不可忽视的前提。生产力水平决定着人们的生活方式，生产力水平低，则艰苦、繁重的劳动几乎不可避免。与生产力相关且制约着农村妇女发展的因素还有城乡二元结构。曾经在一个阶段内，"城乡二元经济结构和社会结构使得农村劳动力很难在城市和农村之间自由流动……农村劳动力不能及时填补城市产业结构调整过程中产生的岗位空缺，城市劳动力也难以到农村就业以弥补农村在人才、技术等方面的不足。"① 改革开放以后这种局面逐渐得到缓解，但依然有影响。城乡分割的二元经济社会结构依在一定程度上阻碍了农村经济的发展，也间接影响了农村女性人力资源的开发。

### （五）配套服务不够完善

虽然我国有《中华人民共和国妇女权益保障法》《中华人民共和国劳动法》《中华人民共和国母婴保健法》等法律体系，妇女在政治、经济、教育、健康等方面的权利在法律上受到保护，但现实中，女性在就业等过程中遭遇性别歧视经常存在。同时，由于农村中的就业服务机构非常少，农村女性获得就业信息不如城镇女性全面。

### （六）乡镇企业对农村劳动力的需求降低

乡镇企业随着结构升级和调整，对高新技术的应用将更加普遍，对农村劳动力的需求逐步降低。

从 2017 年的《中国统计年鉴》可以发现，乡镇企业和私营企业的就业人数每年都在增加，特别是私营企业的就业人数，更是从 2000 年的 1139 万人迅速增长至 2018 年的 2024 万人，同时个体的就业人数逐年降低。乡镇企业一直是吸纳农村劳动力的主要力量。② 但随着乡镇企业的改制，从 2001 年起，乡镇企业就业人数的增长绝对数开始少于农村私营企业就业人数的增长绝对数；农村乡镇企业就业人数的增长率远低于农村私营企业就业人数的增长率。这反映了乡镇企业对农村劳动力的吸纳能力明显下降。

---

① 张延曼. 新时代中国特色城乡融合发展制度研究 ［D］. 长春：吉林大学，2020：49.
② 裴新伟. 影响因素与发展趋势：新时代中国农民阶层分化研究 ［D］. 天津：南开大学，2019.

# 第二节 农村女性与乡村振兴战略实施

## 一、乡村振兴战略

乡村是具有自然、社会、经济特征的地域综合体，兼具生产、生活、生态、文化等多重功能，与城镇互促互进、共生共存，共同构成人类活动的主要空间。"我国人民日益增长的美好生活需要和不平衡不充分的发展之间的矛盾在乡村最为突出，我国仍处于并将长期处于社会主义初级阶段，它的特征很大程度上表现在乡村。全面建成小康社会和全面建设社会主义现代化强国，最艰巨、最繁重的任务在农村，最广泛、最深厚的基础在农村，最大的潜力和后劲也在农村。"① 实施乡村振兴战略，是解决新时代我国社会主要矛盾、实现"两个一百年"奋斗目标和中华民族伟大复兴中国梦的必然要求，具有重大现实意义和深远历史意义。乡村振兴战略的实施包括五方面的内容。

内容1：文化振兴。"文化振兴是实现乡村振兴的思想保障，以社会主义核心价值观为引领，采取符合农村、农民特点的有效方式，深化中国特色社会主义与中国梦宣传教育，大力弘扬民族精神与时代精神。加强爱国主义、集体主义、社会主义教育，深化民族团结进步教育。"②

内容2：产业振兴。产业兴百业兴，实现乡村振兴要把农业发展摆在突出的位置，把产业发展摆在突出的位置。主要包括两个方面：一方面要深入推进农业供给侧结构性改革，奏响质量兴农、绿色兴农、品牌兴农的主旋律，推动农业由增产导向转向提质导向；另一方面，要加快培育乡村产业、乡土产业，促进农村一、二、三产业融合发展，实现农民增收富裕、农村经济繁荣。

内容3：生态振兴。生态振兴重在构建乡村振兴的环境基础，关键是在农业发展观上开展一场深刻革命。一方面是形成绿色的生产方式和产业结构，推动农业投入品减量、农业废弃物资源化运用和农业资源养护；另一方面是形成绿色的生活方式和人居空间，从厨房、洗手间、垃圾箱改起，贯彻落实《农村人居环境整治三年行动方案》。

内容4：人才振兴。乡村人才振兴要运用政策、机制、机会等多种方式，鼓励社会各类人才能够看到乡村希望、看好乡村未来、看见乡村生活，实现真

---

① 阳斌. 新时代中国共产党乡村治理研究［D］. 成都：西南交通大学，2019.
② 卯海娟. 乡村振兴战略下中国乡村文化建设研究［D］. 兰州：兰州理工大学，2020.

正的"吸引人才到农村"。

内容 5：组织振兴。组织振兴重在保证乡村振兴的政治基础，农村基层党组织是实施乡村振兴战略的战斗堡垒。组织振兴就是要以成千上万名优秀的农村基层党组织书记为抓手，把我国社会主义民主政治的优势和特点充分发挥出来，形成"三治合一"的现代乡村社会治理体系，保证乡村振兴健康稳步地推进。

### 二、农村女性与乡村振兴战略实施

古典经济学认为，经济增长要素包括土地、劳动力和资本的投入。随着知识经济时代的到来，经济发展的推动力已经不是土地、劳动力数量和资本存量的增加，更多地体现于劳动者知识和能力的提高，即人力资源素质的提升。农村劳动力是乡村振兴的价值主体，是农村经济增长要素的主要供给者。从马克思关于人的全面发展学说、二元经济理论、现代人力资本理论、产业结构变动中劳动力资源变化趋势理论以及社会性别理论等视角系统分析农村女性与乡村振兴战略的关系，可以看到农村女性是农村物质资本积累的基本源泉、农业现代化发展的主力军、农村公共事务的重要参与者、农村先进性别文化的主动塑造者、加快城市化进程的主要推动者和农村社会可持续发展的积极影响者。因此，农村女性在数量基础上的质量水平将直接影响和决定乡村战略实施的速度与进程。

#### （一）农村女性是农村物质资本积累的基本源泉

乡村振兴"生产发展"和"生活宽裕"目标的实现过程，本质上是农村物质资本创造和积累的过程。在这个过程中，农户增收，农民生活质量和生活水平提高，农村经济可持续发展态势基本形成。农村女性作为农村人力资源的主要部分，是农村物质资本积累的主导性力量，新农村建设中农村物质资本的创造和积累离不开农村女性。

正如马克思关于人的全面发展学说中所述，人和劳动是生产和经济活动中发挥最关键作用的核心资源，"人口在这里是财富的基本源泉"；人是劳动的主体，自然资源是客体，资本资源则是二者的中介；近代社会中出现的资本和自然资源高于人力资源甚至控制人的现象，是一种"异化"现象。在人的全面发展学说视域中，农村女性是农村物质资本积累的根本动力和基本源泉。

关于人力资源在经济增长中的决定性作用，现代人力资本理论有详细论述。人力资本理论创始人舒尔茨在长期的农业经济研究中发现，20 世纪 50 年代，美国农业生产量的迅速增加和农业生产率的提高，其关键性因素并不是土地、劳动力数量或资本存量的增加，而是人的知识、能力和技术水平的提高。他指出"人力资本的增长可能是经济系统内最为不同凡响的特点"①。综上可见，"农村女性是农村生产要素中的主体性资源，是农村物质资本积累的基本源泉；农村女性对农村经济增长起着决定性作用，尤其是具有知识文化的农村女性，随着人力资源质量的提升，将成为农村经济系统中最能动、最活跃的要素，是农村经济增长和财富积累的关键。"② 国内外经济发展实践证明，一个国家或地区的人力资源质量与经济发展之间呈正相关关系，即人力资源素质越高，该国家或地区的经济发展速度越快；反之亦然。

**（二）农村女性是农业现代化发展的主力军**

现代农业是相对传统农业而言的，农业现代化，就是在传统农业基础上"用现代物质条件装备农业，用现代科学技术改造农业，用现代产业体系提升农业，用现代经营形式推进农业，用现代发展理念引领农业，用培养新型农民发展农业，提高农业水利化、机械化和信息化水平，提高土地产出率、资源利用率和农业劳动生产率，提高农业素质、效益和竞争力。建设现代化农业的过程，就是改造传统农业、不断发展农村生产力的过程，就是转变农业增长方式、促进农业又好又快发展的过程。"③ 在农业现代化进程中，包括农村妇女在内的新型农民的培养是关键，新型农民是推动农业现代化发展的主导力量。二元经济理论认为，随着经济的发展，无限供给的农业劳动力在高收益的吸引下会源源不断地进入城市工业部门，最后直到城市工业部门吸收完所有的农业剩余劳动力（刘易斯，1955），因此，二元经济中的农业部门必须依靠技术进步以提高生产率，来保持农业和工业两个部门的平衡发展（拉尼斯和费景汉，1961）。在我国，二元经济结构引发了农业部门内的农村剩余劳动力向城市的非农转移，农业生产女性化成为我国农村劳动力结构特征，因此，农村女性客观上成为农业现代化发展的主力军和核心力量。"没有农村妇女人力资源的利用与开发，农业现代化发展目标就难以实现。农业现代化的发展程度一定程度上取决于农村女性的开发程度。农村女性的开发，不但能使长期束缚于传统农业生产的妇女逐步适应现代化的农业生产，还能随着经营管理素质和现代意识的提高，改变传统低效、自给自足的经营管理方式，推动传统农业向现代农业的转变。"④

**（三）农村女性是农村公共事务的重要参与者**

随着改革与发展的深化，农村妇女日渐成为农业和农村发展的核心力量，农业和农村的发展越来越离不开农村妇女的参与，甚至必须基于她们的发展和

① 舒尔茨. 论人力资本投资［M］. 北京：北京经济学院出版社，1990：86.

② 李澜. 西部民族地区农村女性人力资源研究［D］. 北京：中国农业科学院，2005：10.

③ 中共中央 国务院出台 2007 年中央"一号文件"［EB/OL］.（2007-01-29）［2022-01-24］. http://ce. cn/xwzx/gnsz/szyw/200706/27/t20070627 _ 11973029. shtml.

④ 张世定. 改革开放以来中国共产党乡村文化建设研究［D］. 兰州：兰州大学，2019：23.

参与。正如毛泽东同志所说："中国的妇女是一种伟大的人力资源。必须发掘这种资源，为了建设一个伟大的社会主义国家而奋斗。"[1] 农村公共事务的管理也是如此，在管理的过程中既不能缺失农村妇女的视角，也不能离开广大农村妇女的参与，否则"管理民主"目标无法实现。因此，农村女性是农村公共事务的重要参与者。马克思关于人的全面发展学说认为人不仅是劳动者，还是社会历史活动的主体；物质生产力的发展与人的发展应该是统一的，"建立在资本基础上的生产发展本身要求造就全面发展的人，只有这样的人才能使资本主义生产的进一步发展成为可能，这是一种客观趋势"[2]；在未来社会，每个社会成员的才能都得到全面发展，全面发展的人是能够承担各种不同社会职能的人，他们能够适应各种不同的劳动需求，并且使自己先天的、后天的各种能力得到自由的发展；当今社会的发展呈现这样的态势："物质生产力的限制取决于物质生产与个人的完整发展的关系""真正的财富是所有个人的发达的生产力"[3]。人的全面发展是人类社会发展的基本内涵和经济社会发展的根本目的。农村妇女的全面发展意味着农村妇女在体力、智力、政治参与和生产能力等方面的发展与完善，其中农村妇女对公共事务的参与状况直接反映农村妇女的政治素养，是衡量农村妇女发展的重要指标，也是农村妇女在农村社会地位和政治地位的直观反映。农村女性对公共事务的参与既是乡村振兴管理民主目标的题中之意，又是提高农村妇女参政水平、促进妇女全面发展的内在要求。

### （四）农村女性是农村先进性别文化的主动塑造者

社会性别（Gender）理论认为，"女性能力和社会地位之所以低于或劣于男性，不在其生理特征，而是后天形成（波伏娃，1949）；妇女所扮演的性别角色不是由女性生理所决定的，而是由社会文化所规范的；人的性别意识不是与生俱来的，是在对家庭环境和父母与子女关系的反应中形成的；生理状况不是妇女命运的主宰，男女性别角色是可以在社会文化的变化中改变的；男性在劳动力市场上能保持优势，而妇女创造劳动生产率的价值被贬值，这是传统文化所决定的社会性别标志的表现，是社会为他们做出的位置安排。"[4] 由此，女性在人类历史上一直扮演着"他者"的角色，"通过相对于男性的关系被描述和界定，如女性通常被描述为柔弱的、需要保护的、无能的、不成熟的、非理性的、易哭泣的，男性则是尊贵的、强壮的、有魄力的、成熟的、理性的、坚强的。而这些观点，再与政治、文化、社会以及历史等环境因素进行综合，从而形成了'男尊女卑、男强女弱、男高女低、男主女从、女子无才便是德'等男女两

① 中共中央办公厅. 中国农村的社会主义高潮（中）[M]. 北京：人民出版社，1956：675.
② 马克思，恩格斯. 马克思恩格斯全集第46卷（上）[M]. 北京：人民出版社，1972：486.
③ 马克思，恩格斯. 马克思恩格斯全集第46卷（上）[M]. 北京：人民出版社，1972：201.
④ 敬少丽. 女性主义视野下的教育机会均等 [D]. 上海：华东师范大学，2006：34.

性差别观念，甚至在现代还在不断被内在化、概念化和大众化。"① 毋庸置疑，这种传统的"女性弱者"的性别文化，与乡村振兴对农村妇女成长为新型农民的现实期待并不相匹配，不利于农村妇女自身的全面发展。农村先进性别文化的缔造，需要让农村妇女参与到农村政治、经济社会生活的各个领域，让农村妇女主动去展现和塑造具有时代特色的农村新女性形象，独立、自主、平等、自信。唯有如此，才能在新农村建设中全面激发农村妇女的主动性、积极性和创造性，推动农村妇女的全面发展，最终使农村女性真正成为农村先进性别文化的展现者和塑造者。

**（五）农村女性是加快城市化进程的主要推动者**

产业结构变动中的劳动力资源变化趋势理论认为，人类社会最早的生产部门是农业部门，它是社会分工和其他非农产业部门存在的基础，"农业劳动不仅对于农业领域本身的剩余劳动来说是自然基础，而且对于其他一切劳动部门之变为独立劳动部门，从而对于这些部门中创造的剩余价值来说，也是自然基础"②；随着农业劳动生产率的不断提高，大量绝对过剩的农业劳动人口便流入城市，即随着产业结构的变迁，农业劳动力有向城市集中的显著趋势；随着经济的发展，会有更多的劳动力依次转移到工业和非农业生产领域。我国的城市化实践印证了这一趋势。我国城市化的途径主要有两种："一种是内涵式城市化，主要依托现有城市吸纳和转化更多人口，尤其以农民工为代表的农村流动人口，促使他们能平等地获取和利用城市的基本公共资源，转化为真正的市民；另一种是外延式城市化，指通过行政区划变动迅速扩大城镇的地域规模，大量农民就地拥有了市民身份。"③

农村女性对城市化的推动作用集中表现为"在非农产业的劳动力转移上，城市化发展聚集了大量农村妇女劳动力在各种经济活动中的直接参与，城市化水平的提高更集中了包括农村妇女在内的许多劳动者的创造性活动，城市化的发展离不开农村女性的参与和推动"④。与此同时，城市化也给农村妇女提供了新的发展机会和更广阔的发展空间，让农村妇女不再囿于农村的土地上和传统的农业生产中；城市化还为农村妇女发展创造了优越的物质条件和优化的社会氛围，为农村妇女获得全面发展提供了基础和可能。

**（六）农村女性是农村社会可持续发展的积极影响者**

农业生产与自然环境是非常密切的。"一方面，农业生产依赖和利用土地，

① 鹿锦秋. 南希·哈索克的马克思主义女性主义研究［D］. 济南：山东大学，2014：54.
② 马克思，恩格斯. 马克思恩格斯全集第26卷（第一册）［M］. 北京：人民出版社，1972：22.
③ 乔晶. 大都市地区镇村关系重构研究：以武汉市为例［D］. 武汉：华中科技大学，2019：32.
④ 秦宏. 沿海地区农户分化之演变及其与非农化、城镇化协调发展研究［D］. 咸阳：西北农林科技大学，2006：45.

如农业生产分布受自然环境影响，农业产出规律亦由自然产出规律决定；另一方面，农业发展对土地的利用和开发过程，实质上也是人类对生态环境的适应和改变过程。"① 此外，从资源现实来看，我国人口数量庞大，一直以来与耕地之间的供给矛盾突出，耕地资源人均拥有量严重不足。新中国成立以后，虽然我国农业综合生产力高速增长，但在一定程度上是通过破坏和牺牲生态环境才使得生产力提高的。随着农业的深化发展，资源和环境压力明显加剧，农业生产面临巨大危机，农村社会可持续发展困难重重。

农村社会的可持续发展主要包括农村人口的可持续发展、农村水土资源和农村生态环境的可持续发展。作为母亲这一社会角色，农村妇女承担着繁衍的重要职责，因而农村女性对农村人口的可持续发展起决定作用。第一，由于生物遗传，"母亲的素质会进行代际传承，即母亲的智力、体力和文化水平等都会影响子女的智力和体力。"② 第二，子女在社会化过程中受到母亲的影响。"在农村社会中，子女人生观和价值观的形成普遍受到母亲影响，母亲的言传身教是子女成长中品性养成的重要途径。作为农村生产和生活的主要力量，农村女性的经营理念、管理水平及其做出的生产决策都会对农村自然资源保护和生态环境保护产生影响，如耕地的保护、森林植被和水资源的保护，水土流失的治理、土地荒漠化以及防止农业生产所造成的环境污染等"③。与此同时，还可以通过对农村女性的开发，提高农村妇女的整体素质，增强农村妇女的环保意识，转变其生育观念，更好地处理好农业与人口、资源与环境之间的关系，推动农村社会的可持续发展。

## 第三节　河北省农村女性教育扶贫对策研究

2020 年 12 月 3 日，习近平总书记在中共中央政治局常务委员会上指出，经过 8 年持续奋斗，我们如期完成了新时代脱贫攻坚目标任务，现行标准下农村贫困人口全部脱贫，贫困县全部摘帽，消除了绝对贫困和区域性整体贫困，近 1 亿贫困人口实现脱贫，取得了全世界刮目相看的重大胜利。他同时强调，当前我国发展不平衡不充分的问题仍然突出，巩固拓展脱贫攻坚成果的任务依然艰巨。本节根据国家开展教育扶贫的工作要求，围绕省委省政府巩固拓展脱

---

① 汤西子."农业—自然公园"规划：山地城市边缘区小规模农林用地保护与利用方法研究 [D]. 重庆：重庆大学，2018：32.

② 王金娜. 教育改革偏好与中产阶层母亲的教育卷入 [D]. 南京：南京师范大学，2017：15.

③ 张瑜. 塑造"社会主义新人"：集体化时代一个晋东南村庄的个体与群体 [D]. 太原：山西大学，2020：31.

贫攻坚成果的任务，全面分析农村妇女教育扶贫意义，深入剖析农村妇女教育扶贫的难点和堵点，有针对性地提出河北省开展防止农村妇女返贫致贫教育扶贫的对策建议。

### 一、农村妇女教育扶贫意义深远

1. 满足农村妇女发展的实际需要。一般来讲，经济落后地区的农村妇女文化素质相对较低，欠缺相对先进的农业生产技能，缺乏发展资金，因为缺乏劳动技能，外出务工时只能从事技术含量低的体力活。年纪稍大时，可能会因为体力不支被迫退出劳动力市场。因此农村妇女迫切需要提升科技文化素质和创业、就业技能，她们对于实用技术的培训尤为渴望。在被调查的农村妇女中，96.5%的农村妇女表示需要教育扶贫，其中61.8%的农村妇女对教育扶贫有着迫切需要；69.5%的农村妇女认为自己需要提升解决工作、生活问题的知识和能力；75.7%的农村妇女认为自己的学历、知识和能力不能适应当前社会发展需要；40.5%的农村妇女希望学到实用技能；33.8%的农村妇女想获得就业信息服务；24.6%的农村妇女希望得到市场信息和国家政策解读。

2. 提高农村妇女的自信心和生活质量。经调查，参与"河北省巾帼精准扶贫十百千培训工程"的农村妇女中，认为生活发生了好的变化的占比91.3%；有了新的就业创业机会的占比81.7%；收入有实质性增加的占比86.9%，其中月收入增长500元以内的占比12%，月收入增长500—1000元的占比78%，月收入增长1000元—2000元的占比7%，月收入增长2000元以上的占比3%；80%的妇女觉得生活得更加自信。这些充分表明，农村妇女通过提高素质，自信心和生活质量明显提高。

3. 提高农村妇女的受教育水平。提高妇女受教育水平，保障并给予妇女平等的受教育机会是使男女平等得到充分体现的关键。根据世界银行的报告，妇女教育与社会发展之间有着密切的联系，对于女性来说，教育能提高其社会地位，在经济上与男性平等。据河北女子职业技术学院农村妇女教育扶贫需求问卷调查（学院教育扶贫调查小组到张家口地区的张北、尚义、沽源、康保、阳原，承德地区的隆化、丰宁满族自治县、围场满族自治县，保定地区的涞源、阜平、容城进行了走访，发放调查问卷3000份，收回有效问卷2809份）显示，在此次调查的农村妇女中，小学以下文化程度的比例是1.3%，初中文化程度的比例是73.4%，高中文化程度的占比是23.4%，接受过高等专科教育的仅占1.9%。在农村妇女发展面临的主要问题中，"生存压力大、学习及发展机会少"占比最高，达到33.1%，其次是不同程度的性别歧视，占比23.4%，"家务繁杂、家庭矛盾"占比21.8%，交通、环境等其他因素占比21.7%。调查结果显示出，农村妇女是容易被忽视的群体，受教育水平偏低，职业技能和综合素养难以适应农村新形势发展需要。

4. 为经济社会发展提供人力支撑。随着我国经济发展，大量农村男性剩余劳动力流入大城市成为农民工，大量留守农村妇女不仅承担了农业生产发展的重任，成为农村的主要劳动力（占比超过 60%），还在农村经济建设、社会建设、文化建设中发挥着重要作用。同时，农村妇女主导了大部分的家庭事务，在抚养子女、赡养老人和改善家庭生活方面发挥着不可替代的作用。

综上所述，开展农村妇女教育扶贫，既能满足农村妇女实际发展需要，提高她们的生活质量、自信和受教育水平，增强幸福感和获得感，还能够为社会整体发展提供支持。

## 二、河北省开展农村妇女教育扶贫存在的主要问题

农村贫困妇女劳动技能单一，创业就业能力和抗市场风险能力较弱，还承担着照顾老人、抚育子女的重担，一些贫困妇女增收遇到困难，防止农村妇女返贫致贫面临着很大挑战。

1. 男女平等基本国策在落实层面有差距。受多方面因素影响，我国法律规定的男女平等问题在一些领域没有真正实现，农村地区男女平等和妇女发展存在诸多问题，妇女在社会分工和资源占有方面仍处于弱势；妇女参与决策和管理的水平较低，与妇女占人口总数的比例不相适应；妇女的健康需求有待进一步满足；妇女发展的环境需要进一步优化，特别是妇女平等获得教育资源和机会的权利还存在男女差异；同时，城乡妇女在教育资源配置和机会获得中的不平等问题较突出。这些问题严重制约着妇女发展，也影响着社会整体发展。

2. 教育扶贫政策中缺乏以农村妇女为主体的专门性政策安排。中国农村扶贫政策，无论是早期救济式扶贫阶段还是后来的开发式扶贫阶段，扶贫实践针对的都是贫困地区或贫困人口，将贫困地区的男女作为同质性很强的同一群体进行无差别对待，社会性别基本没有被纳入扶贫对象的考虑范畴。全国妇联非常关注农村贫困妇女的反贫困工作，各级妇联组织与当地政府合作组织开展了妇女小额信贷、贫困母亲"两癌救助"、"母亲水窖"等政策性公益项目，但分散的、非连续性的项目难以触及农村妇女发展的深层次结构性问题。各级政府部门还需出台各种专项扶持政策，并采取有力措施保障政策的执行效度和延续性，帮助农村妇女实现自我发展能力和生活质量的提升。

3. 农村妇女对教育扶贫政策知晓率较低。在调查中发现，一方面教育扶贫政策的宣传效果往往取决于当地政府相关工作人员的责任心和积极性，随机性较大；另一方面，农村妇女忙于生产和照顾家庭，以致一些针对农村妇女的教育扶贫政策和帮扶措施不被广大农村妇女所知晓，使得她们无法参与教育扶贫项目。通过对"河北省巾帼精准扶贫十百千培训工程"学员进行调查和对农村

妇女对帮扶政策的了解可知，54.2％的学员是通过朋友、村民的"口耳相传"了解扶贫政策，42.5％的学员是通过乡镇政府、村委会等了解扶贫政策，3.3％的学员是通过自己主动查阅网络获得相关信息。经调查，76％的农村妇女对教育扶贫项目"不清楚"。由此可见，针对农村妇女的帮扶政策在基层的宣传和落实不够，地方政府对农村妇女教育扶贫的重视和相关政策的宣传力度还需强化。

4. 社会参与度较低。通过调查发现，在农村妇女教育扶贫中，社会的参与度不足。虽有院校、社会团体或企业参与农村妇女教育扶贫工作，但参与力度不高，形式较为单一，并且缺乏系统性的理论指导和规范支持。

5. 配套的软硬件设施需要得到完善。在教育扶贫项目实践中我们了解到，贫困地区由于经济较为薄弱，缺少授课的固定场所；贫困山区因无线网络不稳定，线上教学经常卡顿不通畅。

6. 部分农村妇女观念落后。一部分农村妇女受传统的"男尊女卑"等陈腐观念影响，把自己放在家庭的从属地位，安于现状，缺乏进取心，不愿意参与教育扶贫项目。农村妇女参加调查访谈时就表示，她是村里妇联动员了好几次才参加的这次教育。此外，农村妇女，无论是留守妇女还是外出务工人员，因为家务繁杂或者工作忙碌，没有时间参加学习。有些教育扶贫项目，比如技能培训，由于时间短，没有延续性，培训内容笼统、滞后、不实用，培训缺乏实效性，一定程度上阻碍了农村妇女的发展进步。

### 三、河北省开展防止农村妇女返贫致贫教育扶贫的对策建议

当前，我国已全面建成小康社会，河北省在这个过程中努力构建新发展格局，全省上下深入贯彻落实党的十九届五中全会精神，巩固拓展脱贫攻坚成果，健全防止返贫致贫机制。其中，包括完善河北省防止农村妇女返贫致贫教育扶贫机制。

1. 出台差异性倾斜政策。在落实已有帮扶政策时保障性别平等，在教育扶贫实际工作中全面贯彻性别平等原则。在教育过程中注重传播性别平等的思想观念，把社会性别意识纳入培训课程。将农村妇女教育扶贫纳入防止返贫致贫的帮扶机制，建立农村妇女教育扶贫的顶层设计和实施路径，统筹多方教育资源，强化农村妇女教育扶贫效果。

2. 构建防止农村妇女返贫致贫联合管理体制。农村妇女返贫致贫是一项系统工程，仅依靠一个部门或单项措施是远远不够的，需要建立分工明确的联合管理体制。河北省妇联、河北省教育厅牵头组成防止农村妇女返贫致贫教育扶贫联合管理组，各相关部门作为成员单位。河北省妇联、河北省教育厅负责农村妇女教育扶贫工作的统筹规划、综合协调、实施及质量监督，财政部门主要负责教育经费统筹监督，人社部门主要负责提供劳动力市场需求情况，其他相

关部门提供信息、技术等资源支持和配套措施，建立明确的分工和合作机制，形成政府统筹、妇联及教育部门主管、多部门支持的工作机制。

3. 建立多元经费投入机制。第一，政府部门加大对妇女发展事业所需经费的投入，将防止妇女返贫致贫经费纳入财政预算，尤其针对农村妇女重点、难点问题设计相应教育扶贫项目，完善软硬件设施建设，安排专项经费。第二，防止农村妇女返贫致贫，教育扶贫吸纳更多的社会力量参加。政府给予非政府组织适当的政策优惠，给予企业、个人一定的税收优惠政策，吸引越来越多的社会力量参与农村妇女教育扶贫，扩展合作平台。第三，构建资金支持机制，鼓励社会各界对农村妇女教育扶贫给予资金支持，对资金来源渠道予以规定，对提供资金方式予以引导，建立完整的资金支持链。

4. 建立政策宣传机制。第一，构建立体的宣传网络。政府、高校、企业、社会组织等共同发力，疏通各种渠道，扩大宣传覆盖面，用好电视、广播、网络等大众媒体构建宣传网络，尤其是运用好微信公众号、短视频等新媒体。动员基层妇联干部、村干部、志愿服务团体等构建线下动员网络，通过入村宣讲、入户动员等方式进行线下精准宣传、深度动员，提升宣传效果。第二，当前对于农村妇女教育扶贫政策的宣传并没有统一的要求和规范，应尽快出台相应政策层面的宣传规定，针对农村妇女的教育扶贫宣传加强力度和广度，提升宣传工作效率。第三，在宣传过程中潜移默化地影响农村妇女的教育意识和观念，让她们意识到虽然已走出校门，但仍然可以通过教育扶贫获得更多的受教育机会，掌握新的就业创业技能和知识，进而享受更美好的生活。

5. 设立防止农村妇女返贫致贫教育扶贫考核专项。第一，将防止农村妇女返贫致贫考核设为返贫致贫考核体系中的专项，健全报告制度，各有关部门每年向河北省妇女儿童工作委员会和上级主管部门报告工作情况，定期召开协调交流工作会议，及时沟通反馈工作进展情况。第二，建立教育扶贫大数据系统。将农村妇女教育扶贫纳入大数据系统中并设立为专项，各部门在平时工作中将各项数据及时上传汇总，便于考核监督。

6. 建立高校教育扶贫对接机制。第一，在各级政府主导下，高校尤其是高职院校积极与地方妇联等妇女组织对接，在充分调研的基础上，根据地方产业特点，积极开展继续教育、技能培训、项目带动等教育扶贫。第二，高校在进行教育扶贫过程中，尤其是在进行技能培训时，要充分考虑区域经济特点和农村妇女的年龄结构、受教育程度、家庭身份、个人基础能力，培训内容结合地方产业特点，以实践为主，真实有效地让农村妇女掌握一技之长，服务地方经济。例如，在教育扶贫实践中，河北女子职业技术学院将成人学历教育与技能培训相结合，派出专项工作小组赴各县进行实地调研，结合各县产业发展情况和农村妇女需要设置专业，因地制宜、因村施教，将帮扶课程送到农村妇女家门口，并在全省 42 个县市，247 个县、乡、村设立教学点，累计培训农村女性 12.66 万人次。该学院通过为农村女性提供技术服务、创业指导、项目支持等形式帮助农村女性提升"造血"功能，培养了大批农村妇女创业带头人，在防止农村妇女返贫致贫中发挥了独特作用。

7. 建立内生动力激励机制。内生动力是摆脱贫困最有效的力量。第一，要促进农村妇女性别意识的觉醒。"男主外女主内"、重男轻女等传统思想在广大农村地区影响广泛，在这些思想的影响下，农村女性倾向于对自我性别的不认同，严重影响了农村妇女个体的发展。要激发农村妇女的自我价值和自我认同度，挖掘农村妇女潜能，充分肯定农村妇女的能力。第二，要采取措施改变基层工作队伍中女性比例偏低的状况，增加基层工作队伍中女性的人数。同时，在防止返贫致贫教育扶贫过程中，培养一批妇女骨干，让农村妇女在教育扶贫项目中发挥作用，提高女性参与公共事物的积极性和能力。第三，转变行政命令式的行政思维和方式。相关工作人员在实施教育扶贫过程中，要将人文关怀融入工作，把人性化服务和心理关怀贯串于防止返贫致贫工作中，注重倾听农村妇女心声，帮助其解决实际需求。在教育扶贫中用寓教于乐的方式吸引妇女注意，争取更多妇女参与，并注重选树典型，激发动力。第四，对于积极参与教育扶贫项目的农村妇女，要予以精神奖励和物质上的帮助。对于群众，要给予正面案例的宣传，让农村妇女意识到只有自己提升能力才能带来更多的经济收益，改善生活的质量；对于高质量参与完成教育扶贫项目的农村妇女，可以提供免息贷款鼓励其创业或提供相关就业机会，以此吸引更多的农村妇女参与到教育扶贫项目中来。

现阶段，党中央团结带领全党全国各族人民如期完成了新时代脱贫攻坚任务。在脱贫攻坚战中，教育扶贫事业发挥了重要作用。由于教育扶贫是一项持续终生的事业，还需要保持帮扶政策总体稳定，严格落实"四个不摘"要求，把教育扶贫作为防止农村妇女返贫致贫的重要抓手和有力措施，为巩固拓展脱贫攻坚成果和河北省妇女反贫困事业做出巨大贡献。

# 第四节　河北省女性教育扶贫能力现代化促进探索

## 一、提升女性教育扶贫科学决策能力

教育扶贫是摘"穷帽"、拔"穷根"的关键，因此，必须提升教育扶贫科学决策的能力，带好教育扶贫的头儿，把握教育扶贫的方向，选择教育扶贫的方法，完善教育扶贫的政策，特别是上好农村女性教育扶贫的重要一课。

### （一）真正重视女性教育扶贫工作

对于发展教育的重要性，已经是人人皆知的问题。加大女性教育扶贫对扶贫工作来讲大有作为也已经是人们的共识。但是，对于女性教育扶贫的各种措施在具体操作过程中，还是有人存在敷衍、跟风、随大溜的现象，教育扶贫的功效还没有得到充分有效的发挥。为此，一是避免教育落入文件"套娃"模式，不能只当国家政策的"应声虫"。落实国家政策，多用具体数字，少用或尽量不用"空话""大话"，要注重研究本省农村女性教育的现实状况。二是摒弃"GDP 论英雄"的干部考核方式，建立科学的政绩观，把教育投入，特别是对贫困地区女性教育的投入纳入领导干部扶贫考核的重要指标，倒逼领导干部主动彻底落实"教育优先发展"战略，让广大女性从中受益。三是设立"农村女性教育扶贫日"。拿出前几年搞"十个全覆盖"工程的干劲、资金、行动力来抓教育，抓乡村教育特别是女性乡村教育。

### （二）建立健全科学的女性教育扶贫决策机制

决策成功是最大的成功，决策失误是最大的失误。科学、民主、依法决策，对河北省民族教育扶贫至关重要。

#### 1. 继续完善利益相关者参与决策机制

促进农村女性教育精准扶贫，就要充分征求和合理反映不同利益主体的建议，就要建立健全利益相关方和社会相关方有序参与决策的机制，使教育扶贫政策符合大多数贫困妇女的利益。

#### 2. 坚持"自下而上"与"自上而下"相结合的原则

河北省乡村学校是教育改革的重要推动力量，要大力支持乡村教育政策与制度创新，多用归纳逻辑，及时总结和归纳其经验和好的做法，出台省层面的专门针对女性教育扶贫的政策，使教育改革更接地气。从形成教育扶贫改革的决策看，开展乡村教育扶贫试点是一个重要方法，要善于从"模范"中发现"模式"，为河北省女性教育扶贫改革提供典型经验和示范引领，实现"自上而下"与"自下而上"的有机结合，加快解决农村女性期盼良好教育扶贫与教育资源相对短缺的矛盾。

#### 3. 要着眼全局且保证措施可操作

全省女性教育扶贫体系，涵盖从学前教育到继续教育的整个过程，因而要注重各个层次教育发展中的"短板"，尤其要注重发展的均衡性。同时，教育扶贫决策一定要立足全省实际、符合区情，具有可操作性，并接受反馈，通过改进不断提高农村女性教育扶贫决策的科学性。

## 二、提升统筹各类教育发展能力

### （一）将学前教育纳入义务教育范畴

学前教育兼具社会福利、经济和教育三重功能。从社会福利角度看，学前教育对于纠正社会阶层差异导致的教育不平等具有重要意义。从经济角度看，学前教育为妇女就业提供了有力支持，一大批学龄前儿童走出家门，离开家庭看护，开始接受系统的学前教育，这使孩子母亲有了更多自己的时间。这些年富力强的青年母亲摆脱了看护孩子的羁绊，将会创造出巨大的财富，这对增加家庭收入有重要价值。从教育角度看，学前教育对学前儿童的早期认知、情感和技能开发都有不可替代的重要作用。阻断贫困代际传递，让儿童发展才是治本之道。把学前教育纳入义务教育范畴至少有以下两大好处：

第一，收益最大。1842年，瑞典对所有儿童推行了义务教育，而当时瑞典人均GDP才926美元，结果，该措施的推行促使了经济腾飞。1997—1998年，墨西哥采取包括向贫困儿童提供营养和教育机会的"机会计划"，将贫困率降低了17%。正如诺贝尔经济学奖获得者海克曼（Heckman）所言，没有哪一项政策能够像学前教育一样，既由于具有远高于其他阶段教育的投资回报率而受到经济学家的青睐，又由于解决了公共的家庭困难而受到社会的认同。海克曼提出，对儿童发展进行早期干预能获得1∶17的投入产出比。美国心理学家布鲁姆认为，如果把一个人17岁时的普通智力水平定为100%的话，那么，从出生到4岁已获得50%，4—8岁又获得30%，8—17岁只获得20%。一项包括中国在内的全球跟踪研究显示，儿童早期发展阶段每投入1美元，将获得4.1—9.2美元的回报，在美国甚至高达7—16美元。中国发展研究基金会秘书长卢迈表示："靠传统的转移支付方式可以提高穷人收入，改善贫困家庭生活，却不能使他们彻底摆脱贫困。发展儿童往往是打破贫困代际传递的突破口。""投资一个孩子，会改变他的命运；投资一代人，会改变国家的未来。"中国发展研究基金会儿童发展中心报告显示，儿童发展投入能在当期减少儿童疾病、营养不良和抚育的成本，从而提高贫困家庭的综合福祉；有助于提高儿童长远的发展能力，改善个人健康、心理和生理表现，提升劳动生产率；有助于减少甚至预防包括青少年犯罪、社会暴力在内的一系列社会问题。该中心研究员杜智鑫认为："儿童扶贫要摆脱贫困，越早投入才越有效果。""中国有句老话，'三岁看大，七岁看老'，这是有科学依据的。""早教就是有效减少多维贫困的重要途径之一。"①

第二，投入最少。乡村学前教育可利用现有幼儿园的办学资源，或者采取在小学开设学前班的方式，节省办学成本、提高办学效率。同时，从生均培养

---

① 赵展慧. 扶贫，从娃娃抓起［N］. 人民日报，2015-11-13.

成本看，实施学前义务教育所需的生均培养成本远低于实施高中义务教育的生均培养成本。河北省应秉承"儿童是人类的未来，重视儿童发展，是促进社会公平发展的重要基础，是消除贫困代际传递、培育未来人力资本的治本之策"理念，尽快把学前教育纳入义务教育范畴。针对农村学前教育短板，建议从以下几个方面入手：

1. 切实加大投入

加大投入，先在部分地区实施学前 3 年免费教育，支持这些地区开展学前教育。当全省财力比较宽裕时，再在其他地区实施学前 3 年免费教育。

2. 增加数量

进一步加强结对帮扶。一方面，内部帮扶，即贫困地区市、县进一步统筹安排优质教育资源，对口帮扶乡镇、村幼儿园；另一方面，外部帮扶，即进一步组织省内的国家级、省级幼儿园对口帮扶贫困地区幼儿园。继续扩大乡村幼儿园的数量，使学龄前儿童入园率达到 90％以上，让每个适龄幼儿都能上幼儿园，而且能够就近入园。

3. 提升质量

第一，创新体制机制，加强师资队伍建设。除正常招聘外，为了解决学前教育师资短缺的问题，可以考虑安排驻村干部做"临时教师"。同时，以"走教"的形式招募幼教志愿者。第二，乡村幼儿园要因地制宜，围绕"农"字做文章，依托乡村求发展。要做到环境乡村化，以农村文化为特色，营造出具有农村区域特色的区域环境；要做到游戏乡土化，以寓教于乐为主，让孩子们留住"乡土记忆"；要做到教育本土化，以因地制宜为优，探究大自然的奥秘；要做到作息农村区域化，以科学便民为要，权衡各方利弊制定合理的作息制度，使幼儿接受良好的学前教育。第三，努力组织各方力量特别是大学生志愿者到乡村开设家长培训班，与家长面对面交流，转变他们不重视学前教育的观念。

此外，必须注重教育的公平性，对于那些仍旧存在"重男轻女"思想的村民给予正确的引导和教育，在学前教育的起点上保障女童得到良好的教育。

**（二）提升乡村义务教育扶贫能力**

1. 力求精准投入

木桶的容量由最短的那块木板决定，义务教育公平程度、群众满意程度也由教育资源中的短板决定。推进均衡发展，不能截长以补短，而应努力补短追长，把投入和工作重点放在补足短板上，少一点盆景思维，多一些补短行动，强化弱势学校建设。为此，全省应努力提高乡村义务教育扶贫投入的针对性和使用效率，应在注重教育硬件建设的同时，更多地注重教师待遇的提高。同时，进一步实施"学生营养改善计划"，加大投入，不仅让学生吃得饱、吃得安全，而且要让学生吃得更营养、更健康。

**2. 加强乡村寄宿制学校的管理**

第一，科学布局乡村寄宿制学校。既要广泛征求学生家长的意见，又要认真听取每个教师的建议，再根据乡村实际情况科学布点，妥善解决低年级学生寄宿及学校、家长应负的责任等问题。第二，增加投入甚至编制，解决寄宿制学校保安、食堂工作人员的待遇问题。或以学区为主导，选派并培训专职安保，委派到各校，既能保护师生安全，又能把教师从"全职保姆"中解脱出来，安心教学。第三，启动"大学生帮扶"活动。每年分批组织大学生特别是本地籍大学生按照"集中活动＋常态服务"模式，对结对生进行帮扶。安排师范生特别是安排音乐、体育、美术等专业的学生到乡村寄宿制学校顶岗实习，缓解教师紧缺的压力，提升其教育质量。

**3. 解决乡村学校"空心"问题**

第一，撤点并村。使用自然村或择地新建，把分散的居民点集中在一起，既可以聚人气，又方便小孩上学。第二，撤点并校，特别是对学生总量在两位数以下的教学点，保留已经没有什么意义。第三，保留。如果保留，办法可以多管齐下，如选派全科教师、使用数字教育优质资源等。

**4. 加快乡村义务教育信息化建设**

针对乡村义务教育信息化建设的不足，河北省深入贯彻创新发展理念，以应用为核心，提升教育信息化的效能，使之成为推进乡村义务教育现代化的催化剂和加速器。

第一，加快推进基础设施全覆盖。努力建设好乡村义务教育的"三通两平台"（宽带网络校校通、优质资源班班通、网络学习空间人人通、教育资源公共服务平台、教育管理公共服务平台），进一步实施和管理"教学点数字教育资源全覆盖"项目，特别是加快推进村小、教学点教育信息化基础设施建设，每个教师配备电脑，实现师机比1∶1，使他们有设备可用，让随时便捷地获取相关教育信息资源成为可能。

第二，加快推进优质资源全覆盖。一方面，大力引进外部优质资源，尤其鼓励乡村义务教育特别是村小、教学点与发达地区基础教育学校联网交流，使外部优质资源尽我所用；另一方面，通过组织教师微课程大赛、数字教育资源教学应用大赛、"一师一名课、一课一名师"等活动，努力挖掘内部潜力，开发、编译双语教学和少数民族文化等数字资源，使内部优质资源尽其所用。双管齐下，使教师有足够的优质资源可用，避免"巧妇难为无米之炊"。

第三，加快推进应用能力全覆盖。"教育信息化设施不怕用坏，就怕放坏。"开展乡村义务教育信息化应用能力提升工程等专项工程，以中小学教师特别是村小、教学点的教师为重点，大力加强信息技术应用能力的培训，尽可能使每名教师特别是中老年教师都会熟练地使用，使基础设施、优质资源的功能能够得到完全发挥。

第四，加快推进协同机制全覆盖。进一步明确乡村义务教育信息化工作面临的新任务、新要求，融合创新，进一步完善协同推进的工作机制。

6. 加强"软知识"的学习

国外一项研究发现，向小学生传授自我调控和社会交往技能等"软知识"，可以降低某些"问题儿童"未来违法犯罪的概率。在这项发表于《儿童发展》的研究中，来自美国杜克大学的心理学家对一个名为"快速通道"的项目进行了研究。该项目发起于20世纪90年代初，主要针对被教师和家长判断认为可能发展出攻击性行为问题的儿童。这些儿童被随机分为两组，其中的一组在小学一年级到高中毕业期间，接受了包括教师授课、学业辅导、父母训练小组和自控与社交技巧学习在内的干预措施。结果，上述干预减少了儿童在青春期和成年早期从事违法行为、被有关机关逮捕或诉诸心理与躯体治疗的发生率。作者在本次发表的研究中对此做出了解释：通过分析近900名儿童的数据发现，儿童未来的犯罪行为中，有约1/3缘于6—11岁的自我调控和社会交往技能缺乏。虽然"快速通道"项目也包括学业知识和学习技能的训练，但相比之下，它们对于防范违法犯罪的影响却比与情商相关的"软知识"要小得多。通常认为，"软知识"包括"如何进行团队配合"以及"如何在决策时做出长远打算"等，而"硬知识"则是指物理、数学等传统的学科知识。杜克大学儿童与家庭政策中心主任、"快速通道"项目发起人肯尼斯·道奇教授表示："上述发现表明，我们的教育体系和儿童社会化系统都应当更加重视'软知识'的传授。"他认为，父母们应该不遗余力地向孩子传授这些软知识，教育政策的制定者更应该对此给予高度关注，"我们越重视'软知识'的传授，就越能降低青少年违法犯罪的概率"。来自华盛顿特区的青少年行为障碍专家尼尔·伯恩斯坦则认为，该研究结论与其30年来在临床实践中的观察相一致。不过他还认为，除了自我调控和社交技能，还应当注重对儿童共情能力的培育。"'共情'是使我们察觉他人情绪的能力。如果你能够共情，就不太会做出伤害别人感情的事情。"道奇提醒道："我们一度认为，优秀的儿童和成功的成年人只需要具备良好的学业成绩，但现在，这种认识得到了更新。阅读和数学需要学习相应的技巧，关乎人生任务实现的自我控制同样如此——而这决定了你是否能够远离暴力犯罪和牢狱之灾。"在这个基础上，我们应大力开展开放性科学实践课。利用节假日，通过自主选课、团体预约和送课到校等方式，鼓励乡村学生去大学实验室、科研基地等，探讨他们感兴趣的话题，去感知以前从未接触过的领域，在研究人员指导下完成科学实验，提升他们的科学素养。

**（三）努力提升职业教育扶贫的实效性**

早在1992年出版的《摆脱贫困》一书中，习近平就阐述了"脱贫""扶贫"

的重要意义和实现途径。他在该书中一再强调"扶贫先要扶志""弱鸟可望先飞，至贫可能先富，但能否实现'先飞''先富'，首先要看我们头脑里有无这种意识"。如何"扶志"，如何培植"先飞""先富"的意识？这就需要教育来提供先飞的翅膀和先富的工具。一个国家不仅需要培养学术尖子，还要培养职业尖子，即各行各业的专业人才，这是国家的核心竞争力之一。如果没有严谨、完整、高标准的职业培训系统，一个国家就不可能取得经济和社会发展的成功。俗话说得好，"家有良田万顷，不如薄技在身。"要加强贫困人口职业技能培训，授之以渔，使他们都能掌握一项就业本领。

2015年，德国经济研究所发布《为欧洲青年而推进职业培训》报告，对德国、英国、意大利、葡萄牙、瑞士、瑞典和波兰七国的职业教育体系展开细致入微的剖析，从中梳理了改革成功的十大要素，其中，至少有四点对河北职业教育扶贫有借鉴作用：一是职业教育的吸引力，二是用人单位的责任心，三是社会组织的介入度，四是教育体系的开放性。

在国家政策框架下，河北要灵活开展职业教育扶贫活动，面向市场，面向农村生源的多样化需求，提高职业教育的吸引力、竞争力。

1. 启动职业教育扶贫攻坚计划

第一，完善涉农专业招生制度，打造多元招生格局。完善高职涉农专业"校考单录"或"校考＋高考"自主招生等相关政策；研究出台涉农职业院校在招生计划未完成情况下，自主补录农类学生的招生政策；提高职业院校涉农专业学生对口中职升高职、专科升本科的升学比例，开通农业人才成长的直通车；研究出台农业大户及其子女免试推荐入学体制机制，实行定向招生与培养等。第二，加大投入。提升全省贫困地区职业教育的质量，列入县级政府责任和政绩考核的内容，保证政府部门充分履职，像重视义务教育一样重视职业教育，加大并确保各项财政经费投入。建立以改革和绩效为导向的高职院校拨款制度和生均拨款奖补机制，加大对地方政府的考核力度，把高职院校投入与地方政府及其官员的政绩、升降挂钩。同时，设立农类人才培养专项基金，优先支持发展涉农职业教育。第三，提升统筹中高职学校发展的重心和能力。加强中高职学校市或省级的统筹领导能力，根据当地区域内经济与社会发展需要、传统特色资源、基础与未来发展趋势等，适当考虑优化市或全省范围内中高职学校的布局，或做强做大，或合并整合，或融合市及全省职业教育与培训资源。河北省妇联依托河北女子职业技术学院启动了"巾帼精准扶贫十百千培训工程"，在全省选择部分县开办大专、中专班等学历教育，每县培养100名妇女，总计培养了千余名农村妇女创新创业带头人，有的甚至成了当地小有名气的企业家。

2. 成立职业教育和就业服务局

将教育局的职业教育、成人教育职能与人社局的培训、就业职能抽离出来，在人员编制上进行大规模增设，业务范围也扩大到职业教育、培训、就业、金融服务等，真正实现职业教育、技能培训、就业服务的一体化管理，使职业教育和就业服务实现无缝对接。同时，推行"职业学校＋实训基地＋企业"的职业教育集团模式。建设公共实训基地，吸纳职业学校、培训机构和企业入驻，使之既成为学员技能培训的场所，又变成企业免费使用的生产车间。

3. 校企合作实现"无缝"对接

第一，政府做"加号"。全省各级政府要在学校、企业二者间做"加号"，从政策、场地、资金等方面给予大力支持。一方面，调动校企合作中企业一方的积极性，另一方面，大力鼓励学校主动与省内外大中型企业和农业专用合作社联系。第二，针对企业在校企合作中面临现实困境的问题，应努力探索发展股份制、混合所有制职业院校，积极开展公办民助、民办公助、股份制等多元化办学改革试点。实现"企业是学校的，学校也是企业的"，双方深度融合，各负其责，实现真正的校企融合。第三，全力推行现代学徒制。现代学徒制是深化产教融合、校企合作，推动职业教育改革创新的一种重要形式。利用人社部、财政部决定在河北等地开展"企业新型学徒制"试点的机会，选择条件成熟的大中型企业作为试点单位，每家企业选拔 100 人左右参加学徒制培训，并迅速总结经验，在其他地区推广。

4. 提高教育内容的针对性

2015 年 8 月，中国青年报社会调查中心通过益派咨询对 1244 名农村女性进行的一项调查显示，84.2％的受访者认为有一技之长值得自豪，66.3％的受访者认为有一技之长可以保证一个人有养家糊口的工作，61.5％的受访者认为有一技之长可以促进行业创业、创新，55.3％的受访者认为有一技之长可以提升生活品质，50.07％的受访者表示有一技之长是个人价值的体现，30％的受访者认为有一技之长有助于提高个人社会地位。在回答"如何改变高技能人才缺失的局面"的问题时，59.8％的受访者表示应注重对传统技艺的传承，38.4％的受访者认为需提高职业技能教育的水平。

就"职业""教育"的本质看，职业是变化的，教育是永恒的，职业教育是变化与永恒的统一；职业具有工具性，教育具有文化性，职业教育是工具与文化的统一；职业是现实的，教育是理想的，职业教育是现实与理想的统一。"三个统一"才是职业教育"跨界性"的本质特征。职业教育的培养目标必须是德才兼备的，不同的只是"技术技能型"。为此，必须施行发展个性、触及灵魂的职业教育，同时加强"一技之长"的培养。第一，就业上展示优势。全省贫困县职业教育除继续保持学生喜欢、市场急需的专业外，还应该尽快把中等职业教育的相关专业与 2015 年修订的《普通高等学校高等职业教育（专科）专业目录（2015 年）》进行无缝对接，发挥职业教育作为大众创业、万众创新重要基地的功能，大力设置适合贫困县经济社会发展的专业。同时，实行分段培养模式，打通中职毕业生上升的通道。如，中职毕业生可以通过中高职"3＋2"、中职本科"3＋4"模式，进入高职和本科院校学习，以此培养"经济适用型"人才。第二，创业上显示不凡。多措并举培养创业者，如，加强指导教师培养、加强创业教育培训、加强实践活动体验、加强创业政策扶持等，尽最大努力培养出更多创业者。

5. 大力培养培育新型职业女性农民

对女性农民来说，富民不仅是"富口袋"，更要"富脑袋"。扶贫关键在培养培育新型职业农民，同时更加注重农村女性的培养。在培养培育新型职业女性农民方面，职业教育具有无法取代的优势。培养模式可分为面向在校学生的院校培育模式与针对已就业农民的在职培育模式。后者可以按照"省级设立农民大学，市级设立农民学院，县级设立农民学校"的思路，建立分级、分层、分类的新型职业农民培育体系，并在各个层级的新型职业农民培育体系中，针对女性设立农村女性研究中心。

此外，与农村地区的初中毕业生、高中毕业生进行广泛持续的交流，提高其对职业教育的认识，从而为职业教育招收生源，改善职业教育生态。同时，动用各种力量，讲清职业教育的诸多好处，力劝每个贫困家庭的初中和高中毕业生接受职业教育培训，为农村地区经济发展"造血"。对于农村妇女，凡是50岁以下的，强制进行免费职业教育，使其学得一技之长，为脱贫致富打下基础；凡是60岁以上的，可以采取先富者帮扶的办法，力争进行一对一培训，使她们学得一项基础性脱贫技能。

鼓励全省贫困县农业企业、专业合作社、乡镇的农技术人员参加继续教育和业务培训，实施农业专业技术人才知识更新工程和青年创业致富"领头雁"培养计划，以订单培养、政府购买服务等方式委托农业职业院校开展继续教育，打造一支适应农村区域经济发展需要、拥有现代生产管理知识、在农村各领域具有较强带动能力的实用人才和拔尖人才队伍。

## 三、推进乡村教师队伍治理能力现代化

### （一）提升"县管校聘"能力

2015年9月9日，习近平总书记给"国培计划（2014）"北师大·贵州研修班参训教师的回信中指出："扶贫必扶智。让贫困地区的孩子们接受良好教育，是扶贫开发的重要任务，也是阻断贫困代际传递的重要途径。""发展教育事业，广大教师责任重大、使命光荣。希望你们牢记使命、不忘初衷，扎根西部、服务学生，努力做教育改革的奋进者、教育扶贫的先行者、学生成长的引导者，为贫困地区教育事业发展、为祖国下一代健康成长继续做出自己的贡

献。"在这里，总书记充分肯定了教师是教育扶贫的先行者。教育大计，智力脱贫，教师为本。要想切实解决河北贫困地区教师长期存在的"下不去、留不住、教不好"的问题，就必须建立完善教师队伍建设的长效机制，而"县管校聘"就是其中一个重要机制。

"县管校聘"改革推进的关键主要有四点：河北省区级政府要成为"主导人"；各级政府按比例分担经费；利益补偿办法应多元多样；重点配套措施要优先到位。

首先，应建立县域内统一的义务教育教师编制制度、工资待遇制度、职称晋升制度和社会保障制度，这是保证教师"能动"的制度基础。其次，建立县域内统一的义务教育教师培养培训制度、奖惩激励制度和监管督导制度，这是促进教师"愿意动"的制度基础。最后，要建立县域内城乡经济社会一体化发展制度，努力优化区域内经济社会发展环境，缩小区域内差异，这是推进教师"持续动"的制度基础。

如，关于乡村教师编制问题，一是相关部门应重新审视编制制度，不该被"编制"本身捆住手脚，而应更多地考虑乡村学校实际情况，广泛征求学校的意见，不以师生比作为分配教师编制的标准，应制定更加合情合理的编制名额与定员比例。二是从学区或中心小学选派有编制的教师到村小、教学点任教。三是为满编超编的乡村学校的编制问题，可以尝试建立乡村学校教师临时周转编制专户。专户编制不计入中小学编制总额，由机构编制管理部门单独管理。按照教师"退补相当"原则，解决总体超编但学科结构性缺员问题，保证开齐开全国家规定课程。通过撤并、改企转制等方式收回事业机构编制资源，优先保障新设中小学机构编制需要。总之，按照《国务院关于印发乡村教师支持计划（2015—2020年）的通知》要求，全力打通乡村教师各种职业发展通道：待遇通道、培训通道等，并把实施情况纳入对市、县政府的绩效考核体系。

**（二）招录标准人岗匹配**

坚持人岗匹配，让乡村教师招录回归理性，不盲目攀比，不高要求，根据全省贫困地区实际情况确定招考差别化标准。具体内容如下：

1. 以贫困县籍青年人、中年人为主。

2. 差别化标准。学前教育教师招聘，应是软件重于硬件，重在爱心、责任心、耐心、细心。义务教育教师招聘，继续强调软件重于硬件，只是学历要求应有所差别。鼓励支教走教，完善乡村教师补充机制。关于特岗教师招录，应降低招考标准。全省各地特别是贫困县根据实际情况灵活制定招考标准，只要是高职的都允许报考。为了满足高中毕业生的需求，个别条件艰苦的地方报考条件可以放低到高中毕业生。

3. 解决3年后的编制问题。特岗教师服务期满后，除非素质太差，否则，只要他们愿意留下来，就解决编制和工作岗位，让他们继续安心工作。

4. 尽量就近安排工作。

5. 特岗教师服务期间，符合职称条件的，评聘相应职称。

6. 年初列出计划，在大学生毕业前完成录取工作，保证 9 月能够及时开课。

这里，我们特别强调大力培养本土教师。与全省城市教师比较，乡村教师特别是贫困县乡村教师最重要的是具备"留下来的能力"。对外公开招考和调配是重要补充手段，但在"跳板心态"下，其稳定性无法与本土教师相提并论。对此，一方面可以采取乡村学校教书、城镇安家的模式，另一方面，创新教育培养模式，采取定向招生、定向培养、定向就业的方式。实际上，内蒙古自治区已意识到乡村教师本土化的重要性，出台的《内蒙古自治区乡村教师支持计划（2015 年—2020 年）实施办法》就专门提出"加强乡村教师本土化培养"。河北省在实施国家部属师范院校师范生免费培养计划的基础上，于 2017—2020 年委托河北师范大学、河北民族大学等院校，实施贫困县乡村学校"免费定向培养师资计划"，专门招收贫困县农村地区学生，为贫困县乡村学校培养本土教师。

### （三）努力提升待遇治理能力

教育质量主要由"过程质量""结构质量""劳动环境质量"三个关系密切的要素组成，教师待遇是"劳动环境质量"要素的核心内容。事实表明，合理的、稳定的、有竞争力的待遇有助于增强乡村教师良好的职业感受，使他们能够更自信、更有尊严地从事专业工作，也能增强乡村教师职业的吸引力。法学博士秦惠民说："正确的导向应该是推动好的管理者和优秀教师向薄弱校和教育相对落后的地方流动，以改善薄弱校和落后地区的教育，造福那里的孩子，推进均衡化的发展。""这就涉及教师待遇问题，好的待遇才能吸引人、留住人。偏远地区收入低，人往高处走，如何能留得下老师和管理者？澳大利亚中部相对落后地区的教师待遇是悉尼同等教师收入的 3 倍。"我们非常赞同河北邢台市南陈村小学副校长尹文明所言："我感觉提高乡村教师待遇必须要幅度大，必须让人家眼红，这样才会有城里的老师主动去农村。"

乡村教师是正常的社会职业，待遇理应受到来自制度的系统保障，还一个职业应有的认可与尊严，这必须是制度设计的"规定动作"。因此，提升乡村教师待遇问题最终还是必须由政府主导推进。

1. 工资方面。"非常之功"必待"非常之人"，"非常之人"必待"非常之策"。再穷不能穷教育，再穷不能穷乡村教师。因此，河北各级领导应真正以乡村教师为本，不仅让乡村学校建筑最美，还要使乡村教师的"工资最美"，让乡村教师真正成为有尊严的职业，促使乡村教师真正全身心地投入教育教学，真正形成人人想当、争当乡村教师的局面，真正发挥教育扶贫的作用，真正形成"越往基层越是艰苦，地位待遇越高"的激励机制。如果感觉一步到位资金压力大，可以先在贫困县苏木乡中心区、嘎查村学校（包括教学点）在编在岗教师中实行，然后逐步覆盖全省其他在编在岗教师。

2. 补贴方面。鉴于乡村教师的工作地点、工作性质与工作任务的特殊性，在乡村教师岗位补贴具体办法中，一要提高补贴基数，在现有补贴标准上至少增加 1 倍，且上不封顶，二要区别对待，实行差别化补贴。如，苏木乡中心区在编在岗教师工作补贴标准高于苏木乡镇工作补贴标准，嘎查村学校（包括教学点）在编在岗教师工作补贴标准高于苏木乡中心区在编在岗教师工作补贴标准。可以先在贫困县苏木乡中心区、嘎查村学校（包括教学点）在编在岗教师中实行，取得经验后逐步在全省其他在编在岗教师中推广。

3. 职称方面。一是大幅度增加乡村学校高级、中级职称数量，以使越来越多的乡村教师能够评上高级职称、中级职称。二是健全职称评审的标准。师德和实绩考核必须有一套客观的评价标准，要更具可操作性。如，师德由谁来评价、实绩有什么标准、实践经历怎么认定等，能量化的就量化，能固化为制度的就固化为制度，让托关系、走后门等不正之风无处遁形。三是完善评价方式。要把发展性评价和终结性评价结合起来，要注重评价的多元化，评价的主体不能仅仅是教师，还要把家长和学生考虑进来。事实上，他们是最有发言权的。教师好不好，家长和学生往往最有体会，他们的评价往往最中肯。健全同行专家评审机制，最好能让学校领导回避，整个流程由第三方操控。四是自动上升。不妨采取"职称年限制"，即服务到了一定年限，符合一些相关的基本条件就自动晋升。

4. 重大疾病救助方面。建议将患有重特大疾病的乡村教师全部纳入救助范围，并对乡村教师直系亲属中有重特大疾病的给予适当救助。可以先在贫困县苏木乡中心区、嘎查村学校（包括教学点）在编在岗教师中实行，然后逐步覆盖全省其他在编在岗教师。

5. 教师荣誉方面。应明确规定奖金数量，如按照 1 年奖励 1000 元的最低标准，就应对在乡村学校从教 10 年的教师颁发荣誉证书并发放奖金 1 万元，对在乡村学校从教 20 年的教师颁发荣誉证书并发放奖金 2 万元，对在乡村学校从教 30 年的教师颁发荣誉证书并发放奖金 3 万元。如果感觉一步到位资金压力大，可以先在贫困县中心区、学校（包括教学点）在编在岗教师中实行，然后逐步在全县其他乡中心区、村学校（包括教学点）在编在岗教师中实行。

6. 岗位管理方面。第一，乡村学校高、中级专业技术岗位结构比例高于城区同学段学校。第二，在城区学校职称总量中预留一定比例的高、中级专业技术岗位，专项用于校长、教师交流工作，鼓励城镇优秀校长、优秀教师到乡村学校任职任教。第三，评聘完全对接，实现即评即聘。第四，为了对应乡村教师荣誉制度，实践中如果这样操作似乎更合理：对于在乡村学校教学一线连续从事教育教学工作满 10 年的教师，直接评聘中级专业技术资格、岗位。对于在乡村学校教学一线连续从事教育教学工作满 20 年的教师，直接评聘高级专业技术资格、岗位。

7. 加快实施乡村教师周转房建设。《内蒙古自治区乡村教师支持计划（2015 年—2020 年）实施办法》提出了两个解决办法：一是"各地区要采取切实措施，通过利用闲置校舍改造、新建教师周转宿舍等方式，进一步加快乡村学校周转宿舍建设，彻底解决乡村教师周转宿舍问题，为交流到乡村学校的校长、教师提供生活保障"；二是"各地区要按有关规定，将符合条件的乡村教师住房纳入本地区住房保障范围，予以统筹解决"。为此，应在彻底落实文件精神的基础上，一方面借"十个全覆盖"工程之力，推进周转宿舍建设步伐，加强乡村教师公租房建设；另一方面鉴于部分乡村教师由于学校没有建设周转房而在城镇买房的情况，可以采取一次性或多次的方式予以一定的经济补贴。

8. 加强生活关心。既要重视提高他们的物质待遇，又要注重改善和丰富他们的精神文化生活，包括关注他们的婚恋生活。如组织未婚农村地区教师定期交友活动，或建立相关婚恋网站。同时，妥善解决乡村教师子女入托、上学等问题。

### （四）建立健全乡村教师分流、退出和流动机制

《内蒙古自治区乡村教师支持计划（2015 年—2020 年）实施办法》提出："各地区要建立健全工作机制，进一步规范和完善聘用程序，把聘用合同作为乡村教师人事管理的基本依据，通过聘用合同规范学校与教师的人事关系，建立和完善以合同管理为基础的用人机制。按照国家教师资格考试和定期注册制度改革工作的总体要求，推进我区改革试点工作，建立体系完善、标准统一、认定规范、管理科学的教师职业准入制度，强化申请认定人员的教育教学能力考查，提升教师职业准入门槛，为教育改革发展提供人才保障。按照中小学教师定期注册制度要求，加强对乡村教师入职后的工作考核和从教资格的定期核查，促进乡村教师整体素质和水平的提高。"为此，应尽快建立健全乡村教师合理有效的分流、退出机制，使乡村教师群体提高竞争意识，感受到社会竞争的压力，从而激发内在动力，提高工作积极性，使整个学校充满活力。

由省进行顶层设计，统一协调，周密部署，实现乡村教师聘任制。通过在全省建立健全乡村教师分流、退出机制和优秀教师补充机制，采取先试点后推广的做法，尤其是抓好新进教师的聘任工作（每个聘期一满，严格考核，不合格即辞退或分流），并在待遇方面出台诸多优惠政策，鼓励富余教师到贫困县乡村学校工作，既达到分流的目的，又有助于迅速改善乡村教师队伍结构，从而

全面提升贫困地区乡村教师整体素质。

有人担心，本来贫困地区乡村教师就不够，再实行分流、退出机制，那么就没有教师了。其实这种担心没有必要。我们在全省部分贫困县调研发现，想做教师的大有人在，供给量远远超过需求量，这为乡村教师分流、退出机制的建立提供了可能性。

合理有效的分流、退出机制至少包括三个方面：科学标准——解决谁退出的问题；公平的程序——解决怎么退的问题；明确权力主体——解决谁执行的问题。同时，必须建立和完善乡村教师退出后的社会保障制度，以尽量减少乡村教师退出后的后顾之忧，防止对社会造成负面效应，维护社会和谐稳定。

另外，建立健全乡村学校优秀校长、优秀教师的流动机制。一是，如果有大用，要重用，可以上调。二是出台诸多优惠政策，鼓励他们继续立足乡村学校，发挥应有的作用。这些人是乡村学校难得的优秀人才，要留住他们，就需要非常之策，如在工资、职称、住房、社会保障等方面给予大幅度倾斜。

### （五）提升乡村教师素质

教育部教师工作司负责人指出"国培计划"（全称是"中小学教师国家级培训计划"）今后改革工作的重点内容有五个：一是改进培训内容，贴近一线乡村教师实际需求，提升培训针对性；二是创新培训模式，推行集中面授、网络跟进研修与课堂现场实践相结合的混合式培训，实现学用结合；三是加强培训者队伍建设，打造"干得好、用得上"的乡村教师培训团队，提升各地培训能力；四是建立乡村教师专业发展支持服务体系，构建区域与校本研修常态化运行机制，持续提升乡村教师能力素质；五是优化项目管理，整合高等学校、县级教师发展中心和中小学幼儿园优质资源，实施协同申报，探索教师培训选学和学分管理，形成乡村教师常态化培训机制。应该说，这些都是全省乡村教师针对性培训必须遵循的。

提升素质能力，让河北省全省乡村教师"教得好"，提升乡村教育质量。扶贫必扶智。让贫困地区的孩子们接受良好教育，是扶贫开发的重要任务，也是阻断贫困代际传递的重要途径。党和国家已经采取了一系列措施，推动贫困地区教育事业加快发展、教师队伍素质能力不断提高，让贫困地区每一个孩子都能接受良好教育，实现德智体美全面发展，成为社会有用之才。

乡村教师培训规划出台前，相关部门应认真组织相关专家深入乡村教师中进行充分调研，以便规划更接"地气"，内容更符合他们的需求。实施过程中，应认真选择专家。建议来自国家级、省级重点中小学的优秀教师占 1/3，来自乡村学校的优秀教师占 2/3，用一线优秀教师的成长范例激发他们的内在动力。同时，不能仅仅依赖网络平台，更应是"教师不动专家动"，尽量少组织集中培训，多组织专家主动深入乡村学校，开展有针对性的培训，也可以组织适量的学生参加。如河北师范大学采取"国培计划"置换脱产研修计划等有效模式，破解困扰全省乡村教师培训的"三差"（参训率低、积极性低和后效性差）难题，努力实现培训效果的"三实"（实践性、实用性、实效性）突破。事后考核，应以受训教师的评价为准，以培训效果为准，不能挂在网上，认为完成学习时长、完成作业就万事大吉。

### 四、提升高校贫困生帮扶能力及质量

在党的十九大报告中指出，优先发展教育事业，健全学生资助制度；坚决打赢脱贫攻坚战，坚持大扶贫格局，注重扶贫与扶志、扶智相结合。目前，我国在高等教育阶段建立了以国家奖助学金和国家助学贷款为主、其他资助项目为辅的国家资助政策体系，从制度上基本实现了不让一个学生因家庭经济困难而失学的目标。

《2017年末全省扶贫开发建档立卡数据统计表》显示，2018年，全省计划脱贫201574人，其中，教育扶持人数25038人，占比为12.42%。其中，张家口市的教育扶贫任务最重，有11110人，占教育扶持总人数的44.37%；第二是承德市，有6604人，占比为26.38%；第三是保定市，有22981人，占比为9.18%；第四是秦皇岛市，有2107人，占比为8.42%；第五是唐山市，有1237人，占比为4.94%。

#### （一）大力提升贫困生素质，解决其融入难、学业难、出口难问题

一是学校应帮助每个贫困学生根据自身特点，选择适宜自己的成长路径，建立"私人定制"的学习模式，从而在身心愉悦的状态中实现良性成长。二是进一步组织学校党员干部、教师、优秀学生实行"一对一"的帮扶模式，全方位帮助贫困学生持续提升综合素质。同时，从各个方面争取社会组织的大力支持，形成校内外帮扶合力。三是在就业上实行"一生一策"。如全省各高校应尽快建立健全精准推送就业服务机制，特别是重点关心家庭困难毕业生、少数民族毕业生、农村生源毕业生、残疾毕业生等各类就业困难群体，促使他们更加充分和更高质量地就业。

#### （二）完善贫困生帮扶制度，避免扶贫资金流失

切实解决"真假贫困生"问题。一般来讲，"真假贫困生"问题在学前教育、义务教育甚至高中教育阶段都不存在，这个问题主要出现在高校。为了进一步解决这一问题，2018年3月，全国学生资助管理中心在北京召开的2018年中央部属高校学生资助年度工作会上强调，2018年，高校学生资助工作要把好制度关、评审关、公示关和发放关这"四道关"。把好制度关，不得出现附加额外资助条件、降低资助标准、改变资助用途、伤害受助学生心理等制度变形缩水现象。把好评审关，不得出现平均资助、轮流坐庄、暗箱操作、人情资助

等现象，坚决杜绝把明显不符合国家奖助条件的学生纳入资助范围。把好公示关，既要确保资助工作公开、公平、公正，又要保护好受助学生隐私、维护每个人的尊严。把好发放关，确保国家奖助资金按照政策规定及时、足额、规范发放到每位受助学生手中，坚决杜绝截留、挪用、克扣奖助资金行为，坚决杜绝跨学期甚至跨学年发放行为。显然，"四道关"中制度关、评审关是切实解决"真假贫困生"的问题，是重中之重。

为了"精准扶贫"，一是要提升基层治理力。提升村、组（社区）领导责任心、治理力，防止不作为、乱作为，保证不漏一个贫困生，保证不评选一个"假贫困生"，真正把"真假贫困生"问题消灭在萌芽之中。一方面，村、组（社区）领导应主动作为，全面摸清辖区内当年考上大学的学生及家庭情况，对申请材料逐一仔细认真地复查，严格把关，对属于贫困家庭但没有申请的劝其补上；另一方面，积极配合高校的复查，定期把新贫困生、脱贫生信息告知相关高校，以便高校及时掌握，随时更新"贫困生数据库"。

二是高校要完善相关治理机制。制定更加完善的大学生助学金政策、准则，使贫困生的认定更具人性化、操作性。对有疑问的证明材料，本着认真负责的态度，一定要不厌其烦地实地调研、家访、到学生所在的高中核查，确保"精准助学"。同时，加强对大学生进行诚信教育，让他们把"假贫困生"的惩处办法告知家长，让其知难而退。

三是要委托第三方介入。为了公平公正，实现"精准助学"，也为了减轻高校负担，建议相关部门委托第三方机构负责，在事前、事中、事后进行全程把关，特别是对贫困生资料进行全面复查。

四是要严惩"假贫困生"。建立健全大学生信用体系机制，让"假贫困生"付出惨重代价，不敢造假。除追回"假贫困生"全部所得外，还可以"骗保""骗贷"论处，告知用人单位，在参军、公务员考试、学校评优、推荐免试研究生等方面给予限制。

**五、加大教育服务贫困地区力度**

如何达到教育扶贫的最大功效，特别是民族地区高校最大化地发挥优势，是高校在参与精准扶贫时必须明确的问题。一些高校将实践与理论结合，形成了一些切实可行的模式，可以将这些模式进行推广，形成更大的辐射效应。

**（一）在全省实施高校帮扶贫困县贫困村贫困户贫困人口行动计划**

到 2017 年底，全省共有普通高等学校 53 所，在校学生 44.8 万人，其中，少数民族在校学生 11.7 万人，少数民族在校学生中有蒙古族学生 10.1 万人。这是一支巨大的扶贫力量，可以在产业扶贫、教育扶贫、健康扶贫、文化扶贫、语言扶贫等领域发挥重要作用。河北省重点聚焦深度贫困县，让 53 所高校负责

15个深度贫困县的相关扶贫攻坚工作，各院系帮扶贫困村，鼓励和带动教职工、学生帮扶贫困户、贫困人口，特别是按照相关文件规定，进一步强化教职工党员帮扶贫困户、贫困人口的力度。如，尽量在资金上支持；在产业发展方向上给予建议；在培养培训产业队伍上给予帮助，引导专家教授针对职业农民开展全周期跟踪指导和服务，支持职业农民成立专业协会或产业联盟；动员和组织工会、食堂、教职工尽量购买扶贫产品等。

河北省教育厅出台支持性政策，鼓励贫困地区大学生成立反哺家乡支教队，鼓励非贫困地区大学生成立贫困地区支教队，按照"集中活动＋常态服务"模式，利用各自的优势，在各个方面为家乡和贫困地区做出力所能及的贡献。如借助学校的大学生社会实践平台，开展社会生活教育，传播文明生活方式，引领形成充满正能量的社会新风尚；针对"读书无用"的错误观念，向村民们宣传接受教育的重要性，如发放爱心人士捐赠的学习用具，耐心疏导、宣传，让家长认识到让孩子接受良好教育的重要性；利用医学专业优势，向乡亲们普及医疗保健知识，使村民掌握一些多发疾病的预防和基本治疗方法；分批分班，为村里的孩子补习文化知识，课程包括政治、汉语、数学、英语、手工课、音乐、体育等，给他们讲述外面缤纷多彩的世界；通过帮助孤寡老人打扫卫生、与老人聊天等方式切实增进老年人的幸福感；为贫困地区、贫困户的发展建言献策，特别是组织学生通过电商平台扩大产品销路。

此外，河北应进一步利用北京市高校数量多、重点大学多的优势，积极与这些高校建立联系，多管齐下，鼓励高校师生从各个方面帮扶河北贫困地区。

### （二）大力培养培育新型职业农民

对农民来说，富民不仅要"富口袋"，还要"富脑袋"。扶贫攻坚关键在培养培育新型职业农民，只有让农民成为扶贫的主体力量，而不是处于"外围"，扶贫工作才能保持源源不断的动力和活力。在培养培育新型职业农民方面，职业教育具有无法取代的优势。在继续做好"国家农村劳动力转移培训工程"和"农村实用人才培训工程"基础上，大力鼓励在贫困地区建立实训基地，进一步加强贫困人口职业技能培训，确保贫困家庭劳动力至少掌握一门致富技能。培养模式可分为面向在校学生的院校培育模式和针对已就业农民的在职培育模式。后者可以按照"省级设立农民大学，市级设立农民学院，县级设立农民学校"的思路，建立分级、分层、分类的新型职业农民培育体系，精准对接地方产业发展，找准农民需求，开设实用的培训项目，为贫困户送技术和知识，帮助他们更好地参与产业发展。在培训方式上，通过深入贫困地区多次调研贫困人口，确定有效的培训方式。可以采取集中培训与送培上门、网上培训与线下培训相结合的方式，即培训方式的选择以结果为准，哪种培训方式有效就使用该方式。如果可能，也可以联系贫困人口打工的单位，让其参与培训贫困人口的工作。

此外，动用各种力量，讲清诸多好处，力劝每个贫困家庭中初高中毕业后未继续升学的学生接受职业教育培训。必要时可以强制贫困退学生、贫困辍学生接受免费职业教育，培养"造血"能力。对于贫困县原居住地农民，凡是50岁以下的，强制进行免费的职业教育，争取使其学得一技之长。凡是60岁以上的，可以采取先富者帮扶的办法，力争进行"一对一"的培训，使其学得一些基础性脱贫技能。

鼓励全省贫困县农业企业、专业合作社带头人和骨干、农技人员参加继续教育和业务培训，实施农业专业技术人才知识更新工程和青年创业致富"领头雁"培养计划。以订单培养、政府购买服务等方式委托农业职业院校开展继续教育，打造一支适应农村区域经济发展需要、拥有现代生产管理知识、在农村各领域中具有较强带动能力的实用人才和拔尖人才队伍。

### （三）发挥高校的科研优势，凝练教育扶贫的中国经验

教育脱贫攻坚的精准实施，除了依靠一线管理者的"工作直觉"和工作经验，学术界和教育专家还应该精准对接一线实际工作的迫切需求，设计、开发科学有效的操作工具，提供全方位的专业化指导，以保证政策实施有目标、有过程、有跟踪、有评价，在"实施—评价—调整—优化"中形成科学的管理闭环。教育扶贫领域相关理论和应用研究，比如政策实施效果评价、操作模式总结等，非高校和学者一己之力可以完成，因此需要在这一过程中构建"政府—高校—社会组织—市场"四维有效互动机制。政府有关部门可以甄选有研究基础的高校并与之合作，根据政策推进安排，提出研究清单，有序、分级开放相关数据，让研究人员有米下锅，按需做菜，对症下药，在政策推进的过程中边实践、边研究、边评估、边监测、边校正，形成从实践到理论，由理论反哺实践的良性循环。高校在这一研究领域中更应开门做研究，践行"脚底板下的学问"，面向脱贫攻坚一线，尤其是聚焦教育扶贫领域，面向各利益相关方，充分整合研究资源，发现真问题，开展真研究，形成有用、好用的对策性研究成果。

# 第五章

## 河北农村女性教育扶贫
## 典型案例剖析

# 第一节　河北女子职业技术学院
# 农村女性教育扶贫探索

职业教育是脱贫攻坚不可或缺的重要力量。在各级政府主导下，高职院校应积极与地方妇联等妇女组织对接，在充分调研的基础上，根据地方产业特点，积极开展继续教育、技能培训、项目带动等教育扶贫。河北女子职业技术学院围绕"培养女性，教育女性，发展女性"的办学宗旨，注重农村女性培养，在农村女性教育扶贫方面进行了一系列的探索。

## 一、教育扶贫，积极作为，为贫困学生提供全面保障

### （一）助学行动帮助贫困女生大学圆梦

学院广泛利用社会资源，设立多个专项助学项目。与爱心企业携手建立"思利及人助学圆梦护理班"，共同开展"暖心·圆梦"助学行动，先后帮助 79 名贫困女生圆了大学梦。目前，这些学生已全部就业。2018 年，学院与中国社会福利基金会合作开展"授渔计划·平安成长"公益项目。项目出资 200 万元，帮助 200 名贫困女生免费上学并安排就业。目前，一期资助的 100 名学前教育专业贫困学生已顺利进入大学二年级，每一个学生都对自己有信心、对未来有希望。

### （二）实施扩招拓展学生帮扶范围

认真贯彻落实教育部关于高职扩招的政策，面向高中毕业生和退役军人、下岗职工、农民工、新型职业农民开展扩招工作。2019 年学院共录取 109 人。学院为扩招学生量身定制了人才培养方案，采取弹性学制和灵活多元的教学模式，确保学生"进得来、上得起、学得好、有出路"。

### （三）强化资助确保贫困学生不漏一人

学院一直以来高度重视对家庭经济困难学生的帮扶资助工作，严格落实国家各项资助政策，确保不让一名学生因家庭经济困难而失学。学院为家庭经济困难新生设立绿色通道、办理缓缴学费和助学贷款手续；在奖助学金评选中严格落实国家对家庭经济困难学生的规定和要求，2018 年至今发放奖助学金共计 1217 万元；及时开展贫困家庭学生建档立卡"三免一助"相关工作，2018 年至今共有 598 名建档立卡贫困家庭学生享受该政策，资助金额 228.69 万元；在校内设立勤工助学岗位 35 个，2018 年至今总计为 588 名学生发放劳务费 15.77 万元；加大疫情防控期间困难学生资助力度，学院分三类进行了专项资助帮扶，资助总额 28 万元。

### （四）重点帮扶保障贫困毕业生就业

积极落实贫困毕业生就业创业帮扶政策，提升职业教育促进转移就业、增收脱贫效果。为贫困等特殊群体学生建立帮扶工作台账，实行"一对一"动态管理和服务，同时开通就业工作绿色通道，为特殊群体毕业生优先推荐就业岗位；及时为毕业离校未就业帮扶对象有针对性地提供岗位信息、职业指导等服务，切实做到"服务不断线"；严格落实人社部普通高校毕业生求职补贴相关政策，确保符合条件的毕业生都能享受到国家给予的就业资助补贴。2018年至今，共为361名享受低保、残疾等困难毕业生申请求职补贴82.2万元，为106名家庭困难毕业生发放就业补助金21.2万元，为553名在校学生建立了就业困难生台账，为困难学生就业提供有利条件。

## 二、技能扶贫，持久发力，打开农村女性命运改变通道

### （一）学历技能融合，创新技能扶贫模式

学院建立了"学历教育＋技能培训"的教育人才培养模式，帮助农村妇女掌握一技之长，依靠技能实现就业创业带动稳定脱贫。2019年，学院成人大中专共录取2471名成教学员，自2011年开创"农村妇女中专班"以来成人教育学员首次突破万人，达到10054名。同年，学院和河北省教育厅、省总工会联合开展"求学圆梦行动——农民工学历与能力提升"行动，在雄安新区、承德丰宁等地招生480名，帮助女农民工提升学历层次和创业就业能力，以更好地服务区域经济建设发展。省教育厅领导在评价此次活动时指出"女子学院为全省参与高校树立了标杆，做出了榜样"。2018年、2019年两年，和省妇联联合实施的"河北省巾帼精准扶贫十百千培训工程"的3100余名学员先后毕业，超过224名农村妇女被评为创业标兵，带动了大批贫困妇女实现脱贫致富。

### （二）政校行企融合，促进巾帼力量

深化政校行企融合，组织实施多层次、多渠道技能培训，不断拓宽技能扶贫平台。学院联合省妇联在赞皇县、易县等20个县市实施"河北省农村妇女技能培训工程"，联合中国妇女发展基金会在武邑、饶阳等20个县举办"农村女性电商创业培训"专项活动，联合河北中华职教社在张家口沽源共同举办"温暖工程"电子商务培训班，在灵寿、赞皇等17个贫困县多次开办"幼儿园园长综合领导力提升高级研修班""幼儿教师素质能力提升培训班"，以"精准培训"推进"精准扶贫"。

### （三）线上线下融合，搭建服务平台

积极搭建服务平台，开设专业、配置课程、选配师资、组织管理，建立起多位一体的保障体系。学院专项工作小组赴各县进行实地调研，发放调查问卷3800多份，结合各县产业发展情况和农村妇女需要设置电子商务、现代农艺技

术等专业。建设了线上 7 大专业教学模块，制作了包括 18 门女性特色课程在内的 200 余门专业网络课程，实现了网上教学、过程监控、考务管理、学分转换、预约考试全覆盖。同时开发了《农村女性权益保障》《女性与家政》等 24 套校本教材。携手基层妇联，实行注册、动态、终身的管理模式，为每一位学生建立档案，存档内容涵盖学习及就业、创业等相关情况；施行学习终身制，学员毕业后，仍可通过网络、微信等平台学习不断更新的专业课程。

### 三、驻村帮扶，精准对接，为当地村民送去致富火种

牢记打赢脱贫攻坚战的政治使命，落实责任、真抓真扶、强化措施、精准发力，驻村帮扶工作取得显著成效。

#### （一）坚持责任落实落细

学院党委高度重视扶贫工作，多次召开专题党委会，党委书记带领党委班子成员定期蹲点调研，召开座谈会并深入贫困户和老党员家中考察慰问；切实落实帮扶责任人结对帮扶责任机制，多次组织帮扶责任人深入贫困户家中走访慰问。

#### （二）坚持输血造血协同

学院党委立足易县高村镇南胡解村实际，在多次走访调研的基础上，向村委捐赠 30 万元项目资金帮助南胡解村建设果蔬大棚，示范带动全村老百姓发家致富；购买 300 只鹅苗和一批农具赠送给建档立卡贫困户，并邀请专业技术人员现场对农户进行养殖技术培训。鹅苗成熟后，联系企业直接回购，真正实现了生产、销售的无缝衔接，解决贫困户的后顾之忧。

#### （三）坚持扶贫扶志扶智相结合

结合学院优势和当地实际，开设农艺技术专业农村妇女中专班，50 余名南胡解村妇女接受了免费培训，并已全部毕业；学院多次组织专家教授赴南胡解村开展家庭教育宣讲工程，传达先进教育理念；协调有关部门筹建农家书屋并赠送电脑和图书 2600 余册。这些举措提升了妇女自我发展能力，促进了"就业一人，脱贫一家"目标的实现。

### 四、产业扶贫，奋力实践，为女性创业提供全方位支持

#### （一）做好"技术服务＋"文章，助推特色种植

学院选派专家、技术能手走上田间地头开展技术服务，鼓励支持农村女性结合当地特色，自主种植食用菌、有机蔬菜等经济作物，建立绿色农产品经营、农业示范基地。

**案例：**学院选派食用菌专家在菌种生产旺季带着质量上乘的菌种，走进承德丰宁满族自治县西官营乡西窝铺村食用菌种植户李丽娜的家里，示范菌种生

产过程。针对菌种生产过程中出现的问题，层层检查，严格把关，解决了困扰李丽娜多年的菌种污染问题。现在李丽娜创办了丽娜农业种植有限公司，共有生产加工车间1000多平方米、发菌棚13000多平方米、药材种植基地50亩、出菇棚60栋，为村里70多位妇女提供了工作岗位，带动了贫困户157户。

**（二）做好"创业指导＋"文章，助推乡村旅游**

学院选派专家为农村女性提供经营理念、管理方法、项目推广、后续跟踪等创业指导服务，鼓励农村女性发展适合创业的民族传统手工艺、乡村旅游等项目。

**案例：** 在保定涞源县白石山镇插箭岭村，学院专家多次对村民王树泽经营的农家乐——"红叶农家院"进行提升指导，提供了更为科学的经营方案和营销策略。现在，红叶农家院拥有客房25间，年接待量10000多人次。2018年4月，全国妇联原党组书记、副主席宋秀岩同志视察"河北省巾帼精准扶贫十百千培训工程"涞源县中专班并专程到红叶农家院慰问调研。同年，红叶农家院被评为"全国巾帼示范农家乐"。

**（三）做好"电商＋"文章，助推产品销售**

学院加大"电商＋"扶贫力度，引导农村女性结合本地和自身特色，通过电商平台开辟销售市场，切实让她们的优质产品卖得出、卖得远、卖得好。

**案例：** 保定阜平县龙泉关镇西刘庄村韩海梅的服饰公司遇到了前所未有的发展瓶颈，产品滞销，员工面临被裁撤的风险。学院选派电商、市场营销专家到企业对韩海梅及员工进行集中网络销售技术培训，帮助其建立网站及微信平台，使其生产的菲儿系列毛绒玩具通过互联网销售到了全国各地，企业因此扭亏为盈，并带动阜平县更多农村妇女就业，实现增收致富。

**（四）做好"家政＋"文章，助推家政服务业**

学院联合基层妇联帮助农村妇女进行家政创业，提高她们对家政行业的认识，坚定她们从事家政服务业的信心，并带动更多妇女在家政服务领域实现就业增收，以"小家政、大民生"助力农村妇女脱贫致富。

**案例：** 张家口沽源县"河北省巾帼精准扶贫十百千培训工程"大专班学员陈志恒通过家政课程学习激发了创业的热情和勇气。2018年，在学院和沽源县妇联的帮助下，她创建了无忧家政公司，带动引导建档立卡农村贫困妇女400余人就业，年人均增收3万余元。2019年，在学院帮助下，推进巾帼家政下乡村服务项目，实现14个乡镇家政服务技能培训进村入户全覆盖，累计培训1123人，让更多的农村女性挺直了腰板，撑起了半边天，带领家庭脱贫致富。

## 第二节　中国妇女发展基金会参与河北
## 承德女性教育扶贫模式探索

　　教育专业型社会组织属于非政府组织的一种组织形式。改革开放以来，教育专业社会机构参与女性教育扶贫工作取得了很大的成效，逐步探索出许多具有中国特色的社会组织参与教育扶贫的成功经验。教育专业社会机构参与女性教育扶贫，因其机制灵活，行动效率高，对扶贫对象的瞄准率高，更能适应教育对象需求的多样化和个性化，在有效地对接每一所学校、每一名教师、每一个孩子及每一个家庭等方面具有独特优势，成为教育精准扶贫工作中的一支重要力量。

　　近年来，女性教育扶贫研究日益受到教育理论界的关注，但是，相对而言，对教育专业型社会组织参与女性教育扶贫的相关研究较少。在为数不多的文献中，研究者重点关注的是大型社会组织或国际组织参与女性教育扶贫的案例，对一些规模较小、看似影响力不大的教育专业型社会组织的研究较为缺乏。事实上，从国际上看，自20世纪80年代以来，非政府组织（NGO）的参与式扶贫越来越受到重视。这也成为我国扶贫策略的重要取向。在研究内容方面，对女性教育扶贫的宏观理论和政策研究较多，但对于诸如民族地区等特殊区域的女性教育扶贫理论与实践关注不够。研究者也注意到，目前女性教育扶贫研究角度聚焦在宏观层面，研究范围以职业教育为主，"应扩大教育扶贫研究范围，特别要从微观层面对民族地区和革命老区贫困人口的教育环境、就业政策和纵向流动渠道等方面进行深度关照，探索这些贫困地区教育扶贫的理想模式和实践经验机制。"[1] 相关研究诸如，关于内蒙古自治区和广西壮族自治区连片特困地区教育扶贫的研究。但是这些研究是从政府教育扶贫的视角来阐述的，关于教育专业型社会组织参与民族地区教育扶贫的个案研究，在数量方面和质量方面仍然关注不够。

　　十多年来，中国妇女发展基金会扎根民族聚居地贫困地区，在政府有关部门的支持下，发挥教育专业型社会组织的优势，以教师与学生为教育精准扶贫的对象，对教师采取"临床式""参与式"培训以提升其教学水平，针对学生特点，以育人为导向，"扶贫"与"扶智"结合，初步探索出一条教育专业型社会组织参与女性教育精准扶贫的新路子，其运作的理念方式值得总结和研究。

---

　　① 袁利平，万江文. 我国教育扶贫研究热点的主题构成与前沿趋势［J］. 国家教育行政学院学报，2017（5）：58-65.

本研究以中国妇女发展基金会在河北承德市积极实施女性教育精准扶贫的动人事迹为案例，重点探讨该组织初步形成的"爱心＋技术"的多元女性教育精准扶贫救助模式及其主要做法、过程、效果、特色等，并提出相应的突破路径，以期为推进社会组织参与女性教育精准扶贫攻坚进程提供有益的借鉴。

### 一、对女性教育扶贫问题的诠释决定选择的方法

毛泽东在其《矛盾论》（1937 年）中这样写道："不同质的矛盾，只有用不同质的方法才能解决……用不同的方法去解决不同的矛盾，这是马克思列宁主义者必须严格地遵守的一个原则。"[①] 在实践中，对所遇到问题的理解方式，很大程度上决定了解决问题的方式方法。同样，解决问题的方法，又是在解决问题中产生并服务于问题解决的。就女性教育扶贫而言，"选择教育扶贫的切入点至关重要。需要以问题为导向，把发现问题、分析问题、解决问题作为出发点和落脚点……着重解决好教育'扶持谁''谁来扶'和'怎么扶'的问题。"[②]

在专项扶贫、行业扶贫、社会扶贫等构成的"三位一体"大扶贫格局中，包括了政府（含妇联）、市场与社会三个方面的扶贫力量。基于对女性教育扶贫的理解，在可支配资源的前提下，政府与非政府社会组织分别有不同的措施及方式选择。

在整个女性教育扶贫大格局中，政府起着主导作用。从教育部制定实施的一系列教育精准扶贫政策来看，它们集中体现了"治贫先治愚，扶贫必扶智"的思想，以系统思维为导向整体推进，着力推动贫困地区教育事业公平发展，让女性人生更加出彩。"教育扶贫全覆盖"概念的提出，不仅对于直接服务区域经济发展的职业教育给予高度重视，更重要的是提出"聚焦贫困地区的每一所学校、每一名教师、每一个孩子及每一个家庭"，"聚焦最薄弱领域和最贫困群体，定向施策，精准发力，加快贫困地区教育事业发展"。从省级地方政府教育扶贫的实践来分析，全国各地根据自身实际情况，贯彻教育部的文件精神，推进教育扶贫工作。以民族地区为例，内蒙古自治区通过加大投入，从学前教育到职业教育全面提升办学条件，促进教育均衡发展。广西在着力于全面推进教育事业发展的同时，通过精准帮扶的方式，将优质有限的教育资源向贫困人口倾斜，实现教育精准扶贫。高校作为教育扶贫的重要力量，依靠自身优势，以继续教育、"三下乡"和"三支一扶"等"常规"手段为主。

"以政府为主导的女性教育扶贫，政策目标系统性、层次性鲜明，既强调了推动贫困地区女性教育事业发展，突出了长远目标的根本性，又有短期见效技

① 毛泽东. 毛泽东选集（第 1 卷）［M］. 北京：人民出版社，1991：311.
② 曾天山. 以新理念机制精准提升教育扶贫成效——以教育部滇西扶贫实践为例［J］. 教育研究，2016，37（12）：35-42.

能培训等富有现实针对性、精准性的举措，点面结合，着力增强教育服务区域经济社会发展的能力"①；体现了"针对贫困地区教育和女性受教育人口进行投入和资助服务，……通过提升当地农村妇女人口的科学文化素质和技术技能水平，促进当地的经济、社会与文化发展，使贫困人口最终摆脱贫困"②；以政府为主导的女性教育扶贫蕴含两层意思，其一是以贫困地区的女性为对象，对女性实施教育扶贫；其二是以贫困地区的女性为主体，必须依靠女性实施教育扶贫。从实践层面来看，坚持全面覆盖的原则，构筑具有鲜明中国化、本土化的女性教育扶贫模式。

中国是社会主义社会，在进行女性教育精准扶贫的过程中离不开各级党委和政府的积极支持，它在关于女性教育扶贫宏观指挥和政策的制定方面发挥着不可忽视的主导作用。从具体的实践层面来看，政府在女性教育精准扶贫中确实存在一些问题，有的难以一时顾及。其原因是多方面的，既有历史的原因，又有现实的原因；既有政府现行体制的问题，又有政策工具的问题（这里不仅包括政策工具本身，还包括政策工具的实施与运用）。从政策问题的视角来看，用公共政策分析的话语来讲，对问题的不同阐述决定了对政策议题的定义方式，而不同的政策问题建构了不同类型的政策活动，并产生不同的效果。从治理机构安排来看，决策者所处层级越高，也就越难以充分掌握政策对象丰富的多元化、异质性需求信息。

例如，对于偏远地区贫困家庭的女性，政府在实施精准扶贫的过程中针对性不强，精准性不够，没有很好地做到因家庭而异、因女性个体而异，往往是"眉毛胡子一把抓"，特别是在对待贫困家庭的妇女教育培训和留守女孩儿方面缺乏微观的可实施方案，没有行之有效的约束制度。一项对偏远山区女性教育的研究显示：我们在对女性进行精准扶贫的过程中存在以下问题：一是过于注重物质方面的扶贫，注重金钱方面的投入，而忽视女性情感方面的诉求、心理方面的满足、技能方面的提升；二是偏向对贫困家庭女学生在义务教育阶段和高级中学阶段的扶持与帮助，忽视了对她们在职业教育（含中等职业教育和高等职业教育）阶段的帮助。特别是在微观方面更为明显。比如，在现行的班级授课制的情况下，许多偏远地区较好的小学都存在"超员"的现象，这使得教师根本无暇顾及一些落后学生的学习和生活状况，成绩较差的女学生自然也在此列。一项对河北省承德市丰宁地区的研究显示，在超过40个人的班级中，女生比男生更容易退学、辍学。另一项对河北省保定市涞源地区的实证研究表明：

① 王院院.改革开放以来中国共产党推进农村教育扶贫的历程与经验研究［D］.西安：西安电子科技大学，2019：32.
② 钟慧笑.教育扶贫是最有效、最直接的精准扶贫：访中国教育学会会长钟秉林［J］.中国民族教育，2016（5）：22-24.

由于家庭的贫困、交通的不便、信息的闭塞以及受传统思想的影响，女孩面临的问题比男孩多，她们更容易退学、辍学。

由于中国幅员辽阔，地区差异明显，政府也不是"万能"的，有不少方面顾及不到或者还没有来得及实施。而某些社会爱心组织往往可以以最直接的方式，专业地、高效地完成使命。因此，某些社会爱心组织成了精准扶贫战略中不可忽视的力量。

教育扶贫，特别是女性教育扶贫不仅是政府关注的焦点，也是社会爱心组织着重关注的对象。在我国，社会组织有其特定的含义，"其在不同场合被称为'NGO'（非政府组织）'公民社会组织''非营利组织''民间组织'乃至如今占据主流的'社会组织'"[1]。它包括"民办非企业单位、社会团体和基金会以及涉外社会组织等"。[2] 在参与女性教育扶贫的过程中，不同的社会组织参与的方式是有差别的。一般来说，针对女性教育扶贫，大型的社会组织都有长期的高标准的项目，并形成了相对稳定的模式。以我国青少年基金会为例，它们是闻名遐迩的"希望工程"的缔造者、组织者和实施者。它已经成立了 30 多年（1989 年），在这 30 多年中，它们通过争取政府资金、鼓励爱心人士捐款等社会化运动，在偏远的贫困地区建设了一所所"希望小学"，并多次发起资助农村贫困家庭留守女孩的活动，让这些贫困家庭的女孩初步实现了"有学上，上好学"的目标。精准扶贫战略实施以来，中国青少年发展基金会更是积极参与其中，它们把"援建的重心下沉到乡镇小学下属的村小和教学点，力求将社会公益力量延伸到贫困农村地区基础教育的最后一公里，协助政府彻底改善薄弱学校办学条件，推进教育公平"。[3] 中国教育发展基金会在关于女性教育扶贫领域发挥了更为积极的作用，他们借助社会爱心人士或企业捐助的资金，经常性地开展助力留守女孩完成学业的活动，不少贫困家庭的女孩从中受益，成效显著。

河北省女性创业促进会也积极参与精准扶贫，其在认真了解农村的实际情况之后，在我省 11 个地市的 121 个县（含县级市、自治县）中每个县都建立了分支机构，设立了"乡村女校"，"带动全省建立妇女创业实践基地 2700 多个；培养农业技术骨干和致富带头人 32 万多名，转移妇女劳动力 7.6 万多名，帮助一大批农村妇女依靠种植、养殖项目实现创业增收"[4]，在教育扶贫方面做出了巨大贡献。

社会组织实施的女性教育的扶贫形式，主要有募集捐款、赠送物资、教师

① 陶传进. 社会组织发展的四阶段与中国社会演变 [J]. 文化纵横，2018（01）：20-28.
② 余昌颖. 新时期福建省社会组织发展研究 [D]. 厦门：华侨大学，2015：104.
③ 王冬雪. 改革开放以来中国社会组织教育扶贫研究 [D]. 长春：吉林大学，2020：44.
④ 河北省女性创业促进会两年助 20 万名妇女就业 [EB/OL].（2011-01-06）［2021-12-29］.
http：//hebei. hebnews. cn/2011-01-06/content_1469361. htm.

支教（包括对农村妇女的技术培训）和关爱留守女童（泛指未成年女孩）等。其中有代表性的女性扶贫教育项目主要有募集资金建校办学，改善软件硬件等基础设施，为贫困山区的女学生捐赠文具书籍，义务培训农村妇女的生产技能（如养殖、种植、面点、保洁、育婴等），培养乡村教师，资助贫困家庭的留守女学生，培养农村妇女的创新创业能力，对离异或者失去父母的女孩广泛开展心理咨询活动等。刘宏宇（全国政协委员，教授，女性研究专家，热衷于公益事业）指出，当前女性教育扶贫的特征可以概括为以下几点：第一，关注贫困家庭留守女孩，不仅着眼于解决她们在物质上、经济上的"贫困"，还关注她们心理上、精神上的"贫困"，使她们对生活充满信心，树立正确的人生观。第二，关注农村留守妇女，特别是贫困家庭的留守妇女，重点是根据她们自身的特长、能力，开展"精准"的职业技能培训。第三，关注农村女性，对她们进行创业知识、技能等方面的培训。

当前，在对于女性实施精准教育扶贫的过程中，具有全国背景的大型社会组织把目光主要放在了"老、少、边、穷"的教育基础设施的投入、师资力量的培养以及全社会都普遍关注的问题上，如留守妇女和儿童等方面。就实践而言，这些组织总是以解决问题的方式进行工作，目标非常明确，对地方政府形成了"拾遗补缺"。何为"拾遗补缺"？张保庆（教育部原部长，中国教育发展基金会原理事长）诠释道："（政府）对于某些问题和矛盾，政府从调研到决策、从决策再到落实，往往需要一个过程。在这种情况下，基金会作为一个社会团体，正好可以发挥其决策快、反应快的特点，迅速采取一些能马上到位的应急措施，填补政府政策到位之前的暂时之'缺'；另外，由于中国的教育事业规模庞大、情况复杂，有些时候在工作的个别环节上也可能会出现一些遗漏。对于某些遗漏，基金会可以从实际情况出发，以最快的速度开展一些补救性质的'拾遗'工作。"①

实践证明，"拾遗补缺"式的创新模式在女性教育扶贫的过程中成效显著，因此许多中小型的社会组织纷纷跟进。如友成企业家扶贫基金会（简称"友成基金会"，成立于 2007 年 3 月 1 日，隶属于国务院扶贫办），充分利用网络技术，对贫困山区的女孩进行远程课程培训；北京立德未来助学公益基金会（隶属于北京民政局，成立于 2014 年 4 月 18）在开展的"美丽中国"行动中，选拔优秀志愿者到贫困地区进行下乡支教。

在众多的社会组织中，自 20 世纪 90 年代相继出现，进入 21 世纪以来得到长足发展的草根型社会组织，尝试从底层的视角反映和表达公众的利益。这类草根型社会组织在女性扶贫事业领域，往往选择政府暂时难以抵达的"最后一

---

① 张保庆. 中国教育发展基金会：一个正在健康持续发展中的基金会 ［J］. 中小学校长，2011（6）：38.

公里"作为生存与发展的基础和空间，即"让人感到最为头疼的另一个难题"（张保庆）。"怎样把钱真正花到最需要帮助的困难女学生身上，'如果基金会对每一个学生都要实地考察核实，运行成本太高，花的钱可能比资助困难学生的钱都多。'"[①] 因为发起成立草根型社会组织的人员通常具有相关专业背景，有着长期从事基础实践工作的经验，所以参与包括女性教育扶贫在内的扶贫领域的工作有着独特的优势。

　　曾荣获全国脱贫攻坚创新奖的李小云教授对于精准扶贫有着独特的问题意识。他在长期的扶贫研究及实践过程中发现，社会组织参与扶贫，必须扎根基层，直面政府难以抵达的"最后一公里"，去发现问题，提出解决方案。为此，他在河北丰宁县建立了 NGO 小云助贫中心（2016 年在县民政局注册），"通过'政府＋公益'的力量，融合了从资助型基金会支持到志愿者进入，从国内基金会的项目资助到社会公益众筹等各种公益支持方式……小云助贫中心将这些公益资源进行组装配置，放到精准扶贫的场域里，使其发挥尽可能大的作用。这种社会组织参与扶贫的模式，有效打通了教育扶贫的'最后一公里'，并总结出'方案公益''优质公益资源下沉'等精准扶贫的先进理念"[②]，意义重大，影响深远。

　　中国妇女发展基金会，简称为"中国妇基会"，成立于 20 世纪 80 年代末（1988 年 12 月），属于全国性公募基金会。该机构始终以"维护妇女权益，提高妇女素质，促进妇女和妇女事业发展，为构建和谐社会做出应有的贡献"为宗旨，在国家实施精准扶贫的战略中，中国妇女发展基金会直面农村贫困地区妇女最为关心、最为直接、最为现实的突出问题，紧紧围绕物质或资金支援、职业技能培训、创业教育培训、心理咨询等，在女性教育扶贫方面实施了一系列公益慈善项目，如金宝奖学金项目、失独母亲帮扶计划、儿童成长数字图书馆项目、儿童安全书包项目、SOS 儿童村公益项目、一诺十八年和全国自闭症儿童家庭关怀行动等。其中，它的善基金主要是针对贫困地区的女性弱势群体设立的。中国妇女发展基金会善基金非常关心河北承德的女性教育扶贫问题，其从"政府……难以一时顾及的问题入手，聚焦少数民族聚居区师资培训和特殊家庭、特殊儿童群体，以教育科研作为支撑，对该区域的贫困女性进行了经济救助、心理救助和学业救助，对教师开展相关培训，形成了适应少数民族地区特点的教育行动研究、师资培训和贫困女性救助'三位一体'的教育精准扶

---

①　张保庆. 中国教育发展基金会：一个正在健康持续发展中的基金会［J］. 中小学校长，2011（6）：36.

②　潘琳."互联网＋"背景下社会组织多元协同监管研究［D］. 合肥：中国科学技术大学，2018：34.

贫的新路径，逐步探索出了'爱心＋技术'的多元女性教育精准扶贫救助模式。"①

## 二、"爱心＋技术"的多元女性教育精准扶贫救助模式的形成、运行及成效

中国妇女发展基金会的诞生不是无缘无故的，它的诞生是为了解决女性现实存在的问题，其善基金（中国 10 大基金之一）作为中国妇女发展基金会的专项基金，由著名爱心人士、企业家金树萍、李碧琪两位女士在 1988 年创立。

该专项基金专门用于对贫困地区的弱势女性群体进行帮扶救助，特别是针对孤儿、孤老及孤残人士进行帮扶。它以"善基金·中国心"为口号，将"善是一种习惯；善是一种智慧；善是一种责任；善是一种成功"作为指导理念和行动纲领，提倡人人都应参与公益文化，搭建具有公信力的、透明的公益平台，为国家建设和谐社会贡献力量。它在女性教育、培训和扶贫中发挥着重要作用。2015 年 12 月 30 日，中国妇女发展基金会善基金开始从全国高校招募志愿者，主要内容为在"老、少、边、穷"地区，针对农村女性实施教育扶贫。从 2016 年 1 月 21 日开始，在"老、少、边、穷"地区的 27 个贫困县，进行了广泛的实地教育调研、教师培训（含网络培训）和贫困救助（含物质的和精神方面的）等活动。2017 年扩展到全国，河北省承德市丰宁县成为该基金会关注的一个焦点。

该机构的女性教育扶贫活动得到了中华女子学院党委书记李明舜和院长刘利群的大力支持，并成立了由女性学、社会工作、学前教育、心理学、教育学、市场营销、财务、电子商务、计算机和服装与服饰设计等专业学生广泛参加的女性教育扶贫志愿团队。该志愿团队共计 124 人，其中教师有 18 名，硕士研究生 32 名，留学生 2 名，本科生 70 名，专科生 12 名。目前女性教育扶贫志愿团队已经成为中华女子学院展示自己在女性教育领域的风采、不断推进女性教育扶贫和乡村振兴事业的重要力量之一。

2017 年，中国妇女发展基金会善基金依据自身的发展计划，把女性教育扶贫活动和乡村振兴工作聚焦到河北省承德市丰宁县。至今，河北省丰宁县已经有 300 名贫困家庭的女孩以及成千上万名农村妇女受益。

### （一）模式的形成与运行

中国妇女发展基金会善基金的女性教育扶贫工作目标和对象都非常明确，具有很强的针对性，就是要下沉到基层，深入"老、少、边、穷"地区的贫困家庭之中，解决这些贫困家庭中女学生的学业成就提高问题，对她们进行综合

---

① 朱宝莉. 民族村寨旅游扶贫研究：以贵州黔东南苗族侗族村寨为例 [D]. 成都：西南民族大学，2019：94.

性的、整体性的教育扶贫救助活动。因为中国妇女发展基金会善基金在长期的教育扶贫中发现了一个重要现象，要想使生活在偏远山区贫困家庭的女孩实现脱贫和自立，不能只靠一味地"输血"，而是要注重激发她们的内生动力，鼓励她们考上大学，离开大山，学到技能和本领。在调研中还发现，这些贫困家庭哪怕只有一个孩子有较为稳定的收入，那么该家庭就有了盼头，脱贫的可能性就很大。

中国妇女发展基金会善基金虽然是一个大型的社会公益性组织，相对于其他中小型社会组织而言，资源比较多，但是面向的范围广，因此必须把资源用到最需要的地方、最需要的人群手中。因此，甄别需要扶助的对象以及对这些需要扶助对象的家庭状况、学习情况和心理状况做出科学系统的评估成了关键所在。中国妇女发展基金会善基金基于资料查阅法（贫困家庭女孩的个人及家庭资料）、人物访谈法（通过与贫困家庭女孩相关的人员进行交流，如老师、邻居、村干部等）和实地考察法（深入到贫困女孩的家庭），"点对点确定救助的贫困女孩，范围主要包括孤儿（含实际孤儿）、残疾儿童、单亲贫困儿童、低保家庭的女孩和民族聚居区贫困县教育基础薄弱学校的特殊女性学生等。"①

中国妇女发展基金会善基金深知要想解决农村贫困家庭女孩的学业问题，必须先要解决两个问题：一是农村贫困家庭女孩的生活问题，因为没有基本的物质做保障，她们的学业提升将是一句空话；二是农村贫困家庭女孩的心理问题，因为没有阳光向上、积极健康的心理，她们的学业很难提升。因此，大力开展物质（含资金）救济与心理救济成了中国妇女发展基金会善基金实施女性教育扶贫不可缺失的项目。就一个地区而言，救助一个个农村贫困家庭的女孩，也仅仅是"输血"而已。中国妇女发展基金会善基金在苦思冥想后认识到，如何引导当地社会资源投入，撬动当地教育部门自主发展是一个重要问题。所以，中间妇女发展基金会善基金把目光投向师资培训领域，"针对的是贫困女孩的教师或贫困儿童所在学校的教师，包括进行精准的'临床指导式'培训以及对教育硕士准教师的岗前培训等。"②

怎么样才能提高贫困家庭女孩的成绩呢？中国妇女发展基金会善基金借助中华女子学院的专业教育优势，借助 SWOT 分析工具，在系统地剖析了影响贫困家庭女孩成绩提高的各种因素之后，制订了详细的实施计划和方案。经过长达半年的实地走访调研发现，贫困家庭女孩的成绩难以提升与大班（好多地区的学校的班级容量超过 40 人，特别是中学，有的班级容量竟超过 70 人）教学

---

① 刘继青. 社会组织参与教育精准扶贫的实践模式与反思："爱心＋技术"多元教育精准扶贫救助模式个案研究 [J]. 中国教育发展与减贫研究，2018（09）：199.

② 张皓轩. 乡村小规模学校教学常规管理现状调查研究：以广西凭祥市 L 镇三所学校为例 [D]. 桂林：广西师范大学，2021.

有着一定的关系。因为班级学生多，教师照顾不过来，这很容易导致她们产生厌学、弃学情绪。而特别重要的是，"老、少、边、穷"地区"受地理条件、文化背景的影响，其文化性格对女孩学习态度、个性心理有着深刻的影响。提升女孩学业成就，不仅需要研究其中的认知因素，还要从地域文化性格与认知发展之间的关系入手，以达到解决问题的目的。"[①]

在实施教育扶贫的过程中，中国妇女发展基金会善基金面对的对象是"老、少、边、穷"地区贫困家庭的女孩，中华女子学院参与女性教育扶贫的一位老教授在日记中坦言，"红绿青蓝"主要资助的对象是"女童"。组织者李剑教授解释道："这并非课题组和中华女子学院志愿者有意选取'老、少、边、穷'地区贫困家庭的女孩作为研究对象和救助对象，而是在做田野工作时和救助过程中所遇对象自然而然地以贫困家庭的女孩居多，……救助儿童以贫困家庭的女孩居多，这实际上反映了中国社会的重男轻女的封建思想还未被根除，也反映了总有个别人因贫困而无奈地放弃抚养子女的责任"[②]。

1. 学业的救助形式

经过数十年发展，中国妇女发展基金会善基金在"老、少、边、穷"地区贫困家庭的女孩学业救助方面成绩显著，并摸索出以下几种救助形式。

(1) 夏令营和冬令营活动

邀请贫困家庭女孩参与夏令营和冬令营活动，是中国妇女发展基金会善基金实施学业救助，在"老、少、边、穷"地区开展女性教育扶贫的重要形式之一。从2016年1月17日的首期到2019年8月28日，共举办了7期夏令营和冬令营活动。中国妇女发展基金会善基金内部分1组和2组。1组又称为后方组，人员主要由中华女子学院师生志愿队组成，任务是研发课程、录制慕课微课、视频教学、答疑解惑、对贫困家庭女孩进行网上学习指导和心理咨询等；2组，又被称为前方组，由中国妇女发展基金会善基金在各地招募的大学生组成，他们亲赴"老、少、边、穷"地区开展一系列女性教育扶贫活动。

(2) 实验校

通过长期的实践发现，夏令营和冬令营活动虽然对提升贫困家庭女学生的学习有一定的作用，也帮助了不少女孩，可是由于时间比较集中，仅限于寒假和暑假，而在平日里学生一旦出现问题，却没有办法解决。因此中国妇女发展基金会善基金就通过各种关系，根据每个人的不同情况，采用了"因人而异的转学、借读、休学、异地补习等方式，设法让她们转校就读，先后有韩晓寒、王新曲、李成密、赵玉迪、王秋杰、白航等同学分别转学至北京、承德、保定、

———————————

① 李祎琼. 心理发展理论视域下思想政治素质发展过程实证研究 [D]. 哈尔滨：哈尔滨工程大学，2015：46.

② 李剑. 西部少数民族聚居区贫困儿童学业成就的质性研究 [M]. 北京：民族出版社，2014：2.

廊坊、张家口和石家庄等地。"①

（3）救助中心

将贫困家庭的女学生送到北京、承德、保定、廊坊、张家口和石家庄等学校学习，对于提升她们的成绩来看，的确是一个不错的选择，但需要耗费大量财力，并且关系也很难协调。因此，中国妇女发展基金会善基金于 2018 年 9 月 10 日，在河北省承德市需要被救助的女学生比较集中的丰宁地区成立了公益性质的"承德市中国妇女发展基金会善基金女性教育救助工作室"。该工作室积极联系河北名校，如衡水中学、石家庄二中、保定十七中，由这几所学校每学期派驻一名语数外教师赴丰宁进行支教。在三年的时间内，工作室共帮助了 134 名家庭贫困的学生，成绩显著。

（4）女性教育微校

通过多方论证，经河北省教育厅、承德市教育局和丰宁县教育局同意，在丰宁县委县政府的支持下，从 2018 年 8 月 18 日开始，中国妇女发展基金会善基金在部分中小学旧址上成立了"丰宁女性教育微校"，招生对象为"县内孤儿（含事实孤儿）、贫困家庭女孩和志愿者女孩等群体，借助信息化技术，开展微课、慕课、在线课程和翻转课堂等有针对性的教学"。② 在技术方面，中国妇女发展基金会善基金得到了中华女子学院师生的大力支持。

2. 经济救助

经济救助主要是由中国妇女发展基金会善基金"募集的志愿者，自愿一对一给予被救助的贫困家庭的女学生经济上的支持"。③ 当前，在中国妇女发展基金会善基金中，共有 12987 名爱心人士常年参与经济救助，他们以企业家居多。此外，还有政府职员、新闻记者、学者、研究人员、军人、教师以及海外华侨等。

其他"老、少、边、穷"地区参与经济和物质救助的主要是以捐赠的方式出现，人员也比较复杂，涉及各行各业的工作人员，甚至包括一些学生等非工作人员。此外还有一些爱心单位实施了捐赠，如承德市关工委、市团委以及丰宁县教育局、县总工会和县妇女联合会等机构。

3. 心理救助

这里的心理救助是指由不同高等院校（含职业院校）的优秀志愿者，以自愿结对的方式与贫困家庭的女孩进行生活上、学习上、心理上的沟通，目的是通过与女孩的亲密交往，建立信任，进而消除她们心理上的障碍。与贫困家庭

---

① 李跃雪. 初中生辍学行为的类型学研究［D］. 长春：东北师范大学，2016：79.

② 李彦泓. 互联网＋职业教育课程开发研究——以中职《发动机检修》课程为例［D］. 长沙：湖南师范大学，2016：79.

③ 韩丽欣. 我国慈善组织治理法治化研究［D］. 长春：吉林大学，2014：114.

的女孩进行沟通的方式除了面对面的接触，最主要的还是通过微信、QQ、电话和短信以及电子邮件。具体的方法除了常用的释放法和疏通法外，还有中国妇女发展基金会善基金与中学女子学院共同开发的方法。

一是"傀儡法"。所谓"傀儡法"，是指中国妇女发展基金会善基金的志愿者（主要是各个高校心理学专业的学生），从"老、少、边、穷"地区贫困家庭女孩的实际状况出发，借用恋父或恋母情结以及移情的理论，对于贫困家庭的女孩实施心理救助的方法。

二是"以毒攻毒法"。所谓"以毒攻毒法"，主要是指中国妇女发展基金会善基金的志愿者（主要是各个高校心理学专业的学生），根据"老、少、边、穷"地区贫困家庭女孩心理存在障碍的程度，采用不同的方法，施以治疗的方法。

三是"S-R"失灵法。这里的"S"即英文单词"stimulus"的首字母，是指"刺激物"；"R"即英文单词"response"的首字母，是指"反应"。所谓"S-R"失灵法是指中国妇女发展基金会善基金的志愿者（主要是各个高校心理学专业的学生）"在完成'以毒攻毒'过程之后，在恰当情境中，在被救助女孩面前逐渐地、适度地、假装不经意地屡次提及其伤心家事，以使其对因'刺激物'（S）（伤心家事）而产生的疲劳与心理'反应'（R）变得习以为常，让她们觉得人生本来就是忧伤的"[①]，对忧伤感到"麻木不仁"。

4. "临床"指导式师资培养

对于"老、少、边、穷"地区师资力量的培养，中国妇女发展基金会善基金运用的主要是"临床"指导模式。"临床"指导式师资培养模式，是在前期调研论证、分析的基础上，采取的精准培训的方式。为了更好地了解和掌握"老、少、边、穷"地区师资力量培养中存在的问题、当前中小学学生的需要以及教师自身在业务上的迫切需要，中华女子学院的志愿者受中国妇女发展基金会善基金的委托，对河北省承德市丰宁县的上述情况进行了问卷调查。在此次问卷调查中，有超过四成（40.42%）的教师认为自己迫切需要进一步"打开思维，开拓视野"；有接近四分之一（24.89%）的教师认为自己迫切需要进一步"提升自身的专业素质"；有两成（20.18%）的教师认为自己迫切需要进一步"改善自己的教学方法"；此外还有14.51%的教师认为自己的学历不够，需要进一步提高。

马克思主义哲学辩证法告诉我们，内容是第一位的，能够决定形式，同时形式能够反映和显现内容，但内容与形式二者又是辩证的，是统一的，二者谁也离不开谁。

---

① 姜子华. 女性主义与现代文学的性别主体性叙事［D］. 长春：东北师范大学，2010：98.

第一，内容能够决定形式。通过对问卷调查的分析发现，"老、少、边、穷"地区教师认为最需要提升的是自己思维方面和眼界方面的；其次是自身的专业素质、专业素养方面；再次是教学方法方面；最后是学历方面。这就是需要培养的内容，这些内容必须由"老、少、边、穷"地区教师直接积极参与，采用体验式效果最佳。

第二，形式能够反映内容。"临床"指导式培养"要求培养对象不背离当地教育教学情境，教师是当地教师，学生是当地学生。面向所有受训教师，分学科、'手把手''一对一'地进行'临床指导'，在课前、课中、课后全过程地进行指导。其中的要旨是落实于学科、章节和知识点的学科操作技能，学科知识以及相关认知心理指标"①。

第三，内容与形式二者是统一的。中国妇女发展基金会善基金通过筛选，选出1个试点，对部分教师进行了长达40天的集中培养，在整个过程中，包含"培养者与被培养对象（'老、少、边、穷'地区教师）'一对一'研讨、培训者教学示范、双方共同评议，完成整改完善，之后再进入下一轮。在这个过程中，培训者发挥的是引领和示范作用，受训教师则始终深度参与其间。"②

对"老、少、边、穷"地区师资力量的培养必须遵循一定的科学方法，不能随心所欲。一是要有学术性。在这里，所谓的学术性是指对培养对象的培养不仅要有一定的知识性，还要其注重能力的提升以及情感态度的培养。二是师范性。在这里，所谓的师范性是指对培养对象的关心、关怀、友爱、和谐和启迪。三是艺术性。在这里，所谓的艺术性实质上是指学术性和师范性的表现形式。需要指出的是，三者是辩证统一的，缺一不可，"教师把师范性，即友爱、关心、启发'润物细无声'地融入教学过程，同时把学术性温柔而坚强地'行布'于知识传授、能力培养、智能发展的促进和创造性培养的过程之中，即师范性和学术性同时在教学过程中有艺术表现。"③

### （二）模式的运行成效

依据中国教育发展基金会对贫困家庭孩子的救助标准，一名小学生1学期的标准为300元；初中生的标准为400元；高中生的标准为600元；大学生的标准为1000元。采用的救助模式为"1＋1"个人救助，即一名学生由1个社会爱心人士救助。到2020年，中国妇女发展基金会善基金已经资助了1034名女学生，时间长达10年，共投入资金近1000万元，其中连续被救助5年以上的学生有123名，考上本科院校的学生有311名，约占总数的三成（30.08%）。以下是受过中国妇女发展基金会善基金资助的河北丰宁贫困家庭的女学生。

---

① 李昊天. 后方法理论视域下对外汉语教师实践性知识研究［D］. 济南：山东大学，2019：77.

② 杨秀玉. 教育实习：理论研究与对英国实践的反思［D］. 长春：东北师范大学，2010：44.

③ 陈威. "实践取向"小学教育专业课程设置研究［D］. 长春：东北师范大学，2013：44.

晶晶，女，现年21岁，满族，孤儿（4岁时父亲因车祸去世，母亲离家，由年迈的祖父照顾），丰宁满族自治县大阁镇撒袋沟门村人；曾4次参加中国妇女发展基金会善基金组织的冬令营和夏令营活动，并长期得到资助；2020年考入北京师范大学汉语言专业。其梦想是：做一名乡村教师，幸福千万孩子。

玲玲，女，现年22岁，汉族，孤儿（6岁时，父亲因癌症病逝，7岁时，母亲离世，现在与姥姥相依为命），丰宁满族自治县鱼儿山镇头道沟村人；已经被中国妇女发展基金会善基金资助了11年，多次参加中国妇女发展基金会善基金组织的冬令营和夏令营活动；2020年，考入天津南开大学电子商务专业。她希望未来能够更好地服务乡村振兴事业。

丽丽，女，现年21岁，蒙古族，孤儿（出生时母亲因难产去世，父亲在她4岁时去世，现在由姑姑抚养），丰宁满族自治县波罗诺镇老庙营人；她三次参加中国妇女发展基金会善基金组织的冬令营和夏令营活动，是女性教育微校的成员之一；2019年考入河北师范大学学前教育专业。她的梦想是让更多的孤儿有学上，充满阳光。

凝凝，女，现年20岁，回族，父亲在监狱服役，母亲长年在外打工，现在与爷爷奶奶生活在一起，丰宁满族自治县南关蒙古族乡嘎吐营村人；曾多次接受中华女子学院的心理咨询和经济救助，也是女性教育微校的成员之一；2020年考入河北师范大学家政专业。她的梦想是，关注"夕阳红"，能够让天下的老人安享晚年。

### 三、"爱心＋技术"的多元女性教育精准扶贫救助模式基本特征

周健说："过去30年是公益组织做教育，现在要开始转变为教育组织做公益，……观察乡村教育的时候，只能从公益的角度看，把城市教育有的、乡村教育没有的搬过去"[①]。由中华女子学院师生广泛参与的中国妇女发展基金会善基金，在开展女性教育扶贫的过程中，在对"老、少、边、穷"地区家庭女学生深入而广泛的调研的基础上以及与其他相关人员进行访谈的过程中，创新性地首次提出了"爱心＋技术"的多元女性教育精准扶贫救助模式，其特征概括起来主要有以下几点：

#### （一）明确的理念与作为信仰的教育

"理念是引领组织成长的精神之核，情怀则是行动的精神动力。社会公益组织缺少核心理念以及与之相应的信念伦理，是当前影响其发展及功能实现的常见问题。"[②] 顾名思义，从中国妇女发展基金会善基金的名称我们可以看出，该组织的核心理念为"善"。"善"是什么？它是一种习惯和责任。一位心地善良

---

① 张大维. 中国共产党城市社区建设的理论与实践研究［D］. 武汉：华中师范大学，2010：67.

② 凌云志. 行动导向的教师培训者培训研究［D］. 长春：东北师范大学，2019：14.

的人，"总是怀揣一颗善良的心，做对得起自己也对得起别人的事，不在乎名利和回报，这样的人生境界不是谁都可以企及的。"[①] 面对一个个本来应该天真无邪的无助女孩，中国妇女发展基金会善基金的志愿者们不假思索地奉献出一份爱心，就如同自己每天要吃饭睡觉一样，简单而朴实。"善"是什么？它是一种高超的智慧和成功。人人都渴望成功，寻求成功之道，甚至求仙问卜。殊不知，人们成功的关键在于修行、修心，正如《道德经》中所云："善行无辙迹；善言无瑕谪；善数不用筹策；善闭无关楗而不可开；善结无绳约而不可解。"救助那些孤苦无依的贫困女孩，积极参与中国妇女发展基金会善基金组织的公益活动本身就是在修身、修心。中国妇女发展基金会善基金的志愿者们深信，"爱心＋技术"力量的结合对于提高"老、少、边、穷"地区家庭女学生的学习成绩，提升教师的教学质量和水平，必然发挥重要作用。

在贫困地区参与女性教育扶贫，假如没有百折不挠的奉献精神，那注定会半途而废的。正如朱自清先生所言，"教育者须对于教育有信仰心……教育者须有健全的人格，尤须有深广的爱；教育者须能牺牲自己，任劳任怨"。具备如此的境界与情怀，是中国妇女发展基金会善基金在女性教育扶贫方面能够取得显著成效的重要原因之一。

**（二）教育研究贯串扶贫行动过程之中，注重女性教育扶贫的专业性与科学性**

开展教育活动必须具备一定的专业知识，遵循科学的方法，对女性进行教育扶贫也应该如此。中国妇女发展基金会善基金在开展女性教育扶贫的过程中，善于借助中华女子学院的专业力量，同时非常注重实效性，善于瞄准靶心，将"大水漫灌"转变为"精准滴灌"。

中国妇女发展基金会善基金非常注重因材施教的原则。所谓因材施教，是指我们在开展教学的过程中，要根据不同的教育对象的具体情况，采用相应的办法，不能"眉毛胡子一把抓"，更不能想当然。中国妇女发展基金会善基金的志愿者在女性教育扶贫的过程中，创新地提出了因材施教的原则。在对贫困家庭的女学生进行教育扶贫的过程中，志愿者首先要到学校查阅贫困家庭女学生的档案，再深入村庄、家庭了解她们的生活状况，并积极与这些女学生进行沟通以掌握她们的学习、心理状况。在对当地教师进行培训的过程中，因材施教体现为"以自然情景下的'参与式'与'临床式'女性教师培训为主要方式，以认知心理为主线，以创造性为认知心理的出口。力图改变传统教师培训关注教材和理论通识，缺乏对认知心理的培养，导致教师对学生的学习心理认识不深的现状。"[②]

为了提升河北省丰宁满族自治县贫困家庭女学生的成绩，中国妇女发展基

① 叶文玲. 三生爱 ［M］. 上海：上海文艺出版社，2006.
② 郭晓娜. 理解性学习论 ［D］. 上海：华东师范大学，2010：44.

金会善基金探索出一条崭新之路，即组建"高级中学讲师团"，并于 2017 年 9 月 9 日与丰宁中学签订了 5 年的协议，由中国妇女发展基金会善基金从石家庄二中、衡水中学和保定十七中每年聘请 9 名教师（语数外各三名），重点对贫困家庭女学生进行授课和辅导。

**（三）有效利用现代教育技术，注重统筹贫源，强调救助的针对性和系统性**

尽管中国妇女发展基金会善基金是一个全国性的公益性组织，但由于我国幅员辽阔，需要救助的贫困家庭的女学生较多，因此"一对一"的扶贫方式顾及的面太狭窄。所以中国妇女发展基金会善基金充分借助中华女子学院的资源优势，"利用现代教育技术，基于微课、慕课、在线课程和翻转课堂，组成'爱心＋技术'的专业化志愿者队伍，采取线上线下结合的方式，潜心研发核心素养课程，提高教育教学效率和质量。"①

开展女性教育扶贫，不能仅仅从教育出发，"只见树木，不见森林"，应该从"老、少、边、穷"地区需要救助的女学生的自身和家庭出发，综合考虑，"尽可能关照到救助女学生的家庭、生活、学习等方方面面，集经济救助、心理救助和学业救助三位一体。在时间长度上，以学业救助作为教育扶贫的关键环节，将救助行动持续到学生毕业。正所谓'要么就不救，要救就救彻底'。"②中国妇女发展基金会善基金的女性教育扶贫之路，实践证明是一条成功之路，它形成了一个完整的体系，"在对贫困女童进行救助的过程中，形成了一个从冬令营、夏令营到实验校，再到救助中心，终到孤儿微校的一个比较完善的学生学业救助体系，使得被救助学生能够享受到适合自身特点的教育。"③

**（四）积极争取各级政府的支持与帮助**

从多年的实践来看，中国妇女发展基金会善基金在开展女性教育扶贫的过程中离不开当地党委和政府的支持，同时中国妇女发展基金会善基金也善于与当地政府建立联系，努力解决当地政府想管但又没有能力管的，或者没有精力管的事情。此外，中国妇女发展基金会善基金非常注重与当地中小学形成友好关系，与他们打造"理念与利益共同体"。比如，在女性学生学业救助，特别是在建立微校的过程中，得到了各级教育行政部门和教师们的支持和帮助。

## 四、反思与建议

**（一）社会组织参与教育扶贫，亟待政府政策和资金支持**

中国妇女发展基金会善基金在开展女性教育扶贫的过程中发现，扶贫离不开政府在资金和政策方面的大力支持，仅仅依靠公益组织或机构是远远不够的。

---

① 唐利辉. 慕课《趣味物理实验》的设计与实践［D］. 长沙：湖南师范大学，2020：47.

② 周永平. 民族地区职业教育补偿的转型研究［D］. 重庆：西南大学，2012：84.

③ 夏振婷. 高职高专贫困生救助工作探析：以安徽中医药高专为例［D］. 合肥：安徽大学，2014：49.

以丰宁满族自治县"真善美"公益微校为例。该校的出资人是一名社会爱心人士，某公司的老板。由于种种原因，他投资了 50 万，建立了 12 间校舍后，公司倒闭了，装修等基础性工作都没有完成，而当地教育局也无能为力。所以国家应该在这方面出台相应政策，保障地方在这方面有资金可以使用。同时，国家需要"加大政策引导的力度，使教育人力资源尽快合理地向贫困地区流动……国家应当适时出台'综合教育扶贫法'，将综合教育扶贫作为一项基本国策。"①

此外，国家应加大女性扶贫方面的立法工作。

### （二）充分利用"互联网＋"，体现"教学＋互联网"的高科技要求

中国妇女发展基金会善基金在开展女性教育扶贫的过程中，"将信息高科技和先进的教育理念付诸实施时，旧有的思想和惯性的思维模式阻碍着创造、创新。"② 在未来的女性教育扶贫中，必须考虑如下问题：

1. 把现在容量为 70 人的超容量班改造为 30 人左右的班级。

2. 需要清楚，作为一位教师，其职责不仅仅是讲课，还包括课后辅导、批改作业与关注学生身心健康等工作。

3. 需要清楚，作为一位学科指导教师，指导的不再仅是平行班，而是包括所有年级。

4. 教师要引导学生在课上集中精力听课，积极思考，并不断培养他们的创新能力，而不是让他们忙于"记、记、记"。

5. 在招录学生时，不能再"唯成绩论"，还要注重考查学生的能力，特别是创新思维方面的考查。

6. 面对防疫问题的常态化以及现代信息技术的高速发展，教师的授课不能仅局限于线下教学，还要广泛开发微课、慕课，实现"线上线下"的有机结合。

7. 建议取消纸质教材，选用多媒体课件，"取消课下作业，改用程序化控制的提单机式的流程周测，客观题用电脑程序自动化批改，主观题由辅导老师批阅。"③

8. 因为采用的是"互联网＋"的教学模式，所以，"学生的常规作息时间被打破，建议每周间隔两天或三天的早晨让学生自然醒，大幅度削减晚自习时间，坚决避免晚上教师进行辅导或在线上课的情况，让学生自己主动增加课外纸质书阅读时间。"④

### （三）加大高素质教育师资人才的引进与培养力度

人才是最为宝贵的资源，他们在一定程度上决定着女性教育扶贫的质量与

① 李盛基. 中国农村财政支出的减贫作用机制及效果研究［D］. 长春：东北师范大学，2014：99.

② 范丽君. 大学生网络思想政治教育创新研究：以接受理论为借鉴［D］. 济南：山东大学，2020：64.

③ 谷潇. 达州职业技术学院网上考试系统的设计与实现［D］. 成都：电子科技大学，2013：24.

④ 刘继青. 社会组织参与教育精准扶贫的实践模式与反思："爱心＋技术"多元教育精准扶贫救助模式个案研究［J］. 中国教育发展与减贫研究，2018（09）：200.

可持续性程度。尽管中国妇女发展基金会善基金依托中华女子学院，相对来说，人力资源比较丰富，但随着女性教育扶贫的不断深入以及范围的不断扩大，无论是志愿者的数量，还是质量都需要大幅度提高，同时贫困地区的师资力量也需要进一步加强。

在中国妇女发展基金会善基金创建微校过程中，遇到的最现实的问题就是没有高素质的师资队伍。那么应该如何建设一支高素质的师资队伍呢？一是进一步提升"老、少、边、穷"地区教师的薪资待遇水平，特别是一线教师，鼓励他们积极投身于女性教育扶贫事业。二是加大对"老、少、边、穷"地区教师的培养，鼓励他们"走出去"看看外面精彩的世界。三是注重师资力量的引进工作。一方面与高等院校，特别是师范院校展开广泛合作，鼓励有志青年献身祖国的教育事业，另一方面加强与省内知名中学联系，争取更多的优质资源。

## 第三节　河北涞源县塔崖驿乡初级中学"阳光女孩儿"精准帮扶案例研究

今日的女孩儿，是祖国的未来，民族的希望，也是明天的母亲，肩负着培养和教育下一代的神圣使命。关注贫困地区农村学校留守女孩儿的生活，重视对她们的教育，是落实国家精准扶贫战略的需要，更是培养祖国未来的建设者和接班人的需要。

2015年8月，河北省涞源县塔崖驿乡初级中学，在校领导的支持下，由该校德育处、校团委牵头，开启了"阳光女孩儿"行动，帮助的对象为河北省保定市涞源县塔崖驿乡农村户籍的初级中学的女学生，尤其是家庭贫困的留守女学生，或者是单亲家庭女学生（无父亲或无母亲），或者是无依女学生（没有"双亲"照顾，家里没有亲人，或者有亲人但丧失了劳动能力，如爷爷奶奶）。她们的生活条件令人担忧，缺乏家庭的关爱与教育，没有理想与抱负，没有养成良好的生活习惯，缺乏良好的学习习惯，随意性很强，学习的动力严重不足，或者根本没有动力，只是"当一天和尚撞一天钟"，学习成绩更是在班级倒数，属于典型的后进生。为了更好地帮助、教育这些家庭贫困的留守女学生或者是单亲家庭女学生或者是无依女学生，河北省涞源县塔崖驿乡初级中学组建了"阳光女孩儿"志愿队，该志愿队由校长任队长、德育处主任和团委书记任副队长，下设5个小组，每组由6人组成。第1组为专职教师组，由教务处主任任组长；第2组为心理咨询组，由心理教研室主任任组长；第3组为医务组，由校医院负责人任组长；第 4 组为礼仪组，由办公室主任任组长；第 5 组为爱心组，由工会主席任组长。该志愿队从经济、情感、学习和特长发展四个维度开展全方位帮扶，坚持以经济帮扶为基础，以情感抚慰为纽带，意在提升贫困家庭留守女学生或者是单亲家庭女学生或者是无依女学生的学业，培养她们的特长，使她们成为身心健康、基础扎实、特长明显、全面发展的阳光女中学生[①]。

经过 5 个春秋和冬夏，河北涞源县塔崖驿乡初级中学"阳光女孩儿"行动硕果累累，近 200 名女学生养成了正确的"三观"意识，即科学的世界观、积极的人生观、正确的价值观。同时，她们的自我保护意识与能力得以提升，并在一定程度上形成了自尊自爱、自理自信、感恩向上等优良品质，文明素养、学业成绩和个人形象等方面也得到提升。[②] 河北涞源县塔崖驿乡初级中学"阳光女孩儿"行动在社会上产生了强烈的反响，引起了党和政府的高度重视。2019 年 3 月 8 日，在市委市政府的正确领导下，由市妇女联合会牵头，协同市教育局、财政局、团委、关工委和扶贫办等部门在保定市全境范围内 5 个区、4 市（县级市）和 15 县，拉开了"阳光女孩儿"行动的序幕。

七年级时，我接触了独特的课堂——"阳光女孩儿"课堂。在课堂中，老师教给我们怎样做一个"阳光女孩儿"，那里面有礼仪教育、青春期教育、感恩教育和励志教育。从那以后，我明白了许多道理，懂得了怎样感恩，懂得了美。原来"美"不只是肤浅的外表"美"，真正的"美"，源于我们的内心世界，源于我们内心世界的善良，源于我们内心世界的感恩。

——"阳光女孩儿"小慧（现就读于保定市高等幼儿师范专科<br>学校幼师专业）

曾经，我和大多数普通孩子一样，有一个幸福、美满的家庭。但是，因为一次意外，幸福就像泡泡一样破灭了。爸爸离开了人世，妈妈也离我而去。正当我对生活感到绝望的时候，是姑姑给了我希望……幸运的是，学校开展了一项"阳光女孩儿"主题活动，我是被关注的女孩。学校出面联系了义工协会，我签订了"爱心 511—小荷计划"。我将带着从容的微笑，去赢得辉煌，倾出我的满腔热血，与雷霆碰杯，同光明争光。我坚信胸有凌云之志，爱拼一定会赢，鲲鱼化鹏，我要成功，我会成功！

——"阳光女孩儿"小梅（现就读于保定市第一高级中学）

15 年前，我曾经是爸爸妈妈手中的宝，是最美丽的女孩，可我还来不及记忆的时候，"美"就离我愈来愈远……是"阳光女孩儿"团队让我找到了人生的目标，是他们给了我一个美丽的希望。外面的世界还很大，不论生活多苦多难，都应该积极向上，人的一生那么短暂，我不能自怨自艾，应该让自己有意义、

①　曹楠楠. 改革开放以来中国农村贫困家庭妇女扶贫脱贫研究 [D]. 长春：吉林大学，2020：40.

②　张学浪. 农村留守儿童道德情感研究：以江苏盐城为例 [D]. 南京：南京理工大学，2012：24.

有尊严地生存，美丽的人生只掌握在自己手中。

——"阳光女孩儿"小楠（现就读于河北女子职业技术学院高级护理专业）

上述这些深情话语均出自曾经就读于河北省保定市涞源县塔崖驿乡的农村学校的留守女孩。她们情况各有不同，有的是无父无母的孤儿，有的是单亲家庭子女，还有的是服刑人员子女，但是她们都有一个共同的名字——"阳光女孩儿"，是涞源县塔崖驿乡初级中学"阳光女孩儿"行动团队重点关注的对象。

## 一、"阳光女孩儿"行动的缘起

塔崖驿乡中学，位于河北省保定市涞源县东北部，距县人民政府 29 公里，属于一所山区农村寄宿制中学。

保定市涞源县塔崖驿乡初级中学目前共有学生 227 名，男生 129 名，约占总数的 56.83%，女生 98 名，约占总数的 43.17%。在 98 名女学生中，68 名为贫困家庭留守学生，约占女生的七成（69.39%）。在 68 名贫困家庭留守女学生之中，单亲家庭女学生有 14 名，无依女学生有 17 名，二者占到了学生总数的 13.66%。通过走访调查我们发现，留守女学生的监护人，要么是爷爷奶奶，要么是姥爷姥姥，要么是亲戚（多为姑姑、姨），有的甚至没有监护人，孩子完全处于放养状态。毋庸置疑，"留守"会对女学生的生活、学习、交往和情感以及身心健康等诸多方面产生一定的影响，且多为负面影响。我们在调研中，依据留守女学生的家庭状况、生存环境以及监护人接受教育的程度、年龄大小等诸多因素，将留守女学生家庭对其管教和培养情况归纳为以下几种类型：

1. 只管吃住，对教育培养属于无能为力的放纵型。这部分留守女学生的家庭经济条件一般较差，监护人的能力有限。其家庭成员多为老、弱、病、残者，受教育程度非常低。"这些留守女孩子的家境并不富裕，甚至非常贫苦。这些家庭主要依靠种植田地、饲养猪牛等为生，监护人每天忙于农活，根本没有时间和精力照看孩子，唯一能为孩子做的就是烧饭和洗衣，仅此而已。"[①] 到了秋天农忙时，恐怕连做饭和洗衣都顾不上了，这些留守女学生不但要为家人准备饭菜、洗衣服，还有的需要下地，帮助家人做农活。家人对于女孩儿的教育与学习根本无暇顾及，对于孩子心里想的什么，需要什么，有什么感受，一概不知，或根本没想到要关心。其实，这一现象在留守女孩家庭中普遍存在。爸爸妈妈忙于挣钱，爷爷奶奶忙于农活、家务，留守女童的教育、成长无人问津，这使得留守女学生早早失去了温暖的童年，变为"早熟的小大人"[②]。

2. 一味顺从孩子，仅是"给予"的溺爱型。由于父母长年在外打工或者离

---

① 吴晶. 基础教育学区化办学研究 [D]. 上海：华东师范大学，2018：24.

② 朱永宏. 农村留守儿童教育的调研报告 [C] // 江苏省社会科学界联合会. 江苏省第八届学术大会学会专场论文哲学社会类论文汇编，2014：36.

异或者其他原因，孩子只能由爷爷奶奶或者姥爷姥姥照看。俗话说："隔辈亲。"许多老人对孩子过分宠爱，多数都是宁可自己不吃也要给孩子留着，在学习上也是一味地由着孩子的性子。通过调研可知，由爷爷奶奶或者是姥爷姥姥照看长大的孩子，多半任性，不听管教，习惯以自我为中心，缺乏互助互爱体验，怕困难，怕挫折。被宠坏的孩子越来越不"听话"，经常对人无礼貌，喜欢惹是生非，学习懒散。[①]

3. 寄人篱下，"自生自灭"的放任型。在调研中我们发现，有一部分留守女孩被寄养在姑姑家或者姨家或者舅舅家，有的甚至被寄养在父母的朋友家。负责的亲朋能够给予留守女孩更多的关心，但多半也仅限于最基本的吃穿住行，对于教育，要么是没有能力管教，要么是不想管。

此外，我们在调研中发现，农村留守女孩具有以下几个特点，值得关注：

1. 学习成绩随着年龄的增长越来越差。项目组在走访中发现，不少农村留守女孩在小学一二年级成绩还比较好，有的甚至比较优异，但是到了三年级成绩开始下滑，到了五六年级不少人已经由原来的前几名滑落到了班级中游，到了初中，特别是到了初三，有的留守家庭的女学生已经对学习极端厌恶，成绩更是一落千丈。

2. 缺少父慈母爱，心理健康状况令人担忧。父亲的慈爱，母亲的关怀，温馨和谐的家庭，是一个孩子身心得以健康成长的重要条件，它对孩子健全人格的形成发挥着不可替代的作用，对于农村留守女孩儿更是如此。农村留守女童由于父母长时间不在身边，无法享受到正常的亲情关爱，生活中的烦恼无法向亲人倾诉，成长中的困惑无法得到父母的正确引导和鼓励。久而久之，无助感、失落感和被遗弃感逐渐形成，严重影响着留守女童心理的健康成长。[②] 此外，项目组从访谈中得知，农村留守女学生与父母很少见面，缺少沟通。她们最多也就是暑假能够被接到父母身边，而有的留守女学生甚至几年见不到父母。这部分女学生大多性格内向、孤僻、自卑、不合群、不善于与人交流，脆弱、脾气暴躁、冲动易怒。[③]

3. 有不健康的物质观，丧失了斗志。农村留守女孩的父母常年在外挣钱，其目的非常明确，让家庭的经济更为宽裕，让子女有更好的生活。由于常年见不到孩子，他们总是希望通过给予物质的形式来表达对孩子的情感，而给孩子的印象却是"钱是万能的""有钱就好"。不健康的物质观、金钱观，使这些孩子既缺乏人情味儿，又没有形成勤劳、质朴的品德，同时由于没有经过任何意

---

①　何晶波. 对农村留守儿童教育问题的几点思考［J］. 中华少年，2016（04）：15-16.

②　季彩君. 留守儿童的教育支持研究：以苏中地区为例［D］. 上海：华东师范大学，2016：41.

③　石迪. 社会网络视野下少数民族村民的移动媒介使用及影响研究：以河坝村为例［D］. 厦门：厦门大学，2018：74.

志的磨炼，往往好逸恶劳，没有斗志和激情，更不用说崇高的理想。

4. 家庭监督缺失，越轨行为普遍。家庭是天然的教育场所，在这个天然的教育场所中，不仅要有"爱"，有悉心的呵护与关怀，还要有监督。项目组在走访调研中发现，在留守女孩中，有不少孩子因为缺少家庭的监督，在生活上、学习上都没有养成良好的习惯。一是没有形成良好的生活习惯，晚上不想睡，早上起不来，不讲究个人卫生，早晚不刷牙，不漱口，晚上没有洗脚的习惯。二是对学习不感兴趣，没有动力，上课不注意听讲，经常开"小差"，迟到、早退和旷课以及不按时交作业，甚至和别的同学打架斗殴。三是在社会上对他人缺乏最基本的礼貌，不懂得如何与他人沟通，已经沾染上喝酒、吸烟的习惯，早恋现象屡见不鲜。我们在调研中感到，未成年人在生理和心理没有发育完全之前，对社会上的各种复杂、不良现象缺乏足够的判断力和抵抗力，需要正确地引导和教育，而留守家庭一般都无法给予，从而导致留守子女极易沾染上不良习惯甚至产生犯罪行为。[①]

项目组通过查阅大量文献，对留守儿童有了更全面、更深刻的认识，"阳光女孩儿"行动蓝图也越来越清楚。"留守儿童"的概念约始于1991年，特指这样的孩子：爸爸妈妈出国深造或工作，自己由爷爷奶奶或者姥爷姥姥，或者其他亲戚朋友照看。后来，人们对这一概念进行了延伸，是指父母双方或一方外出打工、经商或学习而将孩子留在家乡上学，留守时间不低于半年，由一方家长、亲戚或其他人监护、教育，年龄在18岁以下的孩子。[②]留守儿童在我国最早出现在20世纪70年代末80年代初，主要原因在于伴随着国家政策的放开，许多农民离开本土到外地打工，但由于经济与户籍的局限，只能被迫将子女留在家中。由于留守儿童相关案件和社会问题频发，这个群体开始得到社会关注。

东北师范大学原党委书记盛连喜（2006年）在"两会"上提出一份提案："全社会要关注农村留守儿童健康成长。"让"留守儿童"走进了公众的视野，并引起了人们的高度重视。两年后，"留守儿童"的名称第一次赫然出现在了中央一号文件中。据统计，截至2010年，我国留守儿童达到6102.53万，超过了农村孩子总数的四分之一。其中男孩接近总数的六成（59.65％），女孩儿超过四成（40.35％）。留守女童由于生理和心理的特点，比留守男童更容易受到伤害。目前，留守儿童主要集中在农村，特别是偏远贫困的山区，这个比例超过总数的八成（86.5％）。因此中央农村工作会议中屡次提到要关心农村留守儿童，妥善解决他们的生活、学习问题。2015年8月，在河北省保定市涞源县塔崖驿乡初级中学校长的积极支持下，以校团委和德育处为组织核心，旨在通过差异化关爱，精准帮扶，有针对性、目的性、实效性地对不同性格、不同特长、

---

① 熊孝梅. 中学生思想道德素质的实证研究 [D]. 上海：华东师范大学，2013：51.

② 季彩君. 留守儿童的教育支持研究：以苏中地区为例 [D]. 上海：华东师范大学，2016：88.

不同心理、不同生理、不同成绩的初级中学女生开展点对点帮扶，以促进其成长为身心健康、基础扎实、素质全面、特长明显的新一代中学生[①]的"阳光女孩儿"行动正式启动。该行动针对农村学校女孩，特别是留守女孩和无依女童（无父亲母亲的女孩），贯彻"四维"精准帮扶理念。

## 二、"阳光女孩儿"行动的开展

本研究中的"阳光女孩儿"特指农村贫困地区的留守学生以及无依女孩。"阳光女孩儿"行动包括项目开发行动、理论教育行动、追踪帮扶行动、感恩社会行动和展示"阳光风采"行动等活动，以教育和引导农村贫困地区的留守女学生树立正确的世界观、人生观、价值观。"阳光女孩儿'四维'精准帮扶"实践是指精准分析留守女学生在家庭条件、心理状况、学业情况和兴趣特长等方面存在的差异与需求，从经济、心理、学业、特长四个维度，对留守女学生进行因材施教、精准帮扶，着力解决制约其成长和发展的关键短板，努力培养其核心素养和关键能力，为将来成为高素质的人才夯实基础。[②]

### （一）团队与支持

"阳光女孩儿"行动得到了涞源县塔崖驿乡初级中学校领导的大力支持，学校成立了由校长任队长，由德育处主任和团委书记任副队长，由专职教师、心理学教师、礼仪教师和医务人员以及工会成员等参与的志愿者服务团队。"阳光女孩儿"行动的主要任务是开发项目、开展实践活动以及制订帮扶追踪机制。在有效推进和实施"阳光女孩儿'四维'精准帮扶行动"的过程中，志愿者服务团队首创了"四位一体"的科学精准帮扶体系。"四维"是指"学校、家庭、政府和社会"，"一体"是指共同服务于农村贫困家庭留守女学生。其具体内容包括四个方面：一是推动学校为留守女童提供"阳光女孩儿"课堂教育，设计感恩励志主题活动和爱国奉献社会实践活动，提供个案服务及心理支持等服务；二是激活监护人的家庭功能，搭建平台，让家庭成为父母与孩子情感正向互动的温暖之家；三是争取市人大、关工委、市妇联、市民政局在政策和制度层面的支持，将"阳光女孩儿'四维'精准帮扶行动"扩大至全市，扩大受益面；四是联合社会公益服务机构、志愿服务组织等，引导其积极参与、精准资助、帮扶。[③]

### （二）行动目标

"阳光女孩儿"行动的整体目标是借助项目的开发、理论课程的教学、实践

① 王立亭，张敬文，刘斌，张全才．"美丽女孩"在行动：山东滕州农村学校留守女孩精准帮扶案例研究［J］．中国教育发展与减贫研究，2018（01）：152-171．

② 赵磊磊．农村留守儿童学校适应及其社会支持研究［D］．上海：华东师范大学，2019：90．

③ 季彩君．留守儿童的教育支持研究：以苏中地区为例［D］．上海：华东师范大学，2016：34．

活动的展开，激励农村贫困地区的女学生"礼貌待人""自尊自爱""感恩明理""锐意进取""志向远大""阳光向上"。年级具体目标是：七年级，即初中一年级，以"礼貌待人与阳光向上"为教育主题，让女学生初步具备礼貌、孝顺、明理、谦虚、守法、善良和勤劳等品德，增强淑女情怀，涵养才女气质；八年级（初中二年级）与九年级（初中三年级）以感恩与鼓励教育为主，让女学生在"知恩、感恩和报恩"中形成孝顺长辈、尊重师长、关怀他人、热爱集体、回馈社会的崇高道德风尚；此外，还要激励她们奋发有为，不断磨砺意志，努力养成"自立、自强、自信"的良好心理品质以及艰苦朴素、勤奋向上、百折不挠的励志精神。①

**（三）行动内容**

1."阳光女孩儿"课程

"阳光女孩儿"由必修课与选修课、线上课与线下课构成，以生动的案例把女学生引入课堂，并努力做到由表及里、由浅到深、由外到内，教学内容涵盖道德品行、形象礼仪、心理生理、社会交往（主要是与异性交往）、感恩社会和提高自身等方面，让女孩在潜移默化中接受知识，发生变化，养成良好的行为习惯。

"阳光女孩儿"课程教学由以下几个方面构成：

（1）教学计划。按照教学目的以及课程内容，研究切实可行的教学计划，同时要注意体现课程的特色性。

（2）申报选修课程。教师要做好宣传工作，让女学生能够做到真正地按照自身的兴趣和爱好进行申报，防止"一窝蜂"的从众行为。

（3）准备教学资料。这里的教学资料包括开发的"阳光女孩儿"理论教材、教案、课件（PPT）以及微课、慕课等。

（4）整理好相关资料。在教师授课完毕之后，教辅人员要及时掌握学生的动态，如接受的程度以及是否满意等，并注意收集相关教学资料。

（5）评价工作。在授课完成或授课过程中，"可对学生进行阶段性评价，并留下记录。课程全部结束后，教师设计多样的评价方案（可采取问卷、倾听学习感悟、作文评比、普通话测试、礼仪形体操评比等方式），对学生进行多元评价，并进行表彰。"②

（6）教学反馈。教师在完成教学任务之后，要注意总结（特色、经验）、反思（不足与缺憾）、整改（以后如何做），以便更好地推进活动的开展。

① 王立亭，张敬文，刘斌，张全才."美丽女孩"在行动：山东滕州农村学校留守女孩精准帮扶案例研究［J］.中国教育发展与减贫研究，2018（01）：152-171.
② 杨万锦.浅谈多元化评价策略在小学低年级数学课堂教学中的应用［J］.学周刊，2021（32）：123-124.

2.“阳光女孩儿”课外体验活动

（1）社会实践活动

在农村留守女孩接受了一定的理论知识之后，由志愿服务队指导她们完成"阳光女孩儿成长档案"。通过"阳光女孩儿成长档案"，志愿服务队能更好地发现她们的优点，了解她们存在的不足。志愿服务队在对这些留守女学生的基本情况做初步了解的基础上，遵循实践育人的规律，"以体验教育为基本途径，精心设计和组织开展内容鲜活、形式新颖、吸引力强的社会实践活动。"[①]

2015 年 2 月 19 日，塔崖驿乡初级中学校团委组织能歌善舞的留守女学生参加河北省保定市教育局举办的"弘扬雷锋精神，做时代的好少年"现场演出。2015 年 3 月 8 日，塔崖驿乡初级中学志愿服务队积极响应县里号召，带领"阳光女孩儿"参与植树活动。2015 年 3 月 21 日，塔崖驿乡初级中学校工会组织"阳光女孩儿"开展放风筝比赛。2015 年 4 月 11 日，塔崖驿乡初级中学德育处带领"阳光女孩儿"参观西柏坡纪念馆；4 月 21 日参观天安门广场、毛主席纪念堂、国家博物馆、国家军事博物馆、北京大学、清华大学、中国人民大学；5 月 4 日组织"阳光女孩儿"参加县里组织的"五·四青年节"相关活动；7 月 1 日上午组织"阳光女孩儿"一起收看《建党伟业》影片，并积极展开讨论，下午到塔崖驿村看望老党员，聆听他们的动人事迹。9 月 9 日，塔崖驿乡初级中学工会组织"阳光女孩儿"到养老院看望孤寡老人。10 月 10 日，塔崖驿乡初级中学教务处组织"阳光女孩儿"参加保定市举办的"追忆红军长征，继往开来"党史知识竞赛活动……实践证明："各种社会实践活动都突出思想内涵，强化道德要求，并与丰富多彩的兴趣活动和文体活动结合起来，注意寓教于乐，满足学生兴趣爱好，使未成年女孩儿在自觉参与中思想感情得到熏陶，精神生活得到充实，道德境界得到升华。"[②]

（2）感恩奉献活动

中华民族的传统节日孕育着璀璨的文化，每一个节日背后都有一个美丽的传说。同样，每一个现代的节日，都有着深远的意义和价值。涞源县塔崖驿乡初级中学善于整合资源，充分利用各种传统节日、法定节日、纪念日和宣传日，开展感恩奉献活动。2015 年 4 月 22 日，塔崖驿乡初级中学校团委号召"阳光女孩儿"以"感恩母亲"为题，撰写文章，并在母亲节当日开展朗诵比赛。一个叫丽丽的女孩儿，从小就失去了母亲，11 岁那年又失去了父亲，自此她由爷爷奶奶抚养。她在文章中饱含深情地写道："我感谢那个给予我生命但我只能在照片中见到的母亲；我感谢那个养育了我但我还没有来得及报答就已经匆匆离

①　华耀国.体验教育：少先队教育的新境界 [J].少年儿童研究，2009（07）：18-21.

②　张旭.高校思想政治教育中学生实践活动的反思与改进研究 [D].石家庄：河北师范大学，2020：39.

世的父亲，是母亲般的父亲；我感谢正在养育我的爷爷奶奶，他们是我现在的母亲；我感谢过去关怀我，现在依旧关怀我的老师们，他们给了我母爱……还有一些我不知道名字的人，他们同样是我的母亲。"6月6日，塔崖驿乡初级中学校长邀请省著名职业生涯规划师来学校帮助"阳光女孩儿"树立远大理想，努力规划自己。11月7日，塔崖驿乡初级中学校团委举办"向上向善，美丽同行"活动，鼓励"阳光女孩儿"积极参与，目的是引导留守女学生学会感恩，不忘初心，听党话、跟党走，向上向善、美丽同行。

"阳光女孩儿"志愿服务队依据农村留守女学生自身的特点（含优势和劣势）和本校的实际情况，经过三年的不懈努力，编写了一整套"阳光女孩儿"课程教材，内容涵盖青春教育、励志教育、爱国教育、感恩教育、文明礼貌以及品德修养等方面。经过三年的教学实践，效果显著。

3."阳光女孩儿"课程评价

为检验"阳光女孩儿"课程学习成果，进一步巩固未成年女孩儿对课程的学习收获，涞源县塔崖驿乡初级中学积极开展课程评价工作。

（1）课程评价原则

①坚持综合评价原则。对"阳光女孩儿"开设课程的评价，不能仅仅考察留守女学生对知识的熟悉程度，还应该考察留守女学生对礼仪、交流、沟通、社交等方面技能的运用程度以及留守女学生在情感、心理、思想观念等方面的变化。

②坚持过程评价原则。过程评价强调在评价教学时不能只关注结果，更要关注过程，"应关注学生参与的态度、解决问题的能力和创造性，关注学生学习的过程和方法，关注学生的交流与合作，关注其动手实践以及所获得的经验与教训等。因此，课程评价时，更应关注对学生学习过程与个性发展的评价。"[①]

③坚持多元化评价主体。课程的评价主体不仅局限于教师，还应该包括留守女学生的自我评价、留守女学生之间的互评、教师对留守女学生的评价、家人对留守女学生的评价等。

（2）课程评价方法

①以过程取向和多元主体相结合的评价方法。首先，"强调把教师与学生在课程开发、实施以及教学运行过程中的全部情况纳入评价范围（可采取表格定向等级评价、测试评定等方式）"[②]。其次，"教师和学生都是评价主体，评价是他们平等参与、协商、共同建构的过程。强调评价主体的自我反思、自我评

---

① 党林秀.基于学生全面发展的体育教学方式理论与实践研究［D］.上海：华东师范大学，2017：69.

② 杨蕴希.非物质文化遗产地方课程开发研究：以清水江流域贵州民族地区为例［D］.长沙：湖南师范大学，2020：99.

价的能力（可采取问卷、倾听学习感悟、作文评比等方式）。"① 最后，"授课过程中，教师可随时对学生进行阶段性评价，并留下记录，也可在课程全部结束后，自主设计评价方案，对学生进行多元评价，并进行表彰②。"

②以课外体验活动为主的评价方法。"阳光女孩儿"课外体验活动由社会实践活动和感恩奉献活动组成，教师根据活动特点，结合实际情况，对学生进行活动参与情况及课程效果的评价。首先，坚持过程性评价。"阳光女孩儿"课外体验活动的教学目标是"培养学生的态度和能力，而非知识和技能。评价时，应采用形成性评价的方式，一般不采用等级评分的方法，重视对过程的评价和在过程中生成有价值结果的评价，使评价成为学生学会实践和反思、发现自我、欣赏别人的过程（问卷调查评价）。"③ 其次，坚持留守女学生自我评价，"可采用多种方式，如对书面材料的评价与对学生的报告、活动、展示的口头评价相结合；教师评价与学生的自评、互评相结合等。自我评价时，要求学生充分畅谈自己参与活动的体验、经验和教训，自由地交换意见（自主感悟、反思等）。"④ 最后，坚持开放性评价。"在学生自我评价的基础上，应尽可能采用集体讨论和交流的形式，将个人和小组的经验及成果展示出来，并鼓励相互之间充分发表意见和评论。培养学生敢于和善于发现问题并发表个人见解的优良品质（普通话测试、礼仪形体操评比等）。"⑤

通过评价体系，对"阳光女孩儿"课程和"阳光女孩儿"活动进行修正完善，以更好地适应农村留守女孩儿的特点，更好地服务于"阳光女孩儿"活动。

4．"阳光女孩儿"专题教育

为提升该项行动的影响力，彰显团队人员的专业性，团队对学生进行青春期教育、感恩教育、励志教育等专题教育。

（1）青春期教育

青春期，即未成年孩子向成年人过渡的发展阶段。在此阶段，孩子的生理与心理都会发生重大变化，对于女孩子来说，主要包括第二性征发育以及性心理萌发等方面。身处青春时期的女孩儿，特别是贫困家庭的女孩，可能对生理卫生知识知之甚少，不免会手忙脚乱，所以亟须得到家人或者老师的指导。

青春期是世界观、人生观、道德观逐渐形成的关键时期，因此，大力开展青春期教育非常必要。"青春期教育包括青春期生理和心理教育、青春期保健、

---

① 陈朝晖. 普通高中学生综合素质评价实施研究［D］. 郑州：河南大学，2016：101.

② 王沛文. 适应小学阶段"性教育"活动的教学空间环境模式研究［D］. 西安：西安建筑科技大学，2020：32.

③ 张晓涛. 高中信息技术课程过程性评价设计与实践研究［D］. 兰州：西北师范大学，2020：34.

④ 陈朝晖. 普通高中学生综合素质评价实施研究［D］. 郑州：河南大学，2016：104.

⑤ 张旭. 高校思想政治教育中学生实践活动的反思与改进研究［D］. 石家庄：河北师范大学，2020：44.

性知识及防止性侵教育、艾滋病预防、人口形势、婚育观念等内容。"① 对于留守女童来说，更需要学校以恰当的方式将知识传递给她们。

（2）感恩教育

"感恩是中华民族的传统美德，它不仅是一种文明，还是一种美好的情感，是一种修养，更是一种责任。对于今天的孩子来说，感恩意识绝不是简单的回报之恩，它更是一种责任意识、自立意识、自尊意识和健全人格的体现"②。要弘扬传统的优良品格，让孩子在"知恩—感恩—报恩"过程中养成孝顺双亲、尊重教师、关爱他人、热爱集体、回馈社会的道德品质。

（3）励志教育

为进一步加强未成年女孩儿的思想道德建设，激励学生奋发向上，磨砺意志，刻苦学习，培养学生的良好的心理品质和行为习惯，团队开展了以"远大的理想，美丽的人生"为主题的系列励志教育实践活动。从 2014 年至今，共举办 24 场。"通过励志教育，勉励学生树立远大志向，教育学生从现在做起，从身边小事做起，正确对待挫折，积极自我暗示，自立自强自信，发扬勤奋刻苦学习的精神，努力培育'我要学习、我管自己、我要成才'的良好育人土壤。"③

5."阳光女孩儿"专项课题研究

"阳光女孩儿"行动在路上，但力量是有限的。我们希望引起上级有关部门的进一步关注、重视，扩大"阳光女孩儿"行动的受益范围，深入推进，将此项活动广泛、持久地开展下去。团队在实践的基础上提炼了"阳光女孩儿"行动的经验，深入开展了专项课题研究，以求完善与推广。从保定市到枣庄市再到河北省，"'阳光女孩儿'行动"这一课题均受到课题专家组的认可和好评，被认为是"有态度、有温度、有深度""可操作、可实施、可推广"的精准扶贫案例。

## 三、"阳光女孩儿"行动的成果

"阳光女孩儿"行动志愿服务团队，坚持"以留守女学生为本"、因人而异的"精准扶贫"原则，引导"阳光女孩儿"更阳光，努力帮助她们实现外在"阳光"与内心"阳光"的统一，养成良好的习惯，让她们更"阳光"地走进社会。

① 王婷. 中小学性教育课程设计及教学效果评价——以昆明市 S 校为例 [D]. 昆明：云南师范大学，2020：33.

② 裴艳华，沈贵鹏. 基于综合实践活动的道德教育 [J]. 中学政治教学参考，2017（33）：83-85.

③ 郭若男. 当代大学生励志教育研究 [D]. 石家庄：石家庄铁道大学，2019：23.

### （一）坚定自信，让晓伟插上腾飞的翅膀

2016年8月1日，涞源县塔崖驿乡初级中学团委与河北师范大学教育学院暑期社会实践小分队，联合开展了"扶助弱小声音，关怀留守女孩儿"系列实践活动，为期一个星期。

通过与贫困家庭留守女孩儿共同生活的七天，他们进一步了解了这些留守女学生的家庭状况、当前的学习境遇以及目前的想法和今后的打算，为更好地指导她们的学习、治愈她们受伤的心灵、资助她们的生活打下了基础。实践小分队对她们提出了殷切期望，鼓励女孩儿们在学习生活中自立、自强。这在一定程度上帮助留守女孩儿解决了情感的淡漠、心理的孤寂、学习的失教和监护的不利等诸多问题。

"阳光女孩儿"李晓伟（化名），涞源县塔崖驿乡板铺庄村人，3岁时，天降灾祸，父亲因所工作的矿山坍塌而去世。两年后，母亲不堪忍受家庭的负担和生活的清贫远嫁他乡。这个无父无母的女孩儿只能与年过花甲的爷爷奶奶相依为命。尽管非常艰辛，可有爷爷奶奶的百般呵护，李晓伟的生活还算可以。但在李晓伟读八年级时，天公不作美，不幸再次降临这个家庭。爷爷因为煤气中毒去世，常年卧病在床的奶奶成了她在这个世界上唯一的亲人。自此之后，晓伟的脸上没有了笑容，变得更加沉默寡言，甚至产生了辍学的念头。河北师范大学教育学院暑期社会实践小分队的领队专门为晓伟请来了心理学专业的王教授帮她梳理心理问题，晓伟在塔崖驿乡的老师的指导下勾勒出了自身的宏伟蓝图。河北师范大学教育学院暑期社会实践小分队的张老师还专门为晓伟联系了爱心人士，每月定期为她提供一定的生活费。目前晓伟在河北女子职业技术学院读学前教育专业，她勤奋刻苦，阳光向上，正在准备专升本。她的理想是成为一名幼教老师，帮助山里更多的留守儿童。

### （二）爱心行动为佳佳送去春天般的温暖

2018年1月4日，河北医科大学扶贫项目小分队来到涞源县塔崖驿乡初级中学，对持续帮扶了两年的贫困家庭的5名留守女孩儿进行了"回头看"，给她们送去了助学金和慰问品，并鼓励她们好好学习，让她们感受到了春天般的温暖。"阳光女孩儿"郑佳佳（化名），涞源县塔崖驿乡西杏花村人，家中有四口人。父亲已经去世，母亲在父亲去世那年受到打击，精神失常，哥哥在初中毕业后外出打工，还有一个妹妹在读小学三年级，需要佳佳照顾。佳佳家中房子不过三间，大约是在20世纪90年代建的，每当下雨时，外面下大雨，屋里就下小雨，屋中阴暗潮湿。家中的家具除了一个放衣服的橱柜，基本什么都没有，可谓家徒四壁。针对郑佳佳这种特殊的情况，河北医科大学扶贫项目小分队制订了精准帮扶方案。首先，小分队联系了河北医科大学第二附属医院，并由河北医科大学出资帮助佳佳母亲基本实现了生活自理，她的精神也渐渐恢复正常

了。其次，小分队联系保定市民政局和河北省民政厅，帮其办理了相关补助，基本解决了佳佳家里的生活问题。再次，小分队联系县住建局，帮助佳佳家修缮了房屋，并重新建造了两间房屋。最后，小分队帮助佳佳联系了两名爱心人士，并与爱心人士签订长效帮扶项目书，以资助佳佳完成大学学习。

**（三）阳光行动让晓丽成就梦想**

"阳光女孩儿"张晓丽，涞源县塔崖驿乡榆树台村人，属于典型的无依留守女孩儿，现年 14 岁。5 岁时，母亲改嫁，父亲因为怀疑母亲早就行为不检点而将其残忍杀害，父亲被判处死刑。没有双亲的呵护，晓丽便一直和姥姥姥爷生活在一起。她的梦想是做一名"白衣天使"。经过"阳光女孩儿"的共同努力，晓丽已经如愿以偿，目前在河北医科大学临床专业学习，成绩非常优异，每次考试都是稳居第一，被同学公认为"学霸"。

"留守女童"在每个"阳光女孩儿"志愿者心中不再是一个简单的概念，也不单纯是一个特殊群体，而是一个个女童无比沉重的现实处境，是一个个女童残酷而又无奈的生活！她们缺失的是亲情，而作为代理家长，虽然不能让她们感受到父母般的亲情，但是可以用实际行动，让她们体会到社会上还有人关爱她们，这世界是充满爱的。尽自己所能帮助她们，这是"阳光女孩儿"行动的初衷，也是行动团队沉甸甸的责任。伴随着孩子们的成长，团队也在逐渐成长。

## 四、"阳光女孩儿"行动的经验

国务院下发的《关于加强农村留守儿童关爱保护工作的意见》（以下简称《意见》）明确提出，"农村留守儿童和其他儿童一样是祖国的未来和希望，需要全社会的共同关心。做好农村留守儿童关爱保护工作，关系到未成年人健康成长，关系到家庭幸福与社会和谐，关系到全面建成小康社会大局。"《意见》将"坚持家庭尽责"放在基本原则的第一位，要求外出打工的父母不能只顾赚钱而忘记了与留守在家的子女的联系。现代通信技术比较发达，如果不能经常与孩子见面，父母可以通过视频的方式多与孩子联系，多关心他们的生活、学习状况，掌握他们的思想动态。

为有效推进"阳光女孩儿'四维'精准帮扶行动"，涞源县塔崖驿乡初级中学"阳光女孩儿"行动志愿服务探索出了一条旨在帮扶贫困家庭留守女学生的精准扶贫之路，即"四位一体"的帮扶机制。该帮扶机制得到了保定市委市政府的高度重视，由市团委牵头成立了"阳光女孩儿'四维'精准帮扶行动"小组，随后"阳光女孩儿'四维'精准帮扶行动"在保定市轰轰烈烈地展开。

**（一）"阳光女孩儿"信息的精准核查**

为更有效、更精准地关心、关注、关爱无依女童的心理、生活、学习教育等工作，2017 年 5 月 4 日，由市团委牵头成立的"阳光女孩儿'四维'精准帮扶行动"小组，开始根据第一手资料，精准核实留守无依女孩儿（主要包括18岁以下未成年女孩儿）信息。

"阳光女孩儿'四维'精准帮扶行动"小组借助学校的力量，通过学校与家庭之间的密切联系，实现家校合力，全面深入地关注、关心学生生活、成长情况，引领、引导学生成人成才。在市团委的大力支持下，学校不断创新，稳步推进了以"面对面，手牵手，心连心"为主题的系列家访活动。通过登门家访、电话、网络等多种形式，最大限度地实现家校配合，共同教育。通过了解学生学习习惯、成长环境，以求来年有的放矢、有针对性地对各学生进行思想引导、方法指导，勉励她们做到六有："有信心、有计划、有目标、有方法、有落实、有精神"，以"自信是成功的基石"的勇气，以"凡事预则立，不预则废"的态度，以"伟大目标产生伟大毅力"的斗志，以"方法比勤奋更重要"的信念，以"重在落实，否则不进则退"的干劲，以"学贵有恒，奋发有为"的精神，养成良好的学习生活习惯，自觉、主动、高效地学习，多读书，读好书，学会做人，学会做事，学会感恩。

### （二）"阳光女孩儿"的"四维"精准帮扶

以学校上报的材料为基础，在充分考虑贫困家庭留守女孩儿的家庭经济状况、兴趣爱好、性格特长、学习现状以及她们自身的要求和意愿之后，"阳光女孩儿'四维'精准帮扶行动"小组把留守女孩精准划分为心理帮扶、学困帮扶、家困帮扶、特长帮扶四个组别，从情感、学习、经济和特长发展四个维度进行全方位帮扶。[①] 组与组之间有侧重，有交叉，逐级递增，逐步完善。根据情况，在经济帮扶的基础上，突出情感抚慰、学业提升、特长培养等维度，使学生成为身心健康、基础扎实、特长明显、全面发展的中学生[②]。

#### 1. 家困帮扶维度

为了维持和改善家庭的经济状况，贫困家庭留守女孩儿的父母或者一方常年在外务工，而家里的所有农活都丢给了老弱病妇孺。

农村留守家庭大多是劳动力外出打工，年老体弱的在家务农。具体表现为家人重病不能劳动、父母一方或双方去世、父母离异、家中有服刑人员等多种情况。正是以上原因造成家庭劳动力缺失，无稳定经济来源，家庭成员因身体疾病导致家庭开支过大，负担过重，最终使这些家庭的女孩儿无法继续学业。

家庭维度的帮扶核心在于帮助留守女孩儿家庭解决经济上的问题。措施主要有二：一是与留守女孩儿家庭所在村、乡镇、县、市积极沟通，借助国家扶

①　王立亭，张敬文，刘斌，张全才."美丽女孩"在行动：山东滕州农村学校留守女孩精准帮扶案例研究［J］.中国教育发展与减贫研究，2018（01）：154.

②　王立亭，张敬文，刘斌，张全才."美丽女孩"在行动：山东滕州农村学校留守女孩精准帮扶案例研究［J］.中国教育发展与减贫研究，2018（01）：159.

贫政策，使其获得经济援助；二是利用宣传媒介，积极争取爱心人士，获得物质上的帮助。具体来说，学校联合"双拥"协会，贯彻落实精准扶贫政策，彻底解决贫困家庭孩子上学难的问题。联系各村、乡（镇）、县、市，助力"阳光女孩儿精准帮扶行动"，真正落实市委市政府关于"关爱留守女孩儿，实施精准帮扶，提升阳光女孩儿行动品牌"的决议。同时，根据困难家庭的实际情况，制订精准扶贫措施，扶持和帮助贫困家庭增强致富能力，切实让孩子能"上得起学"，能接受更高层次的教育。指导学生和监护人对经济援助进行合理使用，养成有计划、有节制的经济开销习惯。"①

**2. 心理帮扶维度**

有些留守女孩儿性格内向，敏感，不愿意与外界往来，喜欢独来独往，缺乏自信。

心理维度的帮扶，主要是向河北师范大学、河北大学、保定学院等具有心理学专业的高校申请援助，对贫困家庭的留守女孩儿开展心理疏导，积极实施"留守女孩儿心灵关爱"专题活动，让她们更加阳光地面对生活。就目前的状况来看，这些留守女孩儿，无论是学习、生活，还是身体、心理，普遍存在问题。所以学校组织了与留守儿童结对的活动，开展了一系列的工作，帮助她们解决学习生活中遇到的实际困难和问题，使留守女孩儿重建自信心，改善她们的人际关系，引导她们自尊、自爱，树立良好的人生观和价值观，克服心理障碍，使其身心能够积极、健康地发展②，将来更好地适应社会，融入社会。

**3. 学困帮扶维度**

留守女孩儿小学阶段的学习状况普遍优于初中，但由于课业的逐年增加，发散思维及学习方法的灵活性方面相对男孩较弱。在缺少父母监督和指导的情况下，她们失去学习动机、信心和兴趣。由于监护力度不够，这些孩子非常容易受到社会不良风气的影响，常常与社会上的人混在一起，出入娱乐场所，甚至做出越界行为，致使成绩垫底，继而对学习更不感兴趣，最终出现逃学、弃学的现象。

进行学困维度的帮扶，学校作为教育的主阵地，有着义不容辞的责任。学校应全面真实地了解留守女孩儿的学习情况、情感心理状况，客观地帮助其分析问题，有针对性地进行偏差学科辅导，培养其良好的学习习惯，帮助其树立正确的学习动机，激发孩子的成就感，使其以积极的状态投入学习，以乐观的

① 李淼. 和谐社会视阈下的城乡二元结构基础教育公平问题研究［D］. 南京：南京航空航天大学，2011：78.

② 王立亭，张敬文，刘斌，张全才. "美丽女孩"在行动：山东滕州农村学校留守女孩精准帮扶案例研究［J］. 中国教育发展与减贫研究，2018（01）：171.

心态面对学业[①]，使其将来的人生路更宽、更广。

4. 特长帮扶维度

特长帮扶维度主要是指根据贫困家庭留守女孩儿自身的天赋（以加德纳的多元智力理论为依据），在充分了解和比较的基础上，发现她们能做的事情、擅长做的事情，进而进行帮扶的行为。与大城市相比，贫困家庭留守女孩儿受经济条件和眼界的限制，兴趣爱好和特长常常被忽视，很多有望继续学业的女孩儿，在初中因文化课成绩不佳而辍学。而特长帮扶维度是基于女孩儿们的兴趣爱好，发现她们的闪光点，如声乐、舞蹈、绘画、器乐等，进行"特长"强化，促使她们充分发挥特长，发展天赋，并将其作为未来发展的一技之能[②]。

进行特长维度的帮扶，意在帮助这些孩子增强审美能力，培养创新思维能力，引导她们树立崇高的理想、远大的抱负，形成科学正确的"三观"（人生观、世界观和价值观），让这些贫困家庭的留守女孩儿的情感得以陶冶升华，核心职业素养得到发展，为她们将来从事专业性的社会工作做好铺垫。

**（三）"阳光女孩儿"行动的持续推进**

1. 开展"阳光女孩儿"志愿帮扶活动。2017 年 9 月 10 日在全市贫困山区针对留守女孩儿开展了志愿帮扶活动，教育引导广大青少年把"做一个有道德的人"主题实践活动和"树文明新风"结合起来；广泛开展文明礼仪知识教育，通过文明礼仪宣讲、文明风尚倡导、社会实践等多种形式，在校园、广场、车站、商业街、社区等重点公共场所开展"小手牵大手"活动，掀起讲文明、树新风的热潮。[③]

2. 开展汇报"阳光女孩儿"行动成果活动。为了更好地总结经验，查找问题，帮助更多贫困地区的留守女孩儿，保定市团委要求学校，特别是贫困地区的学校，每年 12 月 7 日定期汇报"阳光女孩儿"行动实施以来的教育成果。

3. 各教学点在实践过程中积极寻找个别特殊女孩儿，并展开相关情况的了解与调查，有针对性地联系民政部门、社会保障部门、社会公益组织，进行长期帮扶。

4. 联合社会保障部门，对辍学女孩儿进行跟踪教育、帮扶，引导其学习，增长一技之长，同时联系女性居多的被服厂、养殖场、童车厂、十字绣等中小型企业解决其就业问题，让她们边学习边实践[④]，促使她们在工作中学习，在

①　季彩君. 留守儿童的教育支持研究：以苏中地区为例 [D]. 上海：华东师范大学，2011：104.

②　王金娜. 教育改革偏好与中产阶层母亲的教育卷入 [D]. 南京：南京师范大学，2017：107.

③　郭晓旭. 乡村振兴战略背景下乡风文明建设路径研究：以辽宁省为例 [D]. 沈阳：沈阳农业大学，2020：77.

④　王立亭，张敬文，刘斌，张全才. "美丽女孩"在行动：山东滕州农村学校留守女孩精准帮扶案例研究 [J]. 中国教育发展与减贫研究，2018（01）：168.

学习中实践，在实践中成长，把握人生，少走弯路，更好地实现人生价值。

### 五、"阳光女孩儿"行动的创新

#### （一）学习国学经典的文化精准帮扶

贫困家庭的留守女孩儿是社会关注的焦点，也是"阳光女孩儿"志愿服务团队内心时常挂念的事情。团队成员都非常期待用自己真真切切的行动治愈这些女孩儿受伤的心灵。可是实践证明，单纯地给予物质上的帮助，解决不了她们家庭成员内心的"贫困"，物质捐助向来被认为是贫困帮扶最快捷的方式，然而，事情并非想象般美好。每年 9 月或者 2 月开学时，或者在重大节日，总有一些社会上的爱心人士向学校反映，他们曾经支援过的家庭正在向他们索要"支援"，有的家庭可能由于收到的"支援"比过去少了还非常不高兴，甚至出现了抱怨之声。曾经令人怜爱的家庭变得麻木，而贫穷一直在循环。"援助"一旦变为"索要"，"自愿"变为被道德绑架，扶助救济被认为是一种天经地义时，"阳光女孩儿"就失去了它原来的本真，这绝对不是大家想看到的结果。

我们不禁思索：到底是什么让人们曲解了贫困帮扶的意义？为什么送了钱他们还是贫穷？为什么他们开始依赖救助？为什么孩子依旧冷漠……我们深刻地意识到，仅靠物质的援助从根本上解决不了种种贫困问题。我们要做的是，要针对不同的"贫困"，因人而异，引导她们自立自强，使自身坚挺起来。老子在《道德经》中写道："居善地，心善渊，与善仁，言善信，正善治，事善能，动善时。"[①] 为了让那些贫困家庭的女孩儿真正"阳光"起来，志愿服务团队开发了"七善教育"专题，并积极地将其引入教学与实践。

为让贫困家庭的女孩儿能够从中华民族的传统文化中汲取营养，从国学经典中感悟更多，2017 年 10 月 21 日，涞源县塔崖驿乡初级中学德育处牵头举办了"学国学，明事理"经典诵读教育活动。同年 11 月 2 日，涞源县塔崖驿乡初级中学邀请河北大学汉语言文学专业的教授来解读《论语》，进一步丰富了留守女孩儿的知识，增长了见识。

#### （二）对接志愿服务的合力精准帮扶

按照各个学校上报的材料，对贫困家庭的留守女孩儿进行分类，重点关注无依女孩儿，并建档立卡，联合保定市团委、妇女联合会、教育局、财政局、民政局、关工委等部门正式启动"阳光女孩儿在行动"项目。

建立"一对一""三对一""五对一"签约模式，由市民政局和市妇联牵头，监督资助人定期关注留守女孩儿的心理、生活和学习，每年秋天开学之初，为无依女孩儿送去 3500 元现金，并持续到其读大学之前。此外，保定市各个部门

---

① 安海民. 老子"上善若水"解 [J]. 青海师范大学学报：哲学社会科学版，2010，33（02）：90-92.

还举办了一系列关注贫困家庭留守女孩儿的行动。如，市团委在2017年正月初十举办的"寒风凛冽，送春风活动"；市妇女联合会在2018年4月9日举办"关注女孩儿身心健康"活动，为无依女孩儿免费进行体检以及心理咨询；同年5月7日，市关工委对涞源县塔崖驿乡的无依女孩儿进行了走访慰问。

通过这一系列活动，让留守女孩儿感受到温暖、感受到亲情，让她们不再孤单，有助于她们成长成才，使她们身心健康，努力学习，为国家和社会做贡献，真正实现家庭教育、志愿服务与关爱留守女孩儿的统一。

随着我国城市进程的加快以及大量农民工的进城务工，留守儿童的数量还在不断增加，其存在的问题也引起了社会有识之士的关注，因此，形形色色的关爱形式纷至沓来，如，送学习用品、捐钱、实地慰问、支教实践、心理咨询等。不可否认，这些爱心活动给贫困地区的留守儿童带去温暖，在一定程度上起到了帮扶作用，但没有起到"造血"的作用，有时候还会起到负面效应。例如，有的贫困家庭的留守女学生在社会爱心人士的帮忙之下，真真切切地体验到了城市优越的生活方式与居住环境，可在回到自己破旧的家与难以忍受的生活环境之后，衍生了更为自卑和不自信的心理。这种帮扶得不偿失。由此可见，尽管对留守儿童的关爱迫在眉睫，但是过度关注或帮扶不当可能产生负面效果。我们不得不反思。矛盾之下，"精准"关爱或许是一剂良药，通过因人而异的帮扶措施，能让孩子在正确的"轨道"上健康成长。①

## 六、后记

2021年3月18日，《保定晚报》记者专访了涞源县塔崖驿乡初级中学"阳光女孩儿"行动志愿服务团队以及被帮扶过和正在接受帮扶的"阳光女孩儿"。记者写道："记得上次落泪还是2019年'感动保定暨最美保定人'颁奖典礼上18名孩子站起来向自己老师致敬的那一刹那，而这次，却是因为一群天真烂漫的女孩。同样因为感动，不同的是，一次是感于心疼，而这次是感于坚强。"

第一次得知"阳光女孩儿"这个词语，还要得益于在保定市涞源县塔崖驿乡初级中学的一次采访，当时该校正在举办"阳光女孩儿"行动展示活动。诗歌朗诵、舞蹈、解说……十几名女孩干净纯真的笑容给我们留下了深深的印象。

然而，又有谁能够想到，仅仅在两年前，这些贫困家庭的留守学生还是一群唯唯诺诺的孩子，当然，在这冷漠与孤寂的背后，可能是令常人难以想象的艰辛与苦痛。涞源县塔崖驿乡初级中学开展的"阳光女孩儿"行动，如春风化雨般，滋润着那些女孩儿，让她们那单调的黑白世界充满了阳光，变得五彩斑斓。

---

① 王立亭，张敬文，刘斌，张全才."美丽女孩"在行动：山东滕州农村学校留守女孩精准帮扶案例研究［J］.中国教育发展与减贫研究，2018（01）：161.

2020年3月18日，涞源县塔崖驿乡初级中学"阳光女孩儿"行动志愿服务团队来到保定市女子中学（即保定十四中），对曾经帮扶的贫困家庭的留守女孩儿进行了一次深入的回访活动。女孩儿们真挚的笑容，积极进取的样子，无不让大家感动。

佳佳说："感谢塔崖驿乡初级中学的老师们，如果没有你们的真心付出，我可能早已辍学回家，是你们帮助我们走到了今天。"凝凝是众多的"阳光女孩儿"中的一员，也是家庭情况最令人痛心的孩子（父亲入狱，母亲不知去向）。以前，年幼的她从来不敢在人群中大声说话，现在，她的脸上洋溢起了笑容，活泼开朗的样子像只百灵鸟。她说："'阳光女孩儿'行动教我懂得了什么是'阳光'，一个人不仅要外表阳光，更要内心'阳光'。只有自己充满阳光，天下才能阳光。"晓伟见到支援服务团队到来后，主动把大家邀请到了宿舍。看到她那整齐的被褥，干净的衣服，我们不得不想起了两年前的那次家访。当时的她蓬头垢面，衣服也脏兮兮的，如果不仔细辨认还以为是一个乞丐。"我的妈妈虽然远去了，但我有更多母亲，她们像关心自己的子女一样，无微不至地关心着我。谢谢你们，我长大了一定会帮助那些像我一样的贫困女孩儿。"晓伟说。

这些花季一样的少女，原本应该天真无邪，可是多舛的命运让她们饱受贫困的折磨，其苦痛只有经历过的人才能晓得。她们在"阳光女孩儿"志愿服务团队的帮助下找到了希望，看到了曙光，正在朝着自己的"阳光女孩儿"之梦，努力、努力、再努力，拼搏、拼搏、再拼搏……阳光总在风雨后。依托政府支持、学校主体、家庭配合、社会参与，共同创建长效关爱帮扶体系，有效实施"差异关爱，精准帮扶"，促使贫困家庭留守女孩实现人生价值。在"阳光女孩儿"志愿活动中，大家注意到这样一个现象，许多留守的女孩儿开始关心他人，特别是比自己更为贫困的学生，并且更为积极主动地参加"夕阳红，献爱心"活动……人与人之间形成爱的传递，这正是和谐社会美。

孩子们把老师当作亲人，感谢老师给予自己生活和学习上的帮助，还感谢那些默默资助自己的社会好心人，未来她们将在自信中成长，在自强中成功。在场老师也倍感欣慰，一种成就感、收获感油然而生。大家之所以感动，是因为知道每个人所做的一切都不是枉然，这个活动对这群普通的农家女孩来说，无疑是人生中最宝贵的一笔财富，值得她们铭记一生……曾经是留守儿童的她们，正在改变，变得学会感恩，变得会帮助别人。这些孩子能够在温暖充实的环境中茁壮成长，是我们帮扶的核心和重点，更是当下"精准"关爱的终极目的。

"阳光女孩儿"行动特色课题研究实践工作任重而道远，需要一个长期发展过程，贵在坚持。"阳光女孩儿"团队将弘扬求真务实精神，采取有效措施，勇于开拓创新；提高认识，突出重点，扎实开展关爱留守女孩行动；强化领导，形成全社会关心关爱留守女孩的长效合力。愿天下贫困家庭的女孩更为阳光向上。

# 第四节 河北丰宁满族自治县女性 教育扶贫案例剖析

## 一、丰宁满族自治县教育扶贫案例的背景

### （一）丰宁满族自治县教育扶贫前女性教育存在的问题与困境

2020 年 2 月 29 日，丰宁满族自治县退出贫困县序列，正式脱贫"摘帽"。从农村妇女教育之前的情况来看，它主要存在以下两方面的问题：

1. 受教育程度普遍偏低

2017 年 10 月，国家统计局调查的数据显示，18 岁至 60 岁的女性人均受教育年限为 8.1 年，城镇女性人均受教育年限为 9.6 年，而农村女性人均受教育年限仅为 6.1 年，二者的差距竟达三年之多。农村女性接受过大专以上高等教育的人数约占总数的 2.1%，接受过高中阶段以上教育的人数约占总数的 11.6%。2019 年，我们对河北省承德市丰宁贫困地区的女性受教育情况进行了调查，发现贫困地区农村女性人均受教育的年限更短。尽管"九年义务制教育在一定程度上保障了女孩的入学率，但在偏远的贫困地区贯彻力度不大。如在丰宁地区的山村，初级中学的男生入学率高达 99.55%，而女生仅仅为 57.41%。这些女孩在年满 18 岁之后脱离教育层面便为生活而奔波。"[1] 受教育程度的普遍低下，在一定程度上使这些农村妇女在当今社会激烈的竞争中处于不利地位，即便有机会到大城市去打工，也仅仅是从事一些没有技术含量的体力劳动，如保洁、洗碗、看孩子之类。

2. 农村妇女再教育水平不高

"目前农村妇女的成人教育机构多数停留在扫盲层面，并且形式主义现象较严重，有校舍无人员，有的机构培训时所讲内容落后、陈旧，经常是应付上级检查，临时突击一下，常常昙花一现，不具备长期性和实效性。"[2] 有的偏远贫困山区甚至这样的形式都没有。从整体来看，这与政府部门的举措不利有很大关系。如在村民委员会中，妇女主任本身的文化水平就不高，管理水平更是一

---

① 佚名. 落实中央扶贫战略 创新开展京冀帮扶工作 [J]. 北京农学院学报，2018（01）：1.

② 黄家周. 文化建设视域下民族地区马克思主义大众化的路径研究——以广西为例 [D]. 成都：西南交通大学，2015：54.

言难尽。即使在乡镇一级，虽然有农村妇女教育培训机构，但并没有专业的教师。教师普遍缺乏对农村妇女的认知，尽管有时候为了应付检查也会讲讲课，但内容缺乏针对性，对农村妇女几乎没有什么作用。

## （二）现实中的困难

丰宁满族自治县女性教育扶贫中存在的现实困难主要表现在以下几个方面：

### 1. 女性教育扶贫经费严重不足

丰宁满族自治县女性教育扶贫经费主要是依靠县财政局投入，虽然也有一定社会人士的捐赠，但毕竟是杯水车薪。经费严重不足已经成了影响丰宁满族自治县女性教育扶贫的主要因素之一。首先，用于基础设施建设和基础设备的资金缺乏，有的乡镇连专门的教室和基本的设备都没有。其次，用于农村女性师资教育扶贫培训的经费非常短缺，工作难以继续推进。再次，针对农村妇女扶贫教育培训的教材内容缺乏针对性，形式不为农村妇女喜闻乐见，并且网络信息化建设非常滞后。最后，丰宁满族自治县地域较广，但人烟稀少，教学点非常分散，有的乡镇人数太少，如果按人均计算，不足以维持正常开支。

### 2. 师资队伍数量少，质量差

从丰宁满族自治县的教师队伍来看，主要呈现出以下特点：首先，就全省来看，丰宁满族自治县属于人口居住分散性较强的地区，如果依据平原或丘陵地区的标准来核定教师的在岗在编情况，肯定不符合这里的教育实际现状。其次，教师年龄结构老化，学科不配套。全县有近三分之一的农村小学教师平均年龄超过 45 岁，有三分之二以上的农村小学缺少英语教师，有半数以上的初中缺少英语、理化教师，有近四分之三以上的中小学缺少音、体、美专职教师，有近三分之一的中小学教师从未参加过市级以上的学科培训。提高教育质量任重道远[①]。最后，丰宁县由于多数学校地处偏远山区，信息闭塞，交通不便，不少年轻老师不甘心在此奉献一生，改行、考研的人每年大有人在。

### 3. 寄宿制学校管理难度加大，隐患颇多

由于丰宁满族自治县地广人稀，一个乡镇中村落之间的距离有的相差数十公里，甚至更远，因此，从 2000 年开始，县教育局在农村开始了寄宿制管理模式，但诸多问题也随之凸显。首先，管理人员的费用没办法解决。据初步估算，该县共需要 320 名左右宿舍管理人员，但这类人群并不在学校编制内，因此费用支出成了难题。其次，医务人员的数量严重不足。丰宁县城仅有几所中学配有医务室，而众多的农村学校都没有医务室，更没有医务人员，一旦学生晚上突发疾病，后果很难想象。最后，食品卫生安全管理问题难以解决。

---

① 刘小强. 贫困地区农村教师配置问题研究：基于川南 H 县的田野考察 [D]. 成都：西南大学，2014：34.

4. 思想观念较为落后

虽然已经到了 21 世纪，但在农村，特别是偏远的农村，有些人依旧存在着重男轻女的思想观念，并且错误地认为女孩是"嫁出去的闺女，泼出去的水"，投入再多也没有意义，这使得本来就贫困的家庭更不愿意把原本就很少的资本再投到女孩子身上，所以女孩的失学率与辍学率在这些地区要高于男孩。步入成年之后，由于农村环境的局限性，这些女孩很少再接受教育。成家后，"农村妇女要花费大量时间在家务和农业生产上，很少有闲暇时间丰富精神生活。长期持有男尊女卑，和家庭主妇的落后观念，她们认为自己没必要接受再教育，导致她们难以接受新鲜事物，不愿意主动参与培训。"①

此外，丰宁满族自治县留守学生以及进城务工人员子女问题也日益突出。从当前来看，该县留守学生已经接近总数的四成（38.2%），并且有进一步扩大的态势。

## 二、丰宁满族自治县教育扶贫的历史进程

### （一）初步探索阶段

"为扎实做好教育扶贫工作，改善贫困乡村教育发展环境和条件，解决贫困家庭子女就学问题，提高教育扶贫能力，缩小城乡教育差距，促进男女之间的教育平等，加快贫困群众脱贫致富步伐，在承德市委、市政府、市教育局的正确领导和支持下，在丰宁满族自治县委、县政府的高度重视和指导下，张家口第一中学对口帮扶丰宁满族自治县第一中学工作顺利开展。"② 该工作于 2012 年开始酝酿，2014 年正式启动。具体做法是，在丰宁满族自治县第一中学开设"清北班"，由张家口第一中学派出教学管理的师资队伍，先后抽调 22 名各个学科（语数外更多一些）教师来丰宁满族自治县第一中学担任"清北班"的一线教师和班主任，在该学校全面推行张家口第一中学的教育管理模式。2016 年，丰宁满族自治县教育局按照中共承德市委发出的"打赢脱贫攻坚战"的指示，结合中央、省市关于扶贫的精神，立足于丰宁满族自治县教育的实际情况，从促进男女平等、"实施基础教育巩固提升计划、提升县内职业教育办学能力与水平、强化农村教师队伍培训、实行民族地区教育发展行动十年计划几方面入手，进行了一系列女性教育扶贫工作的实施"③。

### （二）迅速发展阶段

承德市丰宁满族自治县一直以来把提高该县的教育质量，促进其教育发展的公允，实现其男女受教育的平等当作教育的重点来抓。通过几十年来的不懈

---

①　魏翠妮. 农村留守妇女问题研究：以苏皖地区为例［D］. 南京：南京师范大学，2006：33.

②　严娟. 平武县教育扶贫的案例研究［D］. 成都：电子科技大学，2020：45.

③　王红. 乡村教育在地化研究［D］. 长春：东北师范大学，2019：23.

努力，该县的教育质量稳步提升，同时女性受教育的比例有所提升。2015 年至 2018 年，各类教育都得到了大力发展，并在一定程度上实现了均衡发展、协调发展和突破性的发展，包括学前教育方面、义务教育方面、高中教育方面和中等职业教育方面等。丰宁满族自治县委县政府高度重视女性教育扶贫工作，持续加大对贫困地区的投入，并实施了多个项目，"投入 651 万元装配校园监控和'明厨亮灶'系统，投入 2041 万元规划建设 7 所学校教学辅助用房和学生食堂。2018 年 11 月 7 日到 9 日，承德市教育局专家组对照生均教学及辅助用房面积、电脑配置、图书配置、师生比、教师学历五项指标，通过查阅资料、实地审核等方式，对全县 47 所中心校达标指标进行了全覆盖验收。验收组认为丰宁满族自治县中心校均达到标准中心校建设要求。2018 年丰宁教育扶贫年度目标完成情况：教育扶贫资金计划投入 1485.22 万元，实际投入资金 1881.34 万元，完成率 126.7％。"①

同时，丰宁满族自治县妇女联合会、教育局、人力资源与社会保障局积极联系职业院校，针对农村贫困家庭的女性，专门推出"推力农村女性腾飞"项目，以加强对农村贫困家庭妇女的培训，提升她们的技术水平和就业能力。

此外，丰宁满族自治县教育局、妇女联合会还联合出台了"教育＋就业扶贫"的联动机制，以保障贫困家庭的孩子（含女孩儿）不能由于家庭贫穷而失学、辍学，阻断贫困的代际传递根源。承德市应用技术职业学院与丰宁职教中心对接帮扶，采用"3＋2"办学模式，开设高职"升学班"，并与石家庄天友集团、河北长虹集团和丰宁满族自治县人武部联合办学，开设了"天友国际班""长虹班""国防预备班"，以出口带动入口，促进了丰宁职业教育的提升和发展，同时让广大农村妇女收益。

### （三）相对成熟阶段

2018 年 6 月 7 日，丰宁满族自治县人民代表大会通过了关于"整合教育资源、促进教育均衡发展"的提案。该县教育局将"积极稳妥、科学规划、合理布局、提高效益"作为原则，"坚持把布局调整目标与当地人口变化、生源变化、当地经济发展相结合，通过调整中小学布局、优化教师队伍结构、整合教育资源、提高办学效益，促进全县各级各列教育健康、协调、均衡、科学发展。"② 2018 年 10 月，丰宁满族自治县教育局下发文件指出，从明年秋季（即 2019 年 9 月）起，"落实全县中小学校布局调整和教育资源整合工作，实行一校多区，引领区域内教育资源整合，以最短时间、最小代价、最快速度、最佳

---

① 石长源. 公共性视野下民族地区农村基础教育问题研究：以广西融水县为例 [D]. 南宁：广西民族大学，2019：43.

② 曾新. 农村中小学布局调整与义务教育均衡发展问题研究 [D]. 武汉：华中师范大学，2012：11.

途径解决区域内教育公平、均衡、优质发展的问题。"① 在丰宁满族自治县委县政府的正确领导下，在妇女联合会的努力下，社会踊跃参与其中，贫困对象的内生动力得以激发，丰宁的女性教育扶贫工作展现出前所未有的生机与活力。

### 三、实现教育扶贫公平性的成功经验

#### （一）改善学校条件，保障教学环境公平性

为了给女性扶贫教育创造良好的教学环境，丰宁满族自治县采取了多项举措，以实现教学环境的公平性。尽管与其他县相比，丰宁满族自治县的经济还有待提高，可该县依旧克服重重困难，将教育发展当作全县的首要任务来抓，继续推进对偏远山区学校的基础建设改造工程，并不断改善基础设备。近五年来，"丰宁满族自治县共投入 4000 余万元'改薄'资金，在县域内维修改造 55 所学校。同时，丰宁满族自治县坚持资源向基层集中，向贫困地区集中，突出公平和均衡。不再投入城市学校，不搞'锦上添花'，而是凸显'雪中送炭'，为贫困地区学校配置音体美器材，使用资金 426.7 万元。丰宁满族自治县对贫困乡镇学校标准化建设积极推进，共计投入资金 4191.7 万元，用于配备教学仪器和设备。"② 丰宁满族自治县不断提升贫困地区教学条件，改善贫困山区的办学环境。

丰宁满族自治县地广人稀、学校非常分散，加之该县经济发展不景气，即使把全县的财政全部投入教育，也不能与发达县市媲美。在这样的现实条件下，智慧的丰宁满族自治县人民积极利用现代化的网络资源，引入"空中课堂"，以破解教育资源落后与不均衡的难题。各学校实施'三通两平台'建设，目前校园内网架构改造已经全面完成了，光纤入校率 100％，63 所学校全部安装了光纤，保障了网络需求。所有的学校都配备计算机网络教室，配齐率为 100％，527 套班班通设备被配备，在全县范围内基本实现了优质资源共享。仅仅有优质教育资源还远远不够，还必须有接收设备，目前该县"教学用计算机达到 12859 台，计算机数量还在不断增加，生机比达到 5：1；教师办公用的计算机 2904 台，教师机比提升至 1.1：1。"③

此外，近几年来，"丰宁满族自治县投入 3765.9 万元的教学仪器设备资金，3308 元的生均仪器设备值。同时丰宁满族自治县按标准配置 87 个中、小学实验室，还在 57 所学校配置了小学科学实验、初中理化生教学仪器、54 个装备图书室、34 个阅览室；所有中小学配齐了各种实验室、功能室、音乐美术教室。学生平均拥有的图书册数不断增加，小学生的生均图书达 33 册，初中生的

① 姚永强. 我国义务教育均衡发展方式转变研究 [D]. 武汉：华中师范大学，2014：22.

② 廖逸儿. 财政教育精准扶贫：绩效目标及其实证检验 [D]. 广州：华南理工大学，2019：29.

③ 佚名. 落实中央扶贫战略 创新开展京冀帮扶工作 [J]. 北京农学院学报，2018（01）：1.

生均图书达 76 册"①，教学条件大大改善。

### （二）提升师资水平，保证教育水平公平性

为了保证教育水平的公平性，让偏远贫困地区的孩子接受到良好的教育，丰宁满族自治县不断提升师资队伍的整体素质。

1. 不断拓宽贫困地区教师补充渠道。《乡村教师支持计划（2015—2020年）》文件的出台，为丰宁满族自治县提供了拓宽贫困地区教师的补充渠道。该县每年都会通过招聘的方式从全省师范院校中选拔大量的毕业生，以解决边远地区的缺编学校的师资需求。目前河北师范大学、河北科技师范学院、河北民族师范学院、张家口学院、保定学院等院校的毕业生已经积极投身丰宁的教育事业。为了进一步提升教师的专业水平，该县每年定期对教师进行培训，特别是对新进教师的培训。此外，为了鼓励乡村教师扎根农村，在职称评聘方面也加大了对他们的倾斜力度。

2. 选拔城镇的骨干教师支援山区学校。目前，丰宁满族自治县主要采取定期交流、跨校竞聘、对口支援以及乡镇中心学校教师走教等多种方式，引导优秀校长和骨干教师向乡村学校流动。每年选派城区中小学负责人到农村学校开展不少于两个学期的挂职，每年选派优秀教师到农村学校开展为期 1 至 3 年的支教。

3. 进一步提升乡村教师生活待遇水平。一方面加大对贫困地区教师的补贴力度，特别是连片贫困地区的生活补助，让教师在经济上有所"补偿"，另一方面加快教职工宿舍建设，不断改善他们的居住条件，让他们能够安心、放心。

4. 全面提高乡村教师整体能力与素质。国家、省、市、县高度重视乡村教师整体能力与素质的提升，丰宁满族自治县按照国家、省、市等相关文件要求，加强对在贫困山区从教 10 年、20 年以上的老教师的奖励（包括物质层面的、精神层面的）。此外该县每年组织 20 名城区优秀教师到农村学校开展送教活动，指导和带动农村学校教师提升教育教学能力。……每年培训涉农专业教师 3 名、管理人员和专业教师 10 名，使有实践经验的专兼职教师占专业教师比例超过60％，"双师型"教师的比例正在逐年扩大。

### （三）学生心理健康护航入学机会公平性

健康不但体现在身体上，更体现在心理上，丰宁满族自治县教育局非常重视孩子的心理健康，县妇女联合会更是有针对性地提出让每个"贫困家庭的女孩儿都保持阳光"。

1. 建立"一对一"帮扶制度。要求广大教师不仅要了解学生个人的基本状况，还要进一步了解学生的家庭状况，特别是贫困学生的家庭状况，及时掌握

---

① 王红. 乡村教育在地化研究［D］. 长春：东北师范大学，2019：29.

他们的思想动态，尤其是那些性格内向、不善言辞的女孩，更要积极劝导。

2. 关注家庭贫困学生的学习。丰宁满族自治县教育局高度重视家庭贫困学生的学习情况，要求任何学校、任何教师不能对贫困家庭的学生有歧视言行，更不能体罚或者进行变相的体罚。同时鼓励学生之间积极展开"结对子"活动，让那些学困生真切地感受到集体的温暖，对由于家庭贫困而产生自卑情绪的学生，尤其是那些性格孤僻的女孩，要进行及时疏导，更要积极引导，帮助她们树立远大的理想和高尚的情趣。

3. 关注特殊群体学生的就学状况。丰宁满族自治县委县政府非常重视残疾学生、留守学生、贫困学生等特殊群体学生的就学状况。对残疾学生，积极鼓励他们克服生理或心理的障碍，鼓励他们重拾面对生活的勇气；对于一些确实不能入校学习的学生，采用"送教到家"的方式。对于留守学生，每个学期开学之初，都进行一次系统的摸底、"大排查"和造册登记，详细记录留守学生家长的基本信息，了解他们的经济状况以及与孩子之间的交流沟通状况，其目的是加强家长与孩子之间的亲情链接，弥补留守学生在情感教育方面的缺失。对于家庭贫困的学生，及时"摸清建档立卡贫困户学生和贫困家庭学生的情况，认真落实国家'三免一补'和其他相关资助政策，积极争取社会各界和爱心人士捐资助学，努力帮助贫困家庭学生渡过难关，不能让他们因贫困而辍学"[①]。为了更好地助力贫困家庭女孩完成学业，各级妇女联合会还专门成立了资助贫困学生的基金会。

### 四、丰宁满族自治县教育扶贫均衡性的成功经验

#### （一）平衡发展理论在教育扶贫中的运用

"平衡发展理论的核心观点在于强调产业间和地区间的关联互补性，主张协调发展。"[②] 本研究将运用该理论系统地剖析义务教育、职业教育以及职业教育的重要作用，具有重要的理论意义和现实价值。

1. 充分发挥义务教育的基础性作用

女性教育扶贫的内涵较为广泛，它不仅包括学前阶段、小学阶段、初级中学阶段、高级中学阶段，还包括职业教育（含中等职业教育和高等职业教育）阶段和普通高等教育阶段。其中，小学阶段和初级中学阶段也就是我们通常说的义务教育阶段，更为重要，具有基础性作用。义务教育阶段的基础性作用不言而喻，对于孩子们来说，掌握基本的文化知识是今后生活、学习和工作所必需的，如果不掌握基本的文化知识，他们恐怕连乘坐公交车都费劲，更不要说

①　李瑞兴，曾祥禄.借力添功打好脱贫攻坚战：河北省围场县抓住机遇精准脱贫纪实 [J].企业文明，2017（5）：46-49.

②　李曼.京津冀区域经济一体化发展研究 [D].天津：天津大学，2005：32.

从事复杂的工作了。根据河北省发布的义务教育均衡发展规定以及义务教育学校办学条件的要求，丰宁满族自治县积极作为，开展义务教育均衡县创建工作，先后投入资金高达 2314 万元，并标准配齐所有类别学校的教学仪器设备，生均设备仪器值达到 4100 元，高于省里规定的标准（3900 元）。同时，丰宁满族自治县加大对山区贫困薄弱中小学基础设施的改造工作。其主要措施有：

（1）大力推进义务教育办学条件标准化。办学条件主要包括学校的占地面积、校舍的建筑面积、设施设备的生均比例、师生的配备比例等方面。在县委县政府的领导下，经过全县人民的共同努力，丰宁满族自治县中小学的教育办学条件全部达到省里的标准要求。

（2）大力推进义务教育学校管理规范。学校管理既包括对教师的管理，又包括对学生的管理；既包括对行政人员的管理，又包括对专业教师的管理；既包括对人的管理，又包括对设备、环境等方面的管理。也就是说管理是一个全方位的概念。学校加强管理的目的在于进一步规范办学、规范管理。

（3）大力推进义务教育学校办学水平均衡化发展。丰宁满族自治县"通过进一步优化师资素质和改善条件，加大弱势学校建设力度，努力缩小城乡学校和学校管理差距，推进义务教育同类学校办学、学校管理条件、学校管理质量、学校管理水平、学校管理成效等方面的协调均衡发展。"①

（4）大力推进义务教育质量的全方位提升。丰宁满族自治县通过规范管理，不断加强师资队伍建设，革新课程，建立科学的评价体系，以此大力推进素质教育，促进广大学生的全面发展，进而满足人民对优质义务教育的广泛需要。

（5）注重向少数民族倾向。丰宁满族自治县境内居住着大量的少数民族群众，县教育局注意到其少数民族语言的教育需要，为少数民族聚居的地区配备了少数民族语言教师。此外，"为了保证学科均衡，丰宁满族自治县投入资金323.9 万元，为部分学校配置了音体美器材，基本满足部分学校音体美课程的教学活动的需要。同时，丰宁满族自治县常态化开展少年宫活动，注重提升少年宫师资水平。2016 年以来，5 所学校成功创建为市级特色少年宫，为山区贫困学生'德智体美'全面发展创造条件。"②

2. 发挥职业教育的先导性作用

中职，即中等职业教育的简称，它是我国扶贫教育中的重中之重，在脱贫攻坚战中发挥着先导作用，意义重大。但从社会和家长以及学生的层面来看，大家对职业教育，特别是中等职业教育的认识还远远不够，甚至存在偏见。如在社会上，人们普遍认为职业教育属于"末等教育"，特别是中等职业教育，更被认为是末等中的末等，是"不入流"学校的代名词。社会上普遍认为只有那

① 柳欣源. 义务教育公共服务均等化的制度构建 [D]. 上海：华东师范大学，2017：26.
② 姚永强. 我国义务教育均衡发展方式转变研究 [D]. 武汉：华中师范大学，2014：17.

些学习比较差、"调皮捣蛋""不务正业"的学生才会接受中等职业教育。我们一定要广泛宣传，特别是对贫困家庭的家长和孩子加大宣传力度，使其树立正确的教育观，正确认识职业教育，须知职业教育也是教育的一个类型。当今社会离不开技能教育，拥有一技之长是我们的生活之源，立足之本。对于贫困家庭，"丰宁妇女联合会（简称'妇联'）充分发挥培训基地作用，积极开展面向贫困家庭妇女和外出务工人员的职业技能培训工作，先后开展了各种技能培训，共培训妇女3200余人，并给3100余人办理了国家技能等级证书，并帮助不少人找到了工作，为丰宁满族自治县的乡村振兴事业和当地经济的发展做出了重要贡献。"①

3. 发挥高中及以上教育的作用

高中及以上教育，包括高中教育、大学教育（高等职业教育、普通高等教育，大专、本科、硕士研究生、博士研究生均在此列），对丰宁满族自治县来说，主要是指高中教育。丰宁满族自治县坚持"开放办学"的理念，注重多元化的办学模式，努力做到"三种教育"的融合（即基础教育、艺术教育和职业教育），"实施班内分层教学，在教学中，制定不同的目标要求，分层指导、分层练习、分层作业、分层考查评价"②，以便使每一位学生都得到自由而充分的发展。

丰宁满族自治县第一中学非常注重争取"外援"，积极与承德第一中学合作，开设"清北班"并通过"清北班"，带动普通班，成效非常显著。"2019年丰宁满族自治县第一中学参加普通高考727人，重点本科上线79人，一般本科上线313人（不含各类政策性加分、艺体双上线；不含外地回丰宁参考学生），加分上重点一本线86人，加分上二本线共计346人，全面超额完成市县目标任务。高考艺体生艺体专业和文化本科双上线56人。其中硬上线：体育17人，音乐13人，美术6人，传媒2人。政策性加分上线：体育11人，音乐2人，美术5人。而丰宁中学"清北班"参加考试157人，重本硬上线49人，一般本科上线133人。"丰宁满族自治县第一中学非常欣赏加德纳的多元智能理论，他们认为每个学生都有自己"精彩的一面"，文化成绩差，不等于一切都差，他们可能在体育、美术等其他方面更为擅长。在这"三百六十行，行行出状元"的现代社会，他们鼓励学生多元发展。此外，丰宁满族自治县第一中学非常重视职业教育，他们经常邀请职业教育领域的专家、学者、知名人士来学校专门为文化基础较差的学生讲座，还邀请广大家长参与，以便让他们真正地认识和理解职业教育。丰宁满族自治县第一中学先后与许多职业院校，如河北师范大学的职业教育学院、河北工业职业技术大学、河北石油职业技术大学、张家口职

① 莫鸣. 新型农民培养模式研究［D］. 长沙：湖南农业大学，2009：142.
② 卢婷. 大班额分层教学的行动研究［D］. 扬州：扬州大学，2013：47.

业技术学院、河北女子职业技术学院和承德应用技术职业学院等 29 所学校签订了合作框架，为丰宁的学生积极争取上学的机会。

**（二）实现教育扶贫均衡性的措施**

为了实现教育扶贫均衡性，丰宁满族自治县县委县政府采取了如下举措：

1. 整合教育资源，优化教育结构

我课题组在走访调研的过程中发现，丰宁满族自治县在教育资源方面浪费现象严重，办学效益极为低下。它主要表现在以下两个方面：一是超编与缺编共存，师生比例失衡；二是微小型学校大量存在，造成教育资源浪费。由于丰宁满族自治县地广人稀（在近 1 万平方千米的土地上生活着 30 万人），存在着大量的微小型学校，这些学校有的仅有几十个孩子，有的甚至更少，但在教育资源占用方面，"麻雀虽小五脏俱全"，教育资源浪费现象严重，办学效益太低。

从 2018 年 6 月起，丰宁满族自治县教育局遵循县委县政府提出的"12 字办学方针"，即"稳步推进，合理规划，高效办学"，丰宁满族自治县"坚持将教育资源与人口变化、生源变化、城镇化进程、经济社会发展相结合，通过整合教育资源，适当扩大办学规模，优化教师队伍结构，提高办学效益，促进各级各类学校健康、协调、科学发展。经过整合教育资源，优化教育结构，教育综合改革取得了显著成效。2019 年秋季整合初中 1 所，小学 15 所，整合教育资源工作全面推进。"[①] 功夫不负有心人，经过全县人民的共同努力，教育资源得以整合，教师的素质得以提升，管理水平也上了一个台阶，这为丰宁满族自治县教育的腾飞夯实了基础，意义非凡。

2. 职业教育与就业实现联动

与普通教育（含普通高等教育）相比，职业技术教育（含高等职业技术教育）"投资短，见效快"。随着中国经济的快速发展，金领、蓝领工人受青睐，越来越多的家长把目光投向了职业教育领域。对于贫困家庭的女孩儿而言，接受职业教育的培训可以改变人生，改变过去仅能做家务、做农活，即使外出打工也是从事简单低端的工作的状态。因此，鼓励贫困家庭的女孩儿读职业教育成了女性教育扶贫的一项高效举措。

在丰宁满族自治县县委县政府的正确领导下，"四部门"（即县人力资源与社会保障局、县教育局、县妇女联合会和扶贫开发办公室或乡村振兴局）积极合作，充分发挥各自的优势资源。县妇女联合会充分发挥自身的优势，广泛发动村民自治委员会中的妇女代表，深入贫困家庭，动员贫困家庭的女性（主要是指妇女）根据自己的兴趣或能力选择适合自己的职业技术培训项目，通过一段时间的培训，掌握一技之长，为实现家庭的早日脱贫积极努力。同时，县委

---

① 张延曼. 新时代中国特色城乡融合发展制度研究［D］. 长春：吉林大学，2020：49.

县政府高度重视职业教育的发展，丰宁满族自治县职教中心经费的筹措、基础设施和设备的购进、办学条件的改善、师资的配备及专业化的发展以及与承德石油职业技术大学的联合办学、校企合作的加强，无不凝结着丰宁人民的汗水与智慧。

（1）县妇女联合会积极宣传。妇女联合会作为妇女群体的代表，非常关心贫困地区女性的生产、生活状况，关注贫困家庭子女的上学问题。丰宁满族自治县妇女联合会通过深入调研和摸底，体会到对贫困家庭而言，鼓励他们的孩子到较为发达的地区接受职业教育是帮助家庭摆脱贫困的重要途径之一。在近三年的时间内，县妇女联合会引导、鼓励并资助（含部分资助）212 名初中女毕业生完成了中等职业教育，39 名高中女毕业生完成了高等职业教育。此外，丰宁满族自治县妇女联合会还积极为改善县职教中心的办学条件，提升教师的专业化水平不断努力，在不到五年的时间内为县职教中心筹措资金 200 万元。

（2）职业院校充分发挥建设性作用。丰宁满族自治县在广泛地听取了河北石油职业技术大学的建议后，进一步扩大了办学的规模（学生人数由原来的不到 300 人增加到 1200 多人，占地面积由原来的 68 亩，扩大到 300 多亩，建筑面也扩大了 23200 多平方米），加强师资队伍建设，大力推进教师专业化发展，加大校企合作的力度，与高等职业院校或大学深入合作，探索"联合招生，分段培养"的模式。目前"河北石油职业技术大学每年从丰宁职高对口专业应届毕业生中选拔一定数量的学生组成相应专业的'中高职衔接直通班'。甲、乙双方共同制订培训计划，由丰宁职高完成相应的培训工作。丰宁职高组织'中高职衔接班'学生进行高考报名，并参加河北石油职业技术大学组织的单独招生考试。在同等条件下，河北石油职业技术大学优先录取丰宁职高学生。丰宁职高学生被录取后，到河北石油职业技术大学学习，按照河北石油职业技术大学全日制在校生实施教学和管理，毕业时颁发河北石油职业技术大学全日制普通高校专科毕业证书，并负责推荐就业。"①

（3）大力倡导女性创业。创业是一个非常宽泛的概念，内涵非常丰富。但创业不仅仅指创办高大上的公司，还包括投资小本经营。不少女学生毕业之后不满足于给别人打工，借助县政府在税收、贴息和小额信贷等方面给予的优惠条件，以及县妇女联合会的大力扶植，充分利用当地资源当起了"老板"。如，有名河北美术工艺学院毕业的女大学生充分利用当地剪纸这一非物质文化资源，创办了"爱心剪纸工作室"，不仅使自己的"钱包"鼓起来了，还带动了其他贫困户摆脱了贫困。

---

① 齐守泉. 中高职专业衔接研究 [D]. 上海：华东师范大学，2016：45.

（4）加大对农村妇女的培训力度。丰宁满族自治县教育局、县妇女联合会不仅重视贫困家庭女孩的受教育情况，还非常重视贫困家庭妇女的培训工作。在过去的两年中，全县共举办技能培训 139 场，受益人数 4700 余人，实现了职业教育与就业的真正联动。

3. 合作办学，进一步优化教育资源

丰宁满族自治县第一中学与承德第一中学的合作办学，大大提升了前者的办学质量，盘活了教育资源，具有重要的借鉴意义。"丰宁满族自治县第一中学自 2015 年秋季起，每个年级开设两个'清北班'，承德一中选派教师到丰宁满族自治县第一中学支教，丰宁满族自治县第一中学选派教师到承德一中挂职学习；同时，承德一中每年开设一个'丰宁班'，降低 10 分录取丰宁学籍的初中毕业生，高中学籍注册在丰宁满族自治县第一中学，高考时可以享受山区的优惠政策。丰宁满族自治县第一中学开设艺术、体育特长班，为学生多渠道成才打下基础；丰宁满族自治县第一中学积极开展创建河北省二级示范性普通高中活动，顺利通过了市级验收，迎接省教厅验收工作。"[①]

经过几年的不懈努力，丰宁满族自治县第一中学的管理"更上一层楼"。承德一中每年抽调一定数量的中层，如年级主任（或副主任）、教务处副主任（或干事）和德育处副主任（或干事）等，加入丰宁满族自治县第一中学的管理队伍，同时选派一定数量的专业骨干教师，特别是语数外方面的资深教师、特级教师加入丰宁满族自治县第一中学的教师队伍，实现资源共享，让广大贫困山区的孩子在本县就能够享受到大城市教育资源。丰宁满族自治县第一中学经过短暂的发展，迎来蝶变，意义重大。

通过与承德一中开展联合办学，丰宁满族自治县第一中学发生了翻天覆地的变化，教学、管理、评估考核无不深深打上了承德一中的烙印，以至于被人们称为承德一中的丰宁分校。

五年以来，丰宁满族自治县第一中学的周考、月考、期中考试以及试卷阅卷标准均与承德一中保持一致，承德一中定期特派管理团队、专业教研团队到丰宁满族自治县第一中学，通过实地听课、授课，现场分析，现场提升。'优势互补、人员互通、资源互享'，在相对独立的基础上，最大限度地整合两校资源，助力联合办学。承德一中与丰宁满族自治县第一中学的联合办学经历了接纳互信、变革融通、模式构建、调整完善等过程。目前，社会各界对丰宁中学充满信心，有了更多的期待。

---

① 陈德胜. 约束下的变通：县域政府教育治理：以中部某县为例［D］. 南京：南京师范大学，2016：99.

### 五、丰宁满族自治县教育扶贫的优质化策略

#### （一）善治理论在教育扶贫中的实践

在实施女性教育扶贫的过程中，妇女联合会代表政府发挥着不可替代的主导作用，但仅仅依靠政府、依靠妇女联合会是远远不够的，必须充分发挥社会各界的力量，让贫困家庭受益，让贫困地区的女孩真正享受到教育平等，甚至接受优质教育。因此，"在政府主导的教育扶贫各项政策实施的同时，社会力量的参与、贫困对象内生动力的激发，都有利于从根本上阻断贫困。代际教育扶贫的重要功能是让孩子不会因为学习而导致家里贫困，也不会因为贫困而不能正常上学。"①

上学和接受技能培训不是目的，更不是最终的归宿，对于贫困家庭中的学生和妇女而言亦如此。因此，在贫困家庭中的学生完成学业、贫困家庭中的学生接受培训之后，如何引导和帮助他们实现就业，增加收入，摆脱贫困才是重中之重。"女性教育扶贫的优质化，要通过政府的主导，妇联的引导，一方面要将资金投到贫困妇女身上，另一方面引导贫困妇女将扶贫资金用活用好，创造更多的财富，带领整个家庭摆脱贫困，并在短时间内不再返贫。加强女性教育扶贫优质化，有利于阻断代际贫困，实现真正的脱贫"②，从根本上解决农村妇女受教育程度低的问题。

1. 有助于发挥多主体的作用

丰宁满族自治县妇女联合会在县委县政府的正确领导下，在县相关部门的支持下，把女性教育扶贫与文化扶贫、科技扶贫、产品扶贫、医疗扶贫、就业扶贫等专项扶贫工作相融合，着眼于整体扶贫、系统扶贫工程的构建。早在2014年年初，县妇女联合会就有了整体扶贫、系统扶贫的构想。实践证明，丰宁满族自治县女性教育扶贫要想取得一定的成就，必须与其他项专项扶贫工作结合起来，只有这样，女性教育扶贫才不是"水中之月，镜中之花"，才能使扶贫的基础得到夯实，否则，即使脱贫，也容易返贫。如，为了解决贫困家庭的生计问题，丰宁满族自治县妇女联合会积极联系河北女子职业技术学院，对农村女性开展职业技能扶贫，在她们掌握了一定的技能之后，又主动联系市人力资源市场，做好就业扶贫工作。这种将职业技术教育扶贫与就业扶贫结合起来的扶贫模式，无疑是对女性教育扶贫的创新。

2. 有助于实现脱贫不返贫

"产业扶贫、教育扶贫和科技扶贫的紧密结合可以形成合力，激发贫困地区贫困家庭妇女的内生动力，发展致富产业，依靠科技改变贫困落后的面貌。变

---

① 曹楠楠. 改革开放以来中国农村贫困家庭妇女扶贫脱贫研究 [D]. 长春：吉林大学，2020：96.

② 欧阳德君. 中国特色社会主义反贫困理论研究 [D]. 贵阳：贵州师范大学，2019：112.

"输血"为"造血"，建立脱贫的长效机制，改变过去简单的直接'资金扶贫'模式是扶贫的根本方向"①。丰宁满族自治县妇女联合会除了加大对贫困女性学生的资助力度外，还加大了对赋闲在家的贫困家庭妇女的技能培训力度，并根据每个贫困家庭妇女的自身情况，因人而异地对她们进行精准扶贫培训。

实践再次证明，伴随着国家乡村振兴战略的实施，农村经济社会的发展，农村妇女作为家庭的"半边天"，必将发挥更重要的作用。我们必须努力帮助她们掌握致富的技能，改变过去依靠男人、依靠气力的现状，向科技"要钱"，向信息"要钱"。

### （二）实现教育扶贫优质化的方法阐释

**1. 多种扶贫路径协同发展，积极发挥妇联的作用**

进行女性教育扶贫是个系统工程，不是哪一个部门、哪一种产业、单人单车、死拼硬干可以完成的。丰宁满族自治县的扶贫工作需要在县委县政府的统一领导下，充分发挥县妇女联合会、财政局、教育局、农业局、科技局、扶贫办公室（乡村振兴局）等各个部门的作用，协同诸如产业扶贫、科技扶贫和就业扶贫等各项专业扶贫。只有这样，摆脱贫困后的农村妇女才不至于返贫。

在丰宁满族自治县县委县政府的统一协调下，县科技局、农业局、教育局、扶贫办、妇女联合会集体亮相，团结协作。根据"结对帮扶"的部署，结合县内各科技人员特长，根据丰宁满族自治县产业发展的相关技术需求，适时开展各类实用技术培训，已完成 25 期，共培训农村贫困家庭妇女 1800 人次，力求让每一家贫困户掌握一门发家致富的实用技术；以县职教中心为基地，完善"丰宁科技扶贫在线"平台，建立专家资源库，在不到三年的时间内，累计实施科技扶贫在线技术服务 332 项；同时建立了一个"县级专家大院"和三个乡镇的乡村科技扶贫服务站，实现科技扶贫系统化、正规化。

丰宁满族自治县妇女联合会非常重视对农业女性技能人才的培训工作，先后开班 20 次。培训结合丰宁县情，主要安排了茶叶、中药和农作物绿色防控等方面的内容，还特别邀请了承德农业专家——承德市植物保护检疫站站长、高级农艺师胡晓龙和承德区经济作物站副站长、高级农艺师前来授课。参加本次培训的有 73 个贫困村驻村农技员、6 个农业技术巡回服务小组成员和局机关下属事业单位专业技术人员等，共计 100 余人。女性教育扶贫与专项扶贫两者是相辅相成的关系，女性教育扶贫离不开专项扶贫工作，专项扶贫是载体，只有将知识转化为就业，转化为经济，才有实际意义；同样，专项扶贫工作离不开女性教育扶贫，专项扶贫只有通过女性教育扶贫才能让技能得到巩固和提升。

**2. 激发内生动力，发挥贫困对象的主体作用**

马克思主义哲学告诉我们，外因（事物发展的外部原因）与内因（事物发

---

① 韩小伟. 改革开放以来中央单位定点扶贫研究 [D]. 长春：吉林大学，2020：146.

展的内部原因）是矛盾的两个方面，二者相互统一。内因是根据，外因为条件，内因不起作用，单纯依靠外因是没有办法推动事物发展的，正所谓温度可以把卵孵化成雏鸟，但不能把鹅卵石变成鹅，开展女性教育扶贫也是这样。在针对女性教育扶贫的过程中，丰宁满族自治县委县政府、妇女联合会等各个部门提出要想真正让农村妇女摆脱贫困，就要让她们晓得"天上不会掉馅饼"，自己才是根本，只有用自己智慧的头脑、勤劳的双手才能创造美好幸福的生活，那种"等靠要"思想与行为，是发不了家，治不了富的。

丰宁满族自治县妇女联合会不仅重视女性教育扶贫的"面子"，更注重女性教育扶贫的"里子"，主动出击，善于从思想层面入手，着重破解"三不"难题，即"不想脱贫"和"不敢脱贫"以及"不能脱贫"。通过"三不"的教育与宣传，广大农村贫困家庭妇女的内生动力得以激发，探索出了一条崭新的"扶贫＋扶志＋扶智"之路。此外，丰宁满族自治县妇女联合会积极"整合农业、就业、科教等部门培训资源，依托'女性人才扶贫大讲堂''女青年劳动者技能提升培训'和'农村妇女培训'等专项人才培训计划，采取'流动课堂＋固定课堂'开展农村实用技术和就业技能培训"，目的在于确保贫困户中的每位家庭妇女拥有一项技能，掌握生存的本领。

丰宁满族自治县不仅重视贫困家庭妇女的"精神贫困"问题，更重视贫苦家庭女大学生的"精神脱贫"问题。一是县妇女联合会与县共青团携手，不断加强共青团和少先队组织建设，完善管理体系，强化团、队干部培训，丰富团、队活动形式，充分发挥团、队组织正向引导作用。二是县妇女联合会与县宣传部携手，"结合三八妇女节、五四青年节、六一儿童节、七一建军节和重阳节等重要节点，组织开展关爱老人、义务劳动等形式多样的志愿服务活动，坚持开展"学雷锋"主题实践活动，引导广大女学生服务社会，感恩回馈。广泛开展清明祭英烈、"向国旗敬礼""百年追梦、全面小康"等主题教育活动，弘扬中华优秀传统文化，强化革命传统教育，培养广大女学生树立社会主义核心价值观。三是县妇女联合会与防疫领导小组、消防、国防部门携手，高度重视防疫、禁毒、消防、安全等教育工作，切实增强女学生的辨别能力。四是县妇女联合会与教育局携手，着力解决留守家庭女学生的问题，其中，丰宁满族自治中学的《贫困家庭留守女学生品德教育案例——从山沟沟里走出的"金凤凰"》在2017年被河北省教育厅思政体卫处评为"全省中小学德育工作优秀案例"之一。

3. 充分发挥社会各界力量

扶贫济困，让更多的贫困家庭摆脱贫困，不仅是政府的责任，更是社会各界应该尽的义务。丰宁满族自治县妇女联合会充分发挥自身的优势，主动联系社会各界人事，积极有所作为。一是县妇女联合会积极组织本县内的企业展开

"献爱心"活动，让更多的企业加入扶贫攻坚的队伍；二是县妇女联合会积极与其他社会公益组织沟通，如河北省妇女发展基金会、中国妇女发展基金会，目的是为本县贫困家庭争取到更多的资金。三是县妇女联合会积极与从丰宁县走出来的知名人士、成功人士联系，希望他们多为女性教育扶贫贡献一份力量。

## 六、启示和结论

### （一）启示

1. 促进公平性是女性教育扶贫的首要条件

在女性教育扶贫中，要想促进教育的公平，离不开党和政府的正确领导，离不开党和政府的统筹兼顾，离不开妇女联合会的不懈努力。"从教学环境到师资，再到生源，都需要政府在扶贫手段上保持精准，因地制宜。这也是政府分配公共产品资源时实现教育公平的基础。"[①]

（1）夯实女性教育扶贫公平的基础。需要指出的是，我们这里所说的公平是在"蛋糕"做大基础上的公平，不是共同贫穷。俗话说："没有钱是万万不行的。"学校基础设施、校园环境的改善、办公硬件和软件的添置同样是这个道理，都离不开大量资金的投入。教育的起点公平首先就需要教学设施的公平，否则，只会造成贫困地区的教育越来越落后。丰宁满族自治县将"改薄计划""民族地区十年行动计划"等所有项目集中起来，持续加大对贫困地区的投入，为贫困地区加强教育信息化管理，配备班班通设备，从教育起点上实现了公平。

（2）促进教师享受公平的待遇。刘禹锡说："山不在高，有仙则名；水不在深，有龙则灵。"在发展教育、促进教育公平的过程中，不仅需要有"高山"，有"深水"，更需要"仙"。教师，特别是骨干教师就是发展教育、促进教育公平中的"仙"，因此我们一定要保证师资条件的公平性。受地理位置影响，偏远的贫困山区很难留住优秀教师，特别是年轻教师，为此，丰宁满族自治县采取了多项举措，"一是通过公开招聘，以增加特岗教师师资力量；二是加大对贫困地区教师的生活以及交通补贴力度；三是在职称评定时向贫困地区倾斜；四是通过增加各种有实效的培训等方式，让教师，尤其是年轻教师留下来，留得住心，教得好。"[②] 进而保障了贫困山区的学生公平享受到优秀师资的权利。

（3）加大对贫困女学生的精神关怀，促使她们成为"阳光女孩"。由于信息的闭塞、家长观念的陈旧、家庭贫困以及周围环境的影响，许多学生，特别是女孩更容易过早地辍学。丰宁满族自治县教育局、妇女联合会积极作为，"控辍保学，完整精确地统计县域内的每一个适龄儿童、少年，同时加强对贫困儿童

---

① 严娟. 平武县教育扶贫的案例研究 [D]. 成都：电子科技大学，2020：23.
② 林琳. 贫困县留任特岗教师自主专业发展的个案研究 [D]. 成都：四川师范大学，2020：46.

的心理关怀，让贫困孩子没有心理负担，在学校有尊严地学习。"①

2. 促进均衡性是女性教育扶贫的核心

实施女性教育扶贫，不仅要注重教育的科学性、公平性，还要进一步促进教育的均衡性，这是进行女性教育扶贫的核心与关键性因素。为了促进教育的均衡性，丰宁满族自治县采取了如下措施。

（1）高度重视义务教育女性教育扶贫的作用。从小学到初级中学的义务教育是整个教育的基础，也是实施女性教育扶贫的基础。在偏远山区，教育扶贫检测的重点对象是贫困家庭中的女孩，让贫困家庭中的女孩认认真真地完成基础教育，是女性教育扶贫的真正价值所在。丰宁满族自治县在县委县政府的正确领导下，在县教育局、县妇女联合会的积极努力下，不断整合教育资源，优化结构，其目的是消除女童在义务教育阶段所受的教育的不均衡性。

（2）高度重视职业教育的先导作用。对于一个县来说，职业教育主要是指中等职业教育。中等职业教育与普通高级中学相比，二者最大的区别在于中等职业教育与就业直接相关，即毕业就可以直接参加工作。丰宁满族自治县教育局、县妇女联合会积极作为，把职业教育和就业捆绑在一起，把一些适合女性就业的企业引入学校，同时将现代学徒制引进学校，实现"招生即招工""招工即招生"，让学生一毕业就能上岗挣钱。此外，丰宁满族自治县教育局、县妇女联合会还主动与河北女子职业技术学院联系，探索"3＋2"合作机制。

（3）高度重视高中教育和高等教育。从某种意义上来讲，一所高级中学的办学质量，会直接影响当地学生接受高等教育（包括普通高等教育和高等职业教育）的人数。即高级中学办学质量越高，则当地学生接受高等教育的人数就越多，反之，则越少。而一个贫困家庭的孩子接受的教育程度越高，陷入代际贫困的可能性就越小。"丰宁满族自治县政府和承德市第一中学合办'丰宁清北班'，取得了良好的办学效果，实现了低入口高出口，让更多的丰宁学子圆梦象牙塔。"②

3. 促进优质化是进行女性教育扶贫的保障

进行女性教育扶贫，促进教育优质化，是群策群力的结果，是党和政府正确领导的结果，是妇女联合会、教育局、扶贫办公室共同协调的结果，是社会各界力量共同发力的结果，是贫困家庭妇女内生动力得以激发的结果，是善治理论得以正确实践的结果。为了促进女性教育扶贫的优质化，应该在以下几个方面着手。

（1）充分发挥政府相关部门的作用，促使专项扶贫协同发力。实施女性教

① 马凌霄. 困境儿童教育支持政策内容分析［D］. 沈阳：沈阳师范大学，2019：12.

② 江婷婷. 让脱贫成效经得起历史和人民检验［J］. 当代贵州. 2020（21）：23.

育扶贫是个系统工程，它需要党委、政府以及各个职能部门（含妇女联合会、教育局、农业局、人力资源与社会保障局、财政局等）共同努力。在实施女性教育扶贫过程中，必须充分发挥各种专项扶贫的作用，这样的扶贫才能真正保障贫困家庭脱贫后不再返贫。

（2）激发贫困家庭女学生和贫困家庭妇女的内生动力。正如前文所述，温度不能使鹅卵石孵化成雏鸡，我们永远唤不醒装睡的人，外部条件再好，政府再努力，贫困家庭女学生和贫困家庭妇女如果无动于衷，那也是没有意义的。因此，丰宁满族自治县妇女联合会高度重视贫困家庭女学生和贫困家庭妇女的激发，并采取了多种方式，效果显著。

（3）企业以及社会各界力量的共同努力。企业是市场经济发展的主体，是进行产业脱贫的载体，是贫困地方得以顺利脱贫的"钱袋子"，实施女性教育扶贫，离不开相关企业的助力推动。慈善机构是进行女性教育扶贫的重要补充，国家、省、市各级妇女基金委员会对女性教育扶贫做出了重要贡献，丰宁籍知名人士通过直接或间接出资的方式为家乡女性教育扶贫事业做出了积极贡献。

## （二）结论

女性教育扶贫经历了长期艰难的摸索，"从配角到支撑，从普惠到专项，从粗放到精准，坚持借助教育的东风，将扶智与扶志密切结合，以阻断贫困的代际传递"[①]，这其中无不凝结中国人民的智慧。实践也再一次证明，唯有教育才是解决贫困的最有效办法。在这场女性教育扶贫的战役中，政府相关部门、企业以及社会各界力量、贫困家庭女学生和贫困家庭妇女都发挥了重要作用。

1. 丰宁满族自治县的女性教育扶贫是在国家实施"精准扶贫"和"乡村振兴"战略的背景下展开的，意义重大。该县的"女性教育扶贫通过增加资金投入，从硬件上保证教育公平；教育局提升师资水平，从软件上保障教育公平；学校加强精神关爱，从儿童心理上实现教育公平。"[②]

2. 丰宁满族自治县高度重视义务教育在女性教育扶贫中的积极作用。他们通过"整合基础教育资源，不断优化教育结构，实现了基础教育的均衡发展；发挥中等职业教育在脱贫中的先导性作用，与就业紧密联动，实现职业教育均衡发展；扩大高中及以上教育对返贫的预防性作用，合作办学，提高教育质量，实现高中以上教育的均衡发展"[③]。

3. 丰宁满族自治县政府相关部门共同发力，协同多种专项扶贫，实现教育优质化；从激发贫困人口的内生动力入手，发挥贫困家庭妇女的主体性作用。

4. 企业以及社会各界力量共同努力，进一步推进丰宁女性教育扶贫的

① 苏晓洲，刘良恒. 全面小康要盯着"长板"补"短板"［J］. 社会主义论坛. 2020（07）：59.

② 吴晶. 基础教育学区化办学研究［D］. 上海：华东师范大学，2018：77.

③ 余秀琴. 中国经济转型期职业教育集团化发展［D］. 天津：天津大学，2009：39.

优化。

丰宁满族自治县女性教育扶贫的成功案例给我们的重要启迪：一是推进和实现女性教育扶贫需要党委、政府、财政局、教育局、妇女联合会、农业局和扶贫办公室携手努力，共同营造一个公平的教育环境，这是前提；二是推进和实现女性教育扶贫需要各种教育资源（含学前教育、九年义务教育、高中教育、职业教育以及普通高等教育）的均衡发展，这是关键；三是推进和实现女性教育扶贫需要多方协同，充分发挥贫困家庭学生、妇女的内在动力，这是核心；四是推进和实现女性教育扶贫需要企业以及社会各界力量的共同努力，这是重要补充。

丰宁县女性教育扶贫是善治理论下丰宁满族自治县县委县政府及其相关部门与公民共同治理，使女性教育扶贫这个公共产品的分配能够实现公平、均衡、优质，因此，丰宁满族自治县的女性教育扶贫能够阻断贫困的代际传递，提升农村女性教育程度，实现扶贫对象脱贫并且长期不返贫。

# 第五节　精准扶贫视域下河北省农村留守妇女创业模式探索

所谓精准扶贫，主要是指根据不同贫困区域的生活环境、不同贫困农户的实际状况，采取科学有效的程序对扶贫对象开展精确识别、帮扶以及管理的治贫方式和手段。本研究将农村留守妇女创业置于精准扶贫下来考察，丰富创业理论体系，对促进农村留守妇女创业无疑具有重要的理论价值和现实意义。

## 一、精准扶贫视域下河北留守妇女创业模式介绍

引领农村留守妇女在农业领域内创业是实现农村跨越式发展的重中之重，也是增加村民收入，推进乡村振兴战略的重要举措。在农村的留守妇女实属不易，一方面承担着多种角色赋予的责任。她们是很难见到丈夫的妻子，是常年看不到孩子父亲的母亲，是需要独自照顾公婆的儿媳，也是家里从事农活的主要劳动力。此外，许多亲戚朋友的关系也需要她们来维系，她们很难有充足的时间和精力去完成自己想做的事情。另一方面，农村留守妇女，特别是贫困地区的留守妇女，往往文化程度不高，没有自己喜欢的创业项目，缺乏资金，没有经过系统的创业培训，很难把握住市场的机会。由"政府相关部门（含妇女联合会）、高等院校（含高等职业院校与普通高校）、涉农公司企业、农业合作社和农村妇女"等群体组建的创业模式，"不仅为农村留守妇女在农产品销售、技术指导、信息获取及经验交流方面提供服务，还能够让农村留守妇女在家门

口进行生产劳作，并提供相应的金融服务。两者的结合，对推动农村留守妇女在区域特色产业领域创业具有重要的意义。"①

目前河北省农村留守妇女的创业模式主要是加入由"政府相关部门（含妇女联合会）、高等院校（含高等职业院校与普通高校）、涉农公司企业、农业合作社和农村妇女"等组成的群体。在该群体中，政府发挥主导作用；高等院校提供技术支持；涉农公司企业把握市场，为产品寻找出路；农业合作社积极发挥组织优势；农村留守妇女则是产品的生产者，也是该创业模式的主体。如石家庄市栾城区天亮种植专业合作社、承德市金历食用菌种植专业合作社、秦皇岛市小江蔬菜专业合作社和邯郸市永年区现海葡萄专业合作社等，都是这种模式。

政府，特别是各级妇女联合会，要积极主动地作为。一是要充分发挥自己善于搭建"舞台"的优势，积极联系高等院校，特别是与乡村振兴有关的院校，如河北农业大学、河北科技师范学院等，主动与他们建立合作关系。二是要加大宣传的力度，对项目展开深入而广泛的宣传，引导广大妇女主动参与创业创富。三是农业部门（主要是农业局）要根据本地的实际情况，积极选择培训项目，推进培训工作。同时，财政部门（主要是财政局）要给予大力支持，提供一定的保障经费，以便让留守妇女学到更多科学知识与操作技能。

高校方面则结合自身的科研资源，充分考虑当地农业生产的实际情况，提供项目发展需要的种子、肥料、农药等农资，定期或者不定期下派专家和技术人员进行实地技术指导，并提供后续技术的跟踪服务。企业则完全依据市场运作规律，负责区域内项目扩展规模、速度统筹、生产品种遴选、技术培训等工作，对农资统定统发、合作社技术员培训、产品回收、加工与销售各环节进行跟踪服务。合作社负责带动农户（农村留守妇女）进行具体的种植、管理、收获工作。农户（农村留守妇女）则作为生产者在自己土地上进行生产。

## 二、河北省刘杖子乡农村留守妇女创业模式的案例解析

刘杖子乡地处河北省承德市承德县西南部，东连大营子乡，东南与兴隆县相邻，西临东小白旗乡，北靠鞍匠镇，东北连新杖子乡，总面积 175.87 平方公里，乡政府驻地距县城 64 公里，距兴隆县 20 公里，距承德市 80 公里，距北京190 公里。下辖 10 个行政村，93 个村民小组，常住人口 11723 人（2018 年）。中山地貌，境内大小山峰 400 余座，当地主要耕地面积都是山地。90% 以上的人口是农民，青壮年基本外出务工，留守在家的以妇女、儿童、老人居多，种植最多的是香菇，不过多数农户都是"单打独斗"。金历食用菌种植专业合作社

---

① 陈雄锋，蔡茂华，刘运春，刘玉涛. 农村留守妇女居家创业模式探讨：以蕉岭县大豆产业项目为例［J］. 广东农业科学，2012，39（07）：202-203，206.

看中了食用菌产业这条财富纽带，当时县里出台了支持发展特色农业的政策，于是他们吸收当地农户入社，同时积极与中国农科院、河北农大等科研院校合作，积极引进先进技术、品种和人才，为产业发展注入了强有力的科技支撑，将生产、加工、销售完整联结到一起，形成产销一条龙的模式，在市场上赢得话语权。目前，刘杖子乡香菇产业园区达8个，遍布8个行政村，已形成占地2000亩、菇棚1800个、年产香菇1.2万吨、产值7000多万元的华北最大的越夏香菇产业基地，农民年增收2000多万元。该地区的留守妇女通过创业实现了就业，增加了收入，也吸引着更多的青壮年劳动力返乡回流。

通过河北省承德市刘杖子乡农村留守妇女创业模式的实证案例，我们不难发现，"政府（妇联）＋高校＋企业＋合作社＋农户"的创业模式的意义有以下几点：

### （一）激发农村留守妇女的创业热情与动力

与其他的创业模式不同，留守妇女足不出户就可以创业，这样大大增加了农村留守妇女创业的成功率。政府相关部门在选择创业项目之时，要因地制宜，寻找适合当地资源和气候的产业，同时要考虑到广大留守妇女的经验，尽量选择那些她们曾经接触过的，最好是比较熟悉的项目，这样更容易点燃她们的创业热情，激发她们的内在动力。

### （二）提高农村留守妇女创业机会的获得性

识别创业机会不是一般人能够做到的，它是由许多方面组成的，如评估商业机会、进行价值判断和评价融资能力。"由于文化素质较低、家庭环境束缚、信息滞后、经验技术和金融资本等各方面的约束，农村留守妇女很难识别并把握创业机会，然而通过该种模式可以让农村留守妇女能够识别和把握创业机会。"[1]

1. 充分发挥妇女联合会的优势。创业信息从政府相关部门传至县妇女联合会，再由县妇女联合会转至乡（镇）级妇女联合会，再由乡（镇）级妇女联合会转至村民自治委员会中的妇女主任，最后通过妇女主任传达给村里的农村留守妇女。农村留守妇女经过与左邻右舍商议、讨论，把握创业机会的概率大大增加。

2. 普通高等院校和高等职业院校掌握着先进的科学技术，并且善于将科学技术转化为生产力。他们通过网络课堂、下乡支农、专题讲座，甚至是直接派驻村下乡干部等方式，与村委会、农村妇女建立良好的互动关系，把先进的技术传播在燕赵广袤的大地上，这将会大大缩减农村留守妇女摸索创业的时间。

3. 农村中，一个村庄往往只有几个姓氏，甚至只有一个姓氏。大家往往同

① 陈雄锋，蔡茂华，刘运春，刘玉涛. 农村留守妇女居家创业模式探讨：以蕉岭县大豆产业项目为例［J］. 广东农业科学，2012，39（07）：202-203，206.

宗同源，关系比较融洽，只要一家开始创业，其他村民就会争相模仿。这种特殊的实际情况，在农村留守妇女中显得更加突出。这有利于农村留守妇女之间的相互交流和学习，也有利于其识别与把握创业机会能力的提升。

### （三）提升农村留守妇女创业资源的可获得性

资金和人力是创业不可缺少的资源，农村留守妇女创业也不例外。在该种模式中，农村留守妇女的创业资源可以通过这种途径获得：在县妇女联合会的领导和支持下，在发展产业较好的地方（可以是有代表性的村庄或乡镇）成立农业合作社（农村专业化的集体经济组织），由当地政府担保向农业银行或农村合作社或其他银行贷款，作为农村留守妇女的创业资金。由于在同一个合作社之下，农村留守妇女种植的农作物、饲养的家畜或者生产的产品（如柳编等工艺品），都具有一定的同质性，但是她们不用自己到市场上销售，只需要卖给合作社即可，也就是说她们之间不存在市场竞争关系。这使得农村留守妇女之间可以毫无保留地进行经验的交流与分享，大大提升了人力资源的水平。在这个过程中，政府的公信力大大提升。"农民的收入增加了，农村才能得到更好的发展，社会主义新农村的建设才能更快地实现。当地政府部门，如农业局才更有热情进行技术推进服务和培训，从而使创业群体获得技术培训和经验交流的机会，降低自身技术创新的成本。"[①] 生产实践是检验科研成果的唯一标准。通过该种模式，高等院校的科研成果不仅得到检验，还会得到改进，这也有助于农村留守妇女创业成本的降低。

### （四）增强农村留守妇女的创业能力

在该种模式之下，农村留守妇女参与创业的积极性大大增加，创业能力也会随之增强。

一是可以提升农村留守妇女的专业技术水平。正如前文所述，因为她们种植、养殖或生产的产品具有一定的同质性，且她们之间没有竞争性，同时有专家的指导，所以可以大胆地、毫无顾忌地、毫无保留地进行经验交流。丁新凤，浙江省湖州市人，丈夫离世，子女在外，独自一人生活的她与剪纸为伴，沉浸在剪纸艺术的幸福里。她还将自己的剪纸作品送到吴兴区碧浪湖老年社区、红丰老年社区，丰富其他老年人的精神生活。"现在多数老人都容易产生孤独感，而学一样东西既能消磨时间，作品完成之后心里又能产生一种成就感，这就是剪纸吸引我的地方。"丁新凤说道。一支铅笔、一把大剪刀、一支小刻刀，这就是丁新凤剪纸工艺的全部工具。剪纸时，丁新凤就戴上眼镜，手持剪刀，细节处轮换着刻刀。她常常要眯起眼睛，刻刀钝了她就用磨刀石磨一磨，一剪一刻，精美的剪纸作品就在她的一双巧手下诞生了。《毛泽东头像》《雷锋叔叔》《中华

① 陈雄锋，蔡茂华，刘运春，刘玉涛.农村留守妇女居家创业模式探讨：以蕉岭县大豆产业项目为例 [J].广东农业科学，2012，39（07）：202-203，206.

寿》《百福图》《向幸福出发》等作品都是丁新凤的得意之作。2013 年是丁新凤的本命年，心血来潮的她就剪了各色各样的生肖蛇的图样，这让她在农村里也小有名气。国庆节的时候，社区开展书画展，让丁新凤把自己的剪纸作品也放上去展览，于是她就重新剪了 20 多幅红色主题的剪纸。至今，丁新凤已经剪了 100 多幅作品了。大幅的作品要剪半个多月，她白天搬个桌子在阳台上剪，晚上在台灯下剪。

现在，丁新凤还当起了剪纸老师，一位奶奶让四年级的孙女来向她学剪纸。因为小女孩很喜欢学剪纸，丁新凤就免费教她，晚上 6 点半到 8 点半学习剪各种小花样，她还买了剪纸的书送给小女孩。学了三个星期的小女孩现在已经能够剪出一点自己的作品了，丁新凤很欣慰。目前，丁新凤已经如愿以偿地先后在湖州市爱山广场、新浙北大厦星巴克咖啡走廊、老年大学等地办了多次展览，但她的剪纸作品也在展览中出现了损伤。"目前最大的困难是剪纸作品的保存问题，有些剪纸作品展出后，被太阳晒得不成样子，令我很心疼，但百余幅作品装裱起来，要花一大笔钱，我也是有心无力。"丁新凤感慨地说。丁新凤只是众多妇女中的一个，她们正在通过剪纸寻找自己的幸福生活。

二是可以更好地引发新革命，包括思想方面的、观念方面的，同时有助于新产品和新技术的引进，如马杖子村将俄罗斯小型土豆引入当地，产量大大提高。

## 三、河北省农村留守妇女创业模式存在的问题与对策

为了获得一手数据，从 2019 年 10 月至 2020 年 1 月，我课题组对河北省"政府（妇联）＋高校＋企业＋合作社＋农户"的创业模式进行了调研，对 11 个地市中具有代表性的专业农业合作社进行了走访（见表 5 - 1）。这些合作社取得的成绩是显著的，但仍然存在不少问题，我们在调研中针对其中问题也给出了相应对策。

表 5 - 1　调研对象

| 合作社名称 | 创业项目 | 地点 |
| --- | --- | --- |
| 绿康果蔬农民合作社 | 瓜果蔬菜 | 石家庄市鹿泉区 |
| 华艺种植专业合作社 | 苗木、花卉 | 邢台市清河县 |
| 金历食用菌种植合作社 | 食用菌 | 承德市承德县 |
| 惠民肉鸡养殖合作社 | 肉鸡 | 邯郸市曲周县 |
| 喜峰口板栗合作社 | 板栗 | 唐山市迁西县 |
| 丰如中药材种植农民合作社 | 中药材 | 保定市涞源县 |

续　表

| 合作社名称 | 创业项目 | 地点 |
|---|---|---|
| 天润马铃薯专业合作社 | 马铃薯 | 张家口万全区 |
| 培培种植专业合作社 | 红薯 | 廊坊市安次区 |
| 利科养兔专业合作社 | 养兔 | 衡水市桃城区 |
| 小江蔬菜合作社 | 蔬菜、水果、谷物 | 秦皇岛市抚宁区 |
| 富民养鸡专业合作社 | 养鸡 | 沧州市泊头市 |
| 剪纸艺术专业合作社 | 剪纸 | 张家口市蔚县 |

**（一）引导农村留守妇女创业要循序渐进，避免贪多图快**

"政府（妇联）＋高校＋企业＋合作社＋农户"的创业模式主要由政府中的妇女联合会牵头，高等院校（含高等职业院校）参与，企业给予一定的保障（包括资金、销路、管理等方面）。尽管妇女联合会在协调和筹集款项、引进项目、搜集信息、推广技术等方面具有一定的优势，可是不要忘记我们创业的主体是农村留守妇女，因此我们在进行项目的选择和推介时，必须考虑到农村留守妇女的实际状况，顺势而为，不能想当然，不考虑农村妇女的实际情况瞎干、蛮干。建议把项目的推广分为两个阶段。第一个阶段为实验阶段。先选择一个群众基础较好，有一定发展潜力，容易做好的区域进行推广；然后做成该区域典型的、具有代表性的项目。第二个阶段为大力推介阶段。将试验阶段的成功经验在更广泛的区域进行推介，以吸引更多的农村留守妇女参与其中。所以引导农村留守妇女进行创业，应该注意循序渐进，慢慢来，切不可以行政命令的方式"硬干"，那种费力不讨好的事情坚决不能干。

**访谈提纲1**

访谈时间：2019年9月17日上午10：00。

访谈地点：保定市涞源县东团堡乡北梁家庄村。

访谈人物：丰如中药材种植农民合作社韩新民。

访谈内容：政府在专业农业合作社中发挥的作用。

李娜：韩董事长您好！我是河北女子职业技术学院的教师李娜，我们正在进行一项河北省社科联的课题研究，课题的名称是《精准扶贫视域下农村留守妇女创业模式研究》，希望得到您的支持和帮助，谢谢！

韩新民：客气了，各位老师，能帮忙一定会竭尽全力。

李娜：韩董事长，您认为政府在专业农业合作社中发挥的作用大吗？

韩新民：客观地讲，涞源县政府在资金协调、项目建设、信息收集、技术推介等方面给了我们大力支持，没有政府的支持，我们很难取得现在的成绩。

李娜：我们在调查的过程中，许多农业合作社都是这样有感而发的。看来地方政府的确做了不少好事、实事，在精准扶贫中发挥了重要作用。您认为这里面有需要改进的地方吗？

韩新民：有一些。建议政府一定要注意成果的巩固，根据当地经济发展因势利导，顺势而为，不断壮大，不能"一口吃个胖子"，这样会适得其反。

李娜：再次感谢韩董事长，再见！

韩新民：再见！

### （二）培养农村留守妇女"契约"精神，保持创业模式的稳定性

农村留守妇女作为市场中的"经济人"，与其他"经济人"一样，希望以最小的付出和代价换取最大的收益。企业在收购农产品或生产的工艺品的过程中，其价格低于市场时，可能就会出现农村留守妇女将农产品或生产的工艺品卖给市场中其他企业或个人的行为，进而影响创业的稳定性。妇女联合会要加大宣传力度，鼓励、倡导和督促她们要有"契约"精神，不能只看到眼前的利益。

第一，妇女联合会作为中间人，要做好农村留守妇女的代表，在农村留守妇女与合作社、企业签订协议时给予必要的指导，要切实、充分保障她们的利益不受损害。同时需要注意的是，妇女联合会代表的是政府，不能也不应该谋求利益。第二，妇女联合会要做好宣传解释工作，逐一认真解释协议中的条款，保持签订双方信息的对称。第三，"通过内部制度和外部法律制度加大对违约行为的惩罚力度，同时对违约的农户实行公示制度，发挥社会惩罚和社会监督的功能。这样构成了成员之间、成员与合作社之间的相互锁定，使模式具有稳定性。"①

#### 访谈提纲 2

访谈时间：2019 年 9 月 29 日下午 15：00。

访谈地点：张家口市万全区宣平堡乡霍家房村。

访谈人物：天润马铃薯专业合作社牛佃春。

访谈内容：农村妇女的"契约"精神。

李娜：牛董事长，下午好！我是河北女子职业技术学院的教师李娜，我们正在进行一项河北省社科联的课题研究，课题的名称是《精准扶贫视域下农村留守妇女创业模式研究》，希望能够得到您的帮助，非常感谢！

牛佃春：客气了，韩老师，欢迎大家来我们这里，有什么需要帮忙的尽管说。

李娜：那我就开门见山了。董事长，咱们社员的契约精神如何？

牛佃春：总体来说还可以，但是由于农村留守妇女的文化知识水平有限，

---

① 陈雄锋，蔡茂华，刘运春，刘玉涛. 农村留守妇女居家创业模式探讨：以蕉岭县大豆产业项目为例 [J]. 广东农业科学，2012，39（07）：202-203，206.

也时常出现一些违约的现象。例如前些年和农户签订了马铃薯回收协议，但有些农户却偷偷卖给了别的厂家。

李娜：有惩罚措施吗？

牛佃春：有，但很难取证，因此一般只能是警告、劝阻和解释。

李娜：你们真是不容易，再次感谢，再见！

### （三）提升信息密集度与流动性，确保创业者信息的可获得性

"不上是不上，一上'一窝蜂'。"这是农村常见的现象。在推动农村留守妇女创业的过程中，要避免这种现象的发生，因为极容易导致"增产不增收"的局面，那将会大大挫伤留守妇女创业的积极性，所以"政府要提高地区开放程度，吸引更多的企业和商家来收购、加工、销售，创造更多的商机，加快这些信息的传播速度，扩大其传播范围。此外政府仍要加大对留守妇女创业的扶持力度，实施政策补贴制度，为留守妇女创造更多的创业契机，并促使制度信息的传播范围全覆盖，加快传播速度。当一个区域有了产业群体就有了产业发展极，产业发展极具有强大的辐射和带动能力，这将有力促进留守妇女的创业"①。

#### 访谈提纲 3

访谈时间：2019 年 11 月 2 日上午 9：30。

访谈地点：衡水市桃城区邓庄镇胡家庄村村南。

访谈人物：利科养兔专业合作社张志彬。

访谈内容：创业者获取信息情况。

李娜：董事长您好！我是河北女子职业技术学院的教师李娜，我们现在正在研究一项关于农村留守妇女创业模式研究的课题，希望得到您的帮助！

张志彬：客气了，李老师，我们会尽自己的最大努力，必将知无不言，言无不尽！

李娜：感谢董事长，那我就开门见山了。咱们合作社获得信息密集度及流动性怎么样？

张志彬：过去没有经验，县政府帮了很大忙，但往往政府发布的信息是面对全县的，因此存在"一窝蜂"的现象，现在虽然仍然有这种现象，但少多了。

李娜：您希望政府在这方面怎么做？

张志斌：在政策上要有一定的倾向性，如经济补贴方面，同时为留守妇女提供更多的创业机会，让制度信息在更广阔的范围内传播，并加快传播速度。

李娜：董事长的见解让我们受益匪浅，再次感谢！再见！

张志彬：再见，欢迎大家再来。

---

① 陈雄锋，蔡茂华，刘运春，刘玉涛. 农村留守妇女居家创业模式探讨：以蕉岭县大豆产业项目为例［J］. 广东农业科学，2012，39（07）：202-203，206.

# 第六节 河北省易县农村女性
# 创新创业扶贫之路

"大众创业、万众创新"之风已经吹"绿"了燕赵大地，伟大的乡村振兴战略已经开启，勤劳质朴和富有创新精神的易县人民，紧跟乡村旅游的良好发展态势，借助创业优惠政策的东风，在对本县农村女性创业的实际情况充分了解的基础上，探索出一条意在提高农村女性素养的创新创业扶贫之路。

## 一、调研基本情况

本研究以河北省易县地区作为研究中心，对 187 名农村女性进行了问卷调查，并对部分农村女性、村干部、镇领导进行了走访调研，她们的年龄主要分布在 25—60 岁之间。调研的内容涵盖了以下几个方面：人口统计学特征（包括年龄分布、受教育水平、收入来源）、目前就业的实际状况、创业是否具有强烈的意愿、是否希望在乡村旅游创业活动方面有所作为、在创业过程中较为担心的问题以及希望在哪些方面得到帮助等。

## 二、目前农村女性创业存在的主要问题分析

### （一）创业参与率不高

自主创业是人们实现梦想，展示自身价值的重要方式，对农村女性来说也是如此。面对目前乡村旅游的热潮，有超过八成（81.45%）的农村女性显示出前所未有的激情和意愿，甚至许多年近花甲的老年农村妇女都跃跃欲试，但真正把梦想付诸实施的农村女性少之又少，还不到总数的十分之一（8.46%）。而超过半数（50.69%）的农村女性还是把致富之路寄托在了外出打工方面，丰满的理想与骨干的现实差距很大。

### （二）创业资源获取渠道比较狭窄

这里的创业资源主要包括资金方面和人际关系方面（即我们通常说的人脉）。毋庸置疑，国家对创业者提供了许多贷款方面的优惠政策，可是在现实中，由于银行贷款的条件比较苛刻，手续非常烦琐，且时间比较长，并不能惠及广大农村创业者。因此许多农村女性创业的启动资源，要么是来源自身的积蓄，要么是来源于家庭的支援，要么是来自亲戚朋友的借贷。而一旦自身没有积蓄，又得不到家庭的许可以及朋友的借贷，创业对她们来说就只能是遥不可

及的梦想。我们对一位思想活跃、颇有创新意识的 42 岁的农村妇女进行了实地访谈。在访谈中我们了解到，她家地处河北满城汉墓旅游景区附近，且交通便利，她打算利用自己的宅基地建一个农家乐。她原计划向银行贷款，可是没有什么可以抵押，也没有人为她担保，因此银行贷款和她无缘。她只能求助家人，但她深知家庭没有多少积蓄，周围的朋友也无法给她提供支持，所以创业资金成了她最为头疼的问题。虽然这位大姐有着较好的人缘，喜欢与别人攀谈，但仍然受到传统女性角色分工的局限，人际交往主要囿于亲朋好友和邻里之间，很难接触到一些外界的信息，人脉资源匮乏。

### （三）缺乏适合的创业项目

我们在实地走访的过程中发现，除了缺乏资金、人脉之外，"不知道干什么""找不到合适的项目"也是令农村女性非常头疼的问题。主要表现为以下几个方面。一是项目与自己的兴趣不符。许多农村女性有自己创业的意愿，也有自己的想法，但自己喜欢的做不到，也做不了。二是与家人不能达成一致意见。三是与自己的经济条件不相符。许多创业项目都需要投入大量的资金，而有很多贫困家庭本身就贫困，没有多少积蓄，甚至有的还背负许多外债，因此对于需要进行资金投入的创业项目而言，显然与她们无缘。

### （四）政府资源利用程度较低

伴随着创新创业浪潮的兴起，无论是从国家层面，还是省级层面，甚至是市级层面和县级层面，均出台了一系列政策，鼓励、支持大众创业和万众创新，但对于文化程度较低的农村女性来说，不太会利用政策的红利，对政府资源的利用程度较低。

## 三、促进农村女性创业的路径探索

针对河北省易县农村女性创业过程中存在的问题，我们根据本地的实际情况，内外并举，构建了外部多元扶贫和内部自我脱贫相结合的联动机制，以此推动农村女性创新创业水平的提升。

### （一）强化政策扶持与引导，助力农村女性创业

#### 1. 注重相关配套设施建设

基础设施是乡村腾飞的基础，特别是公路。常言道："要想富先修路。"一方面，我们要充分利用政府的政策优势，如，许多贫困地区都设有工作组，这些村庄可以通过工作组向支援单位申请资金援助，以改变村内落后的道路现状。另一方面，政府相关部门要进行深入考察，多方论证，特别是文化旅游部门，要做好旅游方面的配套设施建设，为农村女性创业创造良好的条件和氛围。

2. 完善旅游创业总体规划

"农村女性作为创业主体，缺乏专业的经验，同时自身知识水平较低，没有获得政府机构的有效引导，很多处于无序状态。"[①] 因此，一方面，地方政府相关部门要根据市场的需求，因地制宜地做出区域性、整体性规划，体现当地的特色，要有"卖点"。另一方面，相关部门要注重村落间的横向联系，可以就一个项目进行整体设计与开发。如，易水河中段历经多个村庄，因此规划设计必须从整体考虑，不能只考虑一部分。再例如小兰村，地处易县城西 25 公里处，与风景秀丽的云蒙山临近，盛夏时节的气温仅有 20℃，是避暑的绝佳去处。扶贫工作队可以依托云蒙山景区，利用当地水资源的优势，建立农家乐，将小兰村打造成体验民俗民风的好去处。

3. 打造良好的农村女性创业环境

政府各级相关部门应该在政策上给予倾斜，为农村女性创业营造一个良好的氛围。首先，要充分发挥榜样的力量，通过挖掘典型人物的创业事迹，让广大农村女性感觉到"我能行，我一定行！"其次，各级妇女组织联合会应该积极参与其中，一方面要积极为农村女性创业争取更多的政策支持。再次，要在"扶志"上下功夫，帮助广大农村妇女树立创新、创业、创富的信心，引导其鼓起勇气，锐意进取。最后，注意运用网络媒体的力量，加大对农村女性成功创业案例的宣传。

**（二）依托互联网，打造乡村旅游扶贫模式，开拓农村女性视野**

一方面，充分发挥自媒体的功能，广泛运营微信、抖音、快手等网络平台，加大宣传力度。如河北省平山县部分农村女性自发组织文艺演出团，丰富了自己的休闲文化生活。她们还时常应邀到外地演出，在当地知名度较高。因此，农村妇女可以积极发展智慧乡村旅游，充分利用微信、抖音、快手等新媒体进行线上宣传推广，不断开拓视野。

另一方面，借助互联网平台，逐渐改变农村女性封闭或半封闭的状态。政府机构可以建立一个免费的互动平台，助力农村女性进行商业化活动。我们可以通过互联网等渠道向农村妇女提供有关市场经营活动、政策、经营方面的信息以及一些技术指导，让广大农村妇女能够足不出户便能够熟悉外面的世界，了解市场的发展动态。

**（三）拓宽农村女性创业融资渠道，降低创业风险**

我们在实地走访调研中发现，在"农村女性创业最需要解决的问题"中，"经济资源帮助"占到总数的近三成（29.84%），而"资金支持"占到了两成以上（21.90%），"政治资源帮助"超过了三分之一（34.35%），其中，"需要各

---

① 刘晶晶，沈睿媛. 乡村旅游精准扶贫中农村女性创业路径探索：以河北平山县为例 [J]. 旅游纵览，2020（13）：4-6.

级政府相关部门扶持政策"的高达四分之一（26.71％）。通过上述数据不难发现，政府支持与资金支持是农村女性创业中最为紧缺的。河北省平山县部分村庄人均收入不高，积累的资金较少，因此创业资金成了农村妇女创业的最大障碍。在这种情况下，政府机构应该积极与金融机构加强合作，帮助农村妇女扫除创业融资的障碍，可以从以下两个方面着手。

**1.成立乡村旅游创新创业基金委员会**

由省市县各级政府的扶贫办牵头成立乡村旅游创新创业基金委员会。该委员会的职能主要有三点：一是帮助农村女性协调创新创业资金，不能再因为资金短缺的问题让农村妇女的创业项目流产；二是与保险公司合作，专门设立风险亏损专项基金，以保证农村女性在创业失败后的最低生活得到保障；三是帮助农村女性对自己选择的创业项目进行评估，包括能不能实施、存在多大风险。

**2打造多元化信贷体系**

拓展农村女性创业资金来源渠道的另一个重要途径是打造多元化信贷体系。

（1）政府可以通过政策引导等方式，鼓励银行等金融机构为农村妇女提供专项创业贷款。银行可以打通绿色通道，简化贷款流程，快捷高效地服务于农村女性创业。

（2）完善多元化信贷体系，允许农民通过确权的宅基地、耕地、林地等进行抵押贷款。假如有的农村女性在创业时有人担保，可以实施无抵押贷款，目的是解决贫困地区农村妇女创业资金短缺的问题。

（3）要积极发展区位优势，大力发展乡村银行（或者代办点）、小额贷款企业等，为农村女性创业提供便捷的金融服务。

**（四）凝聚创业合力，服务家乡**

近年来，中央政府通过政策引导，大力扶持与鼓励农村旅游创业，号召大学生积极参加专业培训，接受技术指导，回家创业。如平山县有很多优秀的毕业生在城市里积累了一定的资金之后，便萌生了回家创业的想法。政府要号召那些从农村走出去的成功人士，多为家乡做贡献。此外，我们应该注意宣传推广乡村旅游特点，吸纳更多的有识之士投入农村这个广阔的天地，不断凝聚创业合力。

**（五）创立多效培训机制，提升农村女性素养**

"长效脱贫、防止返贫"是我国扶贫的重点工作和最终目标，坚持"输血"与"造血"密切结合，重点发挥"造血"的功能。因此，必须提升区域人才开发能力，充分发挥人才优势。考虑到农村妇女受教育程度低、创业经验不足、管理知识匮乏、思维方式有限、旅游意识淡薄、创业能力有限，她们在资金积累或借贷、市场开发、项目选择和产品开发等方面存在诸多问题，同时内心面临着很大的压力，因此，我们有必要建立一个多效的培训机制，以提高农村妇女的素养。

1. 创业培训内容必须具有一定的针对性。创业培训的对象是农村女性，并且这个群体有创业成功的渴望，创业意愿非常强烈。因此我们在进行培训时，应该首先了解这些农村创业女性的诉求，也就是说她们到底需要什么，是专业知识，还是专业技能，是创业的知识，还是管理方面的技能。在了解了每一位农村创业女性的诉求之后，再有针对性地进行培训，这样才能起到事半功倍的作用，发挥旅游创业的乘数效应。

2. 创业培训的内容必须注重系统性。要充分借助各级政府、妇联以及地方高校的优势，开展多层次、循序渐进、分类培训。培训内容要根据实际情况，因人而异。同时要依据旅游资源的内容，注重培训的系统性，让农村妇女对区域资源有一定认知的基础上，提升保护旅游资源的意识，全面提升农村女性的思想素质、专业素质、创业素质。

3. 创业培训的内容必须具有后续性。集中培训只是"万里长征的第一步"，我们要做好后续跟进工作，特别是对于那些有强烈创业意愿的农村女性，要建立跟踪档案，制订计划，定期对其进行跟踪指导。还可以建立"一对一""一对多"的帮扶机制，以便更好地解决她们在创业前、创业中和创业后遇到的问题和困难。

# 参 考 文 献

[1] 马俊锋. 对我国农村妇女教育的思考 [J]. 当代经济：下半月，2007（6）.

[2] 李芳. 国内外关于女性人力资本理论研究综述 [J]. 现代经济探讨，2007（11）.

[3] 赵峰. 西部地区女性人力资本优先开发的作用及路径选择 [J]. 中南民族大学学报. 2006（3）.

[4] 李杰，刘杰. 农村女性人力资本投资分析 [J]. 科技创业月刊. 2006（1）.

[5] 丁月牙. 家庭教育资源分配的性别差异问题：来自三都水族村寨的个案调查 [J]. 民族教育研究，2004（2）.

[6] 舒尔茨. 论人力资本投资 [M]. 北京：北京经济学院出版社，1990.

[7] 高小贤. 农村妇女研究综述（1991—1995年）[J]. 妇女研究论丛，1997（2）.

[8] 金一虹. 农村妇女职业分化研究 [J]. 学海，1995（2）.

[9] 蒋爱群，张蓉. 家政推广是促进农村妇女发展的有效手段：关于农村妇女工作的目标 [J]. 中国妇运，1996（1）.

[10] 谭琳，李新建. 我国人口与妇女发展问题及对策论点综述 [J]. 妇女研究论丛，1994（4）.

[11] 马红莉. 新农村建设进程中的农村人力资源开发模式探析 [J]. 农业经济. 2016（06）.

[12] 史凯亮，郭月青. 2015年中国妇女社会地位调查研讨会综述 [J]. 妇女研究论丛，2016（01）.

[13] 李颖. 提高农民科技素质的对策研究 [J]. 河南农业，2013（22）.

[14] 刘伯红. 简析三期中国妇女社会地位调查 [J]. 山东女子学院学报，2013（04）.

[15] 刘小俊，陈秋静. 农村人力资源开发创新探讨 [J]. 合作经济与科技，2012（20）.

［16］黄建新. 新生代农民工市民化：现状、制约因素与政策取向［J］. 华中农业大学学报：社会科学版，2012（02）.

［17］付翠莲，陶松珠. 舟山渔农村妇女人力资源的现状与开发对策分析［J］. 浙江海洋学院学报：人文科学版，2010（03）.

［18］邓秀华. 新生代农民工问题及其市民化路径选择［J］. 求索，2010（08）.

［19］洪昀，王晨，薛群慧. 浙江省欠发达地区农业技术人才需求调查研究［J］. 河北农业科学，2010（06）.

［20］张洪英. 农村女性终身学习的认知和需求研究：以山东农村女性为例［J］. 中华女子学院山东分院学报，2010（03）.

［21］武俊. 黔西南州精准扶贫信息系统的分析［D］. 昆明：云南大学，2014.

［22］王钰翎. 教育价值取向与社会转型期教育公平论析［D］. 成都：成都理工大学，2014.

［23］苏长兵. "旅游教育扶贫"职业教育办学模式成效研究［D］. 合肥：安徽大学，2015.

［24］李永泰. 重庆市贫困地区农村残疾人教育扶贫对策研究［D］. 重庆：西南大学，2008.

［25］北京师范大学国际与比较教育研究院. 国际教育政策与发展趋势年度报告 2015［M］. 北京：北京师范大学出版社，2016.

［26］安双宏，李娜，王占军. 印度教育公平战略及其实施成效研究［M］. 杭州：浙江大学出社，2016.

［27］若泽·格拉济阿诺·达席尔瓦，等. 零饥饿计划：巴西的经验［M］. 许世卫，李哲敏，李干琼，译. 北京：中国农业科学技术出版社，2013.

［28］中国教育科学研究院比较教育研究中心. 世界教育发展报告 2012［M］. 北京：教育科学出版社，2013.

［29］李劲松，李文生. 贫困地区农村留守儿童心理与教育状况分析：以贵州威宁县和平村为例［J］. 经济研究导刊，2018（15）.

［30］杨海瑞. 农村教育扶贫困境研究［D］. 郑州：河南大学，2017.

［31］罗红. 全面建成小康社会决胜阶段教育精准扶贫研究［D］. 成都：四川师范大学，2017.

［32］张富良，洪向华. 建设社会主义新农村读本［M］. 北京：中国社会出版社，2006.

［33］李佐军. 中国新农村建设报告：2007［M］. 北京：社会科学文献出版社，2008.

［34］唐衡，史亚军. 如何搞好新农村建设［M］. 北京：中国农业出版社，2011.

［35］高明秀. 新农村建设政策解读［M］. 北京：中国建筑工业出版社，2010.

［36］刘彦随. 中国新农村建设地理论［M］. 北京：科学出版社，2011.

［37］季明川，杨萍，袁方曜. 循环农业与新农村建设模式研究［M］. 北京：中国农业科学技术出版社，2010.

［38］余甫功. 新农村建设在广东［M］. 广州：广东人民出版社，2008.

［39］陆学艺. "三农论"——当代中国农业、农村、农民研究［M］. 北京：社会科学文献出版社，2004.

［40］古璇，古龙高. 城郊新农村建设路径探讨［J］. 江苏农村经济，2011（12）.

［41］任保平，林建华. 西部城乡一体化新格局的模式选择及其实现路径［J］. 贵州社会科学，2009（8）.

［42］李恩. 吉林省新农村建设路径选择［J］. 管理学刊，2011（3）.

［43］郭珉媛. 论新农村"管理民主"的构成要件与存在问题［J］. 消费导刊，2009（6）.

［44］赵海荣，马同强. 村容整洁与社会主义新农村建设［J］. 信阳农业高等专科学校学报，2010（1）.

［45］张彩云，傅王倩. 发达国家贫困地区教育支持政策及对我国教育精准扶贫的启示［J］. 比较教育研究，2016（6）.

［46］何伟强. 英国福利国家现代化进程中的教育福利政策变革研究［J］. 比较教育研究，2016（9）.

［47］蒋云芳. 20 世纪 80 年代以来美国联邦政府以促进公平为核心的基础教育改革研究［D］. 重庆：西南大学，2012.

［48］BITEW, FERGUSON. Parental support for african immigrant students' schooling in australia［J］. Journal of Comparative Family Studies，2010（1）.

［49］STEPHEN J B. The teacher's soul and the terrors of performativity［J］. Journal of Education Policy，2003（2）.

［50］刘建伟，王院院.中国农村教育扶贫研究回顾与展望［J］.山西师大学报：社会科学版，2019.

［51］范小梅."教育扶贫"概念考辨［J］.教育探索，2019（04）.

［52］段从宇，伊继东.教育精准扶贫的内涵、要素及实现路径［J］.教育与经济，2018（05）.

［53］李梦，吴娟."深耕课堂·三方协同"精准教育扶贫模式的构建与实践［J］.中国电化教育，2020（02）.

［54］谢君君.海南"教育＋移民"扶贫的新模式［J］.中南民族大学学报：人文社会科学版，2019（05）.

［55］王杰，张启德."互联网＋教育扶贫"校地合作模式初探：以清华大学安徽长丰教学站为例［J］.教育教学论坛，2019（33）.

［56］胡万志，梁朝益.河池"党建＋教育扶贫"培训模式成功案例的探析［J］.农村经济与科技，2019（20）.

［57］唐菊花.试论"三位一体"教育扶贫模式的构建与实施［J］.创新创业理论研究与实践，2019（03）.

［58］甘永涛.教育扶贫看"思源"：对"教育移民"扶贫新模式的探索［J］.民族论坛，2013（11）.

［59］高婧，刘婷.教育扶贫中的问题及对策研究［D］.郑州：郑州大学，2017.

［60］李玲，黄宸，薛二勇.新阶段城乡义务教育一体化发展评估研究［J］.教育研究，2017（3）.

［61］朱德全，李鹏，宋乃庆.中国义务教育均衡发展报告：基于《教育规划纲要》第三方评估的证据［J］.华东师范大学学报：教育科学版，2017（1）.

［62］曲绍卫，范晓婷，曲垠姣.高校大学生资助管理绩效评估研究：基于中央直属120所高校的实证分析［J］.教育研究，2015（8）.

［63］王春超，叶琴.中国农民工多维贫困的演进：基于收入与教育维度的考察［J］.经济研究，2014（12）.

［64］周强，张全红.中国家庭长期多维贫困状态转化及教育因素研究［J］.数量经济技术经济研究，2017（4）.

［65］刘冬岩.寻求权力关系的重建：伯恩斯坦教育知识编码理论探究及启示［J］.辽宁教育研究，2006（1）.

［66］胡怀敏，朱雪忠.创业动机、社会资本与女性创业［J］.北京工业大

学学报：社会科学版，2007（4）.

　　[67] 王华锋，李生校. 透析女性成功创业的背后 [J]. 浙江经济，2008（2）.

　　[68] 黄剑. 女性创业培训的实践与思考 [J]. 中国培训，2007（2）.

　　[69] 任远，翁文磊. 从"就业与再就业"到"就业与创业"：经济结构调整过程中的就业促进与女性发展 [J]. 中华女子学院学报，2007（2）.

　　[70] 胡怀敏，肖建忠. 人力资本视角下的女性创业研究 [J]. 华中农业大学学报：社会科学版，2006（2）.

　　[71] 刘学华，李树杰. 论中国小额信贷中女性的核心地位和妇联的作用 [J]. 妇女研究论丛，2007（4）.

　　[72] 杨静，王重鸣. 女性创业型领导：多维度结构与多水平影响效应 [J]. 管理世界，2013，（9）.

　　[73] 王淑玲. 大力实施"女性创业促进行动" 在富民强省实践中积极作为 [J]. 中国妇运，2010（1）.